Morner
Organisation der Innovation im Konzern

GABLER EDITION WISSENSCHAFT

Schriften zur Unternehmensentwicklung

Herausgegeben von
Universitätsprofessor Dr. Max J. Ringlstetter

In dieser Schriftenreihe werden aktuelle Forschungsergebnisse im Bereich der Unternehmensentwicklung präsentiert. Die einzelnen Beiträge orientieren sich an Problemen der Führungs- bzw. Managementpraxis. Im Mittelpunkt stehen dabei die Themenfelder Strategie, Organisation und Humanressourcen-Management.

Michèle Morner

Organisation der Innovation im Konzern

Gestaltung von Konzernstrukturen zur Hervorbringung von Produktinnovationen

Mit einem Geleitwort
von Prof. Dr. Max J. Ringlstetter

Springer Fachmedien Wiesbaden GmbH

Die Deutsche Bibliothek - CIP-Einheitsaufnahme

Morner, Michèle:
Organisation der Innovation im Konzern : Gestaltung von
Konzernstrukturen zur Hervorbringung von Produktinnovationen /
Michèle Morner. Mit einem Geleitw. von Max J. Ringlstetter.
- Wiesbaden : Dt. Univ.-Verl. ; Wiesbaden : Gabler, 1997
    (Gabler Edition Wissenschaft : Schriften zur Unternehmensentwicklung)
    Zugl.: Eichstätt, Kath. Univ., Diss., 1996

Gabler Verlag, Deutscher Universitäts-Verlag, Wiesbaden

© Springer Fachmedien Wiesbaden 1997

Ursprünglich erschienen bei Betriebswirtschaftlicher Verlag Dr. Th. GmbH,

Wiesbaden 1997.

Lektorat: Ute Wrasmann

http://www.gabler-online.de

Höchste inhaltliche und technische Qualität unserer Produkte ist unser Ziel. Bei der Produktion
und Auslieferung unserer Bücher wollen wir die Umwelt schonen: Dieses Buch ist auf säurefreiem
und chlorfrei gebleichtem Papier gedruckt.

Die Wiedergabe von Gebrauchsnamen, Handelsnamen, Warenbezeichnungen usw. in diesem
Werk berechtigt auch ohne besondere Kennzeichnung nicht zu der Annahme, daß solche Namen im Sinne der Warenzeichen- und Markenschutz-Gesetzgebung als frei zu betrachten wären
und daher von jedermann benutzt werden dürften.

ISBN 978-3-8244-6496-8   ISBN 978-3-663-08822-6 (eBook)

DOI 10.1007/978-3-663-08822-6

GELEITWORT

Das Thema Innovation hat in jüngster Zeit wieder zunehmend an Aktualität gewonnen. Einer der wichtigsten Ansatzpunkte zur "Sanierung" des Standortes Deutschland kann in der Steigerung der Innovationsfähigkeit gesehen werden. Nur wirklich innovative Produkte können angesichts der breit diskutierten Lohnkostenproblematik sicherstellen, daß Deutschlands Unternehmen auf einem globalen Weltmarkt auch in Zukunft wettbewerbsfähig sind. Im Mittelpunkt der vorliegenden Arbeit stehen nun nicht die im Zusammenhang mit volkswirtschaftlicher Innovationsfähigkeit vielfältig diskutierten "Gründerunternehmen", durch deren Innovationskraft wieder mehr Arbeitsplätze auch in Deutschland geschaffen werden sollen. Das letztendlich größere Innovationspotential ist vielmehr in den bereits etablierten, (großen) Konzernen zu vermuten. Die Ursache für dieses hohe Innovationspotential kann in der besseren Verfügbarkeit der entscheidenden Ressourcen gesehen werden. Dies gilt insbesondere für die notwendigen Finanzmittel, das umfassende verfügbare Technologieportfeuille und die hochqualifizierten Personalressourcen bzw. Führungskräfte.

Es ist also lohnend, sich im Zusammenhang mit dem Thema Innovation mit Konzernen zu beschäftigen. In der vorliegenden Arbeit geht es dabei insbesondere um Konzern*strukturen*. Dies steht im gewissen Gegensatz zu einem schon längere Zeit zu beobachtenden Trend, Innovationsfähigkeit insbesondere im Zusammenhang mit "der Förderung einer innovationsfreundlichen Unternehmens*kultur*" zu sehen. Es steht zwar außer Zweifel, daß innovationsfreundliche Kulturen sich günstig auf die Innovationskraft eines Unternehmens auswirken. Es sind allerdings gegenwärtig nur wenige operationale bzw. anwendbare Methoden bekannt, eine solche Kultur in einem Unternehmen auch zu implementieren. Günstig erscheint unter der Maßgabe einer tatsächlichen Gestaltbarkeit die Bezugnahme auf die (formale) Organisationsstruktur, die es in Richtung "mehr Innovationsfähigkeit" eines Konzerns weiterzuentwickeln gilt.

Prof. Dr. Max J. Ringlstetter

Vorwort

Innovationen, so wird oft in den Raum gestellt, sind die Zauberformel, mit der sich Unternehmen selbst am Schopf aus dem Sumpf ziehen können. Innovationen hervorzubringen scheint jedoch nicht nur von großer Bedeutung, sondern auch mit großen Widerständen verbunden zu sein. Insbesondere dem Konzern wird vorgeworfen, ob seiner Größe a priori innovationsfeindlich zu sein. Konzerne seien "Elefanten", sagt man, und Elefanten können nun mal nicht fliegen.[1] In Wirtschaft und Politik äußert sich dieser Skeptizismus unter anderem in dem besonderen Fokus auf den Mittelstand und die sogenannten Gründerunternehmen, welche oft als besonders geeignet für Innovationen dargestellt werden. Dabei wird vernachlässigt, daß ausgerechnet der Konzern herausragende Potentiale für das Hervorbringen von Innovationen bietet. Man muß nicht unbedingt fliegen können, um zu innovieren. Einen Weg zur Erschließung konzernspezifischer Innovationspotentiale kann eine innovationsgerechte Organisationsstruktur des Konzerns oder mit anderen Worten: eine "Organisation der Innovation im Konzern" bieten. Ziel dieser Arbeit ist es nun nicht, Patentrezepte zu formulieren, die ein treffsicheres Hervorbringen von Innovationen in Konzernen gewährleisten. Es wird vielmehr versucht, Hinweise für die Gestaltung von Konzernstrukturen zu geben, die ein Hervorbringen von Produktinnovationen ermöglichen oder zumindest begünstigen.

Der Erstellungsprozeß einer Dissertation ist ebenso wie der Innovationsprozeß in Konzernen vielfältigen Widerständen ausgesetzt. Beim Überwinden dieser Widerstände konnte ich auf Unterstützung von mehreren Seiten zählen. Den Beteiligten möchte ich an dieser Stelle meinen herzlichen Dank aussprechen.

Dieser Dank gilt zunächst meinem Doktorvater Herrn Professor Dr. Max Ringlstetter. Ich danke ihm für die wertvollen Erfahrungen, die ich an seinem Lehrstuhl sammeln durfte. Diese Erfahrungen haben neben seinen vielen inhaltlichen Anregungen die gesamte Arbeit geprägt. Ich danke ihm weiter für die Freiheiten, die er mir während der gesamten Promotionszeit gewährte. Besonders aber möchte ich mich bei ihm für das bemerkenswert konstruktive Klima bedanken, vor dessen Hintergrund diese Dissertation entstanden ist. Ich möchte an dieser Stelle

---

[1] Vgl. Grossi (1990), S. 41.

auch Herrn Prof. Dr. Michael Kutschker dafür danken, daß er die undankbare Aufgabe des Korreferats übernommen hat.

Meinem Kollegen Dipl.-Kfm. "Barney" Steidl danke ich für die immer wieder hilfreichen Diskussionen und Anregungen und die kurzfristige Endkorrektur. Eine besondere Bedeutung für die vorliegende Arbeit kommt ebenso den direkt und indirekt motivierenden Telefonaten mit meinen unmittelbaren "Leidensgenossen" Dr. Michael Deeken und Dr. Hans Kraus zu. Hiermit möchte ich auch ihnen danken.

Darüber hinaus gebührt mein herzlicher Dank Ulrike Wirtz für die fachgerechten Redigierarbeiten und Markus Höllmüller für die inhaltlichen Korrekturhinweise. Danken möchte ich weiter Timo Hoffmann und Jochen Scheuer, die sich mit den Abbildungen "herumgeplagt" haben, Matthias Geisler für die umfangreiche Literaturbeschaffung sowie Karsten Thiel und Nadine Wiedekind für weitere Korrekturlesedurchläufe. Christian Backmann und meinem Kollegen Dipl.-Kfm. Ralf Wagner danke ich für das "Format" der Arbeit sowie unserer Sekretärin Walburga Mosburger für die seelische Unterstützung. Mein besonderer Dank jedoch gilt meiner Mutter, meinem Vater und Rainer Kiefer.

Michèle Morner

INHALTSVERZEICHNIS

ABBILDUNGSVERZEICHNIS

EINFÜHRUNG

Die Zielsetzung der vorliegenden Arbeit liegt darin, Vorschläge für die Gestaltung von Konzernstrukturen zu entwickeln, die ein Hervorbringen von Produktinnovationen fördern. Ein erster Schritt in diese Richtung besteht darin, einen Überblick über die Literatur zu dieser Thematik zu schaffen. Dabei sind, wie in vielen anderen Forschungsfeldern, Defizite zu konstatieren (1). In Anbetracht dieser Forschungsdefizite stellt sich die Frage, inwieweit die Organisationsstruktur zur Handhabung von Innovationen im Konzern überhaupt geeignet ist, d.h. inwieweit es zweckmäßig ist, für den Gang der Untersuchung eine Perspektive der Organisationsstruktur zu wählen (2). Läßt man sich auf eine derartige Perspektive ein, muß man sich darüber im klaren sein, daß es für die Organisation der Innovation in Konzernen keine allgemeinen, jederzeit und überall gültigen Gestaltungsprinzipien gibt. Es gibt lediglich Gestaltungsoptionen, die in Abhängigkeit von internen und externen Rahmenbedingungen mehr oder weniger sinnvoll erscheinen können (3). Eine Rahmenbedingung, die ich von vornherein einschränken möchte, ist der Innovationsbegriff (4). Nach diesen Vorüberlegungen wird das weitere Vorgehen in dieser Arbeit erläutert (5).

(1)   Forschungsdefizite

Während in den siebziger und achtziger Jahren eine große Welle der Innovationsliteratur die betriebswirtschaftliche Theorie überrollte,[2] wurde der Konzern gemessen an seiner empirischen Relevanz theoretisch stark vernachlässigt.[3] Dies gilt auch im Hinblick auf Überlegungen zu innovativen Organisationsstrukturen. Die Welle der Innovationsliteratur erfaßte die Organisationsform des Konzerns lediglich am Rande. Auch wenn man die Beiträge, die ursprünglich zu Innovationen in Großunternehmen geschrieben wurden, hinzuzieht und auf den Untersuchungsgegenstand Konzern überträgt, lassen sich wenig Anhaltspunkte zu einer Gestal-

---

[2]   Es handelt sich dabei freilich um relativ unzusammenhängende Beiträge in unterschiedlichen Bereichen. Von einer betriebswirtschaftlichen "Theorie der Innovation" konnte noch nie die Rede sein.

[3]   Vgl. Ringlstetter (1995a), S. 1.

tung innovativer Konzernstrukturen finden. Die vorhandenen theoretischen Ansätze werden im folgenden aufgezeigt.

Die ersten Versuche, den Konzern durch strukturelle Maßnahmen innovativer
zu machen, resultieren aus den praktischen Bemühungen und dem daraus folgenden theoretischen Ansatz des Venture-Managements.[4] Dieser Ansatz verbreitete
sich in den siebziger Jahren in den USA. Dabei geht es um weit mehr als um die
Bereitstellung von sogenanntem "Venture Capital".[5] Das Konzept des Venture-
Managements zielt darauf ab, bei der Ideenrealisierung bürokratische Hemmnisse
innerhalb von Großunternehmen zu überwinden und schnellere bzw. erfolgreichere
Produkteinführungen zu erreichen. Diese Versuche brachen Ende der siebziger
Jahre ab und wurden nur noch sehr vereinzelt fortgeführt.[6] Weitere Hinweise zu
innovativen Organisationsstrukturen im Konzern lassen sich aus den Überlegungen
zum "Corporate Entrepreneurship" ziehen, in dessen Mittelpunkt die Frage steht,
wie man durch organisatorische Gestaltungsmaßnahmen Führungskräfte großer
Unternehmen zu Unternehmern, d.h. zu "Entrepreneuren" macht.[7] Darüber hinaus
wurden im Lauf der achtziger bzw. Anfang der neunziger Jahre einige wenige empirische Untersuchungen innovativer Konzerne insbesondere in sogenannten High-
Tech-Branchen durchgeführt, auf deren Basis dann unter anderem Empfehlungen
für die organisatorische Gestaltung von Konzernen gegeben wurden.[8] Schließlich
lassen sich aus der umfangreichen Literatur zum Themenbereich Diversifikation
Gedanken zu Innovationen im Konzern ableiten, denn *ein* Weg zur Diversifikation
sind Produktinnovationen.[9] Die Beiträge zur Diversifikation beziehen sich allerdings vorwiegend auf den Zusammenhang zwischen dem Neuigkeitsgrad von
Innovationen und dem Konzernerfolg. Abgesehen von diesen vereinzelten Überle-

---

[4]   Vgl. Nathusius (1977), Slocum (1972), Fast (1978).
[5]   Vgl. zu den einzelnen Formen des Venture Managements Nathusius (1977), S. 143ff.,
        Kühner (1990), S. 369ff. oder Kilian (1991), S. 15ff.
[6]   Vgl. Servatius (1988), Siemer (1991), Block/MacMillan (1993).
[7]   Vgl. Pinchot (1988), Schendel (1990), Guth/Ginsberg (1990), Stevenson/Jarillo (1990),
        Kuratko et al. (1990), Grinyer/McKiernan (1990) und Lant/Mezias (1990).
[8]   Standardwerke sind die empirischen Untersuchungen von Wheelwright/Clark (1992) oder
        Clark/Fujimoto (1991) in der Autoindustrie oder von Jelinek/Schoonhoven (1990) in der
        Elektronikindustrie.
[9]   Vgl. zu einem umfassenden Überblick der einschlägigen Arbeiten in diesem Themenbereich
        Ramanujam/Varadarajan (1989) oder Schüle (1992).

gungen stellt der Spezialfall innovativer Konzernstrukturen ein "Stiefkind" betriebswirtschaftlicher Forschung dar.

(2)   Die Organisationsstruktur als Perspektive der Innovation in Konzernen

In Anbetracht des Forschungsdefizites im Bereich innovativer Konzernstrukturen stellt sich die Frage, inwieweit die Perspektive der Organisationsstruktur überhaupt für Analyse und Handhabung von Innovationen in Konzernen geeignet ist. Zwei jüngere Ansätze stellen dies durchaus in Frage. So wird (erstens) in der einschlägigen Literatur neuerdings verstärkt die Orientierung an nicht-strukturellen, "weichen" Faktoren gefordert. Im Mittelpunkt dabei steht der Aufruf nach "innovationsfreundlichen" Unternehmenskulturen.[10] Auf strukturellem Weg seien Innovationen ohnehin nicht erreichbar - so die resignierte These. Zwar ist die Organisationsstruktur nicht die alleinige auf die Innovationseffizienz wirkende unabhängige Variable.[11] Jedoch wird die Arena, in der die vielfältigen Variablen auf das Hervorbringen von Innovationen wirken, von der Organisationsstruktur und den von ihr festgelegten formalen und daraus resultierenden informalen Kommunikationswegen und Einflußmöglichkeiten vorgegeben.[12] Darüber hinaus sind nicht-strukturelle Faktoren oftmals nur schwer veränderbar. So handelt es sich beispielsweise bei der Transformation von Unternehmenskulturen um einen aufwendigen und langwierigen Prozeß.[13] Im Gegensatz zu kulturellen Transformationen sind strukturelle Maßnahmen relativ einfach zu implementieren. Es wäre daher kurzsichtig, diese bei dem Versuch, Unternehmen innovativer zu gestalten, zu vernachlässigen.

Nichtsdestoweniger mag es (zweitens) in Anbetracht einer zunehmenden Fokusverlagerung von Organisationsstrukturen auf Prozesse "altmodisch" erscheinen, sich mit innovativen Konzern*strukturen* zu beschäftigen. Das modische Motto lau-

---

10   Vgl. beispielsweise Dierkes/Williams (1993), S. 2ff. und Graumann (1994), S. 399.
11   Weitere Faktoren, die von der Literatur genannt werden, sind beispielsweise die Qualifikation des Managements, die Größe und das Alter des Unternehmens, die Beschaffenheit des Umfeldes, der Zugang zu entsprechenden Ressourcen (vgl. zu einem frühen Überblick Knight 1967, S. 483ff.).
12   Vgl. Rubenstein (1989), S. 21.
13   Denn Kultur fungiert als eine Art Interpretationshintergrund, der als Sprach- und Lebensform wahrgenommen wird und nicht einfach so "gemacht" werden kann (vgl. Kirsch 1990, S. 22ff.).

tet: "Von erstarrten Strukturen zu fließenden Prozessen"[14]. Prozesse können jedoch Strukturen nicht ersetzen, sondern nur ergänzen.[15] Dabei müssen die Strukturen auf die in ihnen ablaufenden Prozesse ausgerichtet werden. Letztendlich geht es darum, den Prozeß in adäquate Strukturen zu betten bzw. den Prozeß zu strukturieren. Jedoch bleiben Prozeß und Struktur zwei Seiten der gleichen Medaille.[16] Diese Zweiseitigkeit wird bei der Betrachtung einer Organisation von Innovationen besonders deutlich. Es gilt Strukturen zu schaffen, die den Ablauf des Innovations*prozesses* gewährleisten bzw. forcieren können.

(3)   Kontingenzen einer Organisation der Innovation im Konzern

Es gibt keine allgemeinen, jederzeit und überall auf alle Organisationen anwendbaren Prinzipien zur Gestaltung von innovativen Strukturen. Der Ursprung dieser Aussage liegt in der Kontingenztheorie, die in ihrer Reinform nichts anderes besagt, als daß - und dies erscheint sehr plausibel - unterschiedliche Gegebenheiten verschiedene Anforderungen an die Organisation stellen. Diesen Zusammenhang versuchen Kontingenztheoretiker nachzuweisen, indem sie die Ausgestaltung organisatorischer Variablen von Unternehmen vor dem Hintergrund der jeweiligen Situation empirisch analysieren.[17] Zwischenzeitlich sind von Kontingenztheoretikern in zahlreichen empirischen Untersuchungen viele sogenannte "Kontingenzfaktoren" identifiziert worden, welche die Wahl der "idealen", d.h. besonders erfolgreichen Organisationsstruktur (mit-) bestimmen sollen. Organisationsstrukturen werden vor diesem Hintergrund als ein "Gesamtergebnis" von Anpassungen

---

14   Servatius (1994), Untertitel. Dabei handelt es sich um einen der vielen Beiträge der sehr stark expandierenden Literatur zum Reengineering.

15   Die Struktur ist - laut Cooper - im Gegensatz zum Prozeß ein Schlüsselaspekt für die Komplexitätsverarbeitung der Betroffenen, denn sie "repräsentiert" die reale Organisation; und Repräsentation ist - so Cooper - ein Muster, Bild oder Modell eines Aspektes der Welt, das mehr Bedeutung hat als jede andere Art der Information (vgl. Cooper 1992, S. 254).

16   Vgl. Zaheer/Venkatraman (1995), S. 375 und Tornatzky et al. (1983), S. 63: "The distinction between structure and process is conceptual, not empirical -- almost any phenomen can be analyzed as one of structure *or* process, and the choice of analytical mode depends on the questions being posed." (Hervorhebungen im Original).

17   In einem ersten Zugriff durch Lawrence und Lorsch - der Begründer der Kontingenztheorie - heißt dies, daß eine durch Unbestimmtheit und einen raschen Wandel der Marktverhältnisse oder der Technologien gekennzeichnete Umwelt andere Anforderungen an eine Organisation stellt als eine in sich ruhende, stabile Umwelt (vgl. Lawrence/Lorsch 1967).

an verschiedene Kontingenzfaktoren begriffen; sie sind in Abhängigkeit von diesen Faktoren zu gestalten und somit kontingent.[18]

Die Kontingenztheorie und ihr grundsätzliches Vorgehen der vergleichenden Organisationsforschung hat eine starke Verbreitung gefunden, ist aber zunehmend auf Kritik gestoßen.[19] Diese Kritik reicht von einigen allgemeinen methodischen Mängeln[20] bis zu dem pauschalen Vorwurf der Theorielosigkeit[21] oder der ("unmoralischen") Zementierung herrschender Verhältnisse.[22] In ihrer extremsten Form unterstellt die Kontingenztheorie - und das wurde ihr dann auch zum größten Vorwurf gemacht - eine Gesetzmäßigkeit oder einen "Zwang" für die Auswahl der jeweils effizienten Struktur. Dieser Zwang basiert sowohl auf einer "rationalen" als auch auf einer "natürlichen Auslese".[23] Das Konzept der rationalen Auslese besagt, daß erfolgreiche Führungskräfte ihre Strukturen im Hinblick auf Kontingenzen planen, d.h. die "passende" Struktur auslesen. Ist dies nicht der Fall - und hier greift die natürliche Auslese - überleben die "unangepaßten" Organisationen nicht.[24]

Obwohl man sich um eine "Paradigmenfortschreibung"[25], die vornehmlich mit einer Verfeinerung der Meßinstrumente und dem Einbezug weiterer Variablen einherging, bemühte, hat die Kontingenztheorie unter anderem aufgrund der oben genannten Kritikpunkte ihre "Paradigmenwirkung"[26] verloren. Darüber hinaus haben neuere Forschungsbemühungen aufgezeigt, daß Organisationsstrukturen nicht nur umweltdeterminiert sind, sondern maßgeblich von der inneren Dynamik der Organisation beeinflußt werden. Aus einer derartigen Perspektive heraus betrachtet, handelt es sich bei Organisationen im Extremfall um autopoietische bzw. selbstre-

---

[18] Diese Annahme einer prinzipiellen Übereinstimmung der Gestaltungsvariablen erfolgreicher Organisationen mit ihren situativen Bestimmungsfaktoren wird auch von Mintzberg im Rahmen seiner Kongruenzhypothese befürwortet (vgl. Mintzberg 1992, S. 206).
[19] Vgl. zu einem Überblick dieser Kritik Schmid (1994), S. 14ff.
[20] Vgl. Kubicek/Welter (1985).
[21] Vgl. Hage (1977), S. 19.
[22] Vgl. Schreyögg (1978).
[23] Vgl. zu diesen beiden Konzepten Scott (1986), S. 338.
[24] Vgl. Scott (1986), S. 338f.
[25] Kasper (1990), S. 7.
[26] Kasper (1990), S. 7.

ferentielle Systeme, die sich durch ihr Umfeld gar nicht oder nur in eingeschränktem Maße beeinflussen lassen.[27]

Der Grundgedanke der Kontingenz lebt jedoch weiter. Trotz der genannten Kritikpunkte erscheint es plausibel, daß unter verschiedenen Rahmenbedingungen jeweils andere Gestaltungsvarianten erfolgreicher oder zumindest sinnvoller erscheinen als andere. Dies gilt auch für die Gestaltung innovativer Konzernstrukturen.
Auch hier kann es keine überall und immer gültigen Patentrezepte geben. Es gibt
nicht *die* eine richtige Lösung; es gibt keine innovative Konzernstruktur "von der
Stange". Die Gestaltung innovativer Konzernstrukturen hängt - ohne Gesetzmäßig-
keiten ableiten zu wollen - immer auch von der Situation, d.h. also der Ausprägung
bestimmter interner und externer Rahmenbedingungen ab, die sich durch einzelne
Faktoren operationalisieren lassen.

Es kommt also darauf an, ob große oder kleine, komplexe oder einfache, radikale oder inkrementale Innovationen hervorgebracht werden, in welchem Umfeld
dies geschieht, und welchen Rahmen bzw. welche Potentiale der spezifische Konzern für das Hervorbringen der Innovationen bietet. Hier sind die verschiedensten
Faktoren denkbar, die in ihrer jeweiligen Konstellation unterschiedliche Anforderungen an die Gestaltung innovativer Konzernstrukturen stellen. Von vornherein
einschränken und als Prämisse für die weitere Argumentation festlegen, möchte
ich den Gegenstand der Untersuchung, nämlich den Innovationsbegriff.

(4)   Radikale Produktinnovationen als Fokus

Der Begriff der Innovation ist relativ. Diese Relativität bezieht sich zunächst auf
den Neuigkeitsgrad von Innovationen. Das Spektrum des Innovationsbegriffes umfaßt minimale Modifikationen genauso wie "Weltneuheiten". Letztere können in
Abgrenzung zu inkrementalen Innovationen als Durchbruchinnovationen bezeichnet werden. Durchbruchinnovationen stellen die extremere Form der Innovation
dar, denn je radikaler eine Innovation ist, um so mehr wird die Kompetenz eines
Unternehmens von dieser Innovation gefordert bzw. in Frage gestellt.[28] Deshalb
widmen sich meine nachfolgenden Ausführungen schwerpunktmäßig Durchbruch-

---

27   Vgl. Kirsch (1992), S. 231ff. in Anlehnung an Maturana/Varela (1987), Luhmann (1988)
       und Teubner (1989).
28   Vgl. Lynn/Morone/Paulson (1996), S. 8f.

innovationen. Denn beschäftigt man sich mit einer Organisation der Innovation, erscheint es sinnvoll, die Hinweise für entsprechende organisatorische Vorkehrungen auf eine Extremform zuzuschneiden.[29]

Der Innovationsbegriff bezieht sich nicht nur auf den Produkt-Markt-Bereich, sondern auch auf die Prozeßtechnologien, das Management und die Organisation. Es gibt unterschiedliche Innovationsarten. Obwohl zwischen den verschiedenen Innovationsarten enge Zusammenhänge vorliegen, erscheint es zum Zweck der genaueren Analyse sinnvoll, die unterschiedlichen Arten der Innovation analytisch zu trennen und sich auf eine zu beschränken. Dies gilt insbesondere für den in dieser Arbeit angestrebten Versuch, eine geeignete Organisationsstruktur von Innovationen zu skizzieren. Denn die verschiedenen Innovationsarten müssen auf unterschiedliche Art und Weise hervorgebracht und damit auch unterschiedlich organisiert werden. Ich möchte mich im Rahmen dieser Arbeit mit Produktinnovationen beschäftigen. Der Fokus soll dabei auf komplexen Produktinnovationen liegen, denn der komplexere Fall ist sicherlich der interessantere. Im Mittelpunkt der Diskussion meiner Arbeit steht also die (unter Umständen selbst innovative) Organisationsstruktur des Konzerns als Vehikel für die Hervorbringung von komplexen, radikalen Produktinnovationen. Aus den Gestaltungsvorschlägen für Konzernstrukturen anhand dieses Spezialfalls können letztendlich auch Hinweise für weniger komplexe, weniger radikale oder andere Innovationsarten gezogen werden.

(5)   Zum weiteren Vorgehen

Die vorliegende Arbeit setzt sich neben dieser Einführung und dem Schluß aus drei Teilen zusammen. In *Teil I* wird ein erster, propädeutischer Zugang zu den vielseitigen Facetten des Innovationsbegriffes erarbeitet und die prinzipielle Be-

---

29   Viele Autoren, die sich mit Gestaltungsvorschlägen für eine Organisation der Innovation beschäftigen, differenzieren bei ihren Ausführungen nicht nach dem Neuigkeitsgrad einer Innovation (angefangen bei Burns/Stalker 1961 über Gaitanides/Wicher 1986 bis zu Jelinek/Schoonhoven 1990). In Anbetracht dessen, daß es sich beim Hervorbringen von Durchbruchinnovationen um eine vollkommen andere Aufgabe handelt als bei der Durchführung von prinzipiell risikoärmeren inkrementalen Innovationen, greift diese Gleichbehandlung zu kurz. Dahingehend kommen auch Johne und Snelson in ihrer empirischen Studie großer amerikanischer und englischer Konzerne zu dem Ergebnis, daß Durchbruch- und inkrementale Innovationen gänzlich anders gehandhabt und organisiert werden müssen (vgl. Johne/Snelson 1989, S. 114). Johne und Snelson sprechen von "old product development (OPD)" und "new product development (NPD)".

deutung von Innovationen für Unternehmen erklärt. Aus dieser Bedeutung ergibt
sich die Notwendigkeit, Innovationen zu organisieren, d.h. die Notwendigkeit einer
"Organisation der Innovation". Teil I schließt mit der Darstellung der besonderen
Eignung von Konzernen für das Hervorbringen von Innovationen.

Vor Hintergrund dieser propädeutischen Ausgangslage möchte ich in *Teil II*
einen Bezugsrahmen skizzieren, der mir ein Sprachspiel bietet, um die Gestaltungsanforderungen an innovative Konzernstrukturen darzustellen.[30] Dieser Bezugsrahmen mündet in einer Forderung nach vier generischen Bausteinen einer
Organisation der Innovation.

Der Bezugsrahmen wird mit hoher Reichweite konzipiert; er ist also nicht nur
auf den spezifischen Fall des Konzerns anzuwenden. Durch den zunächst weitläu-
figen, konzernunspezifischen Blickwinkel können viele allgemeinere Überlegungen in die Betrachtung einbezogen werden, die wertvolle Beiträge zu einer (deduk-
tiven) Erkenntnisgewinnung auch für den Spezialfall des Konzerns bieten. Trotz
dieses allgemein gehaltenen Einstiegs habe ich versucht, das Sprachspiel bereits
gezielt auf die spezifische Konzernproblematik zuzuschneiden, ohne die prinzipiell
hohe Reichweite des Bezugsrahmens einzuschränken.

Der Bezugsrahmen basiert nicht nur auf der intensiven Beschäftigung mit der
Literatur zur Organisation von Innovationen, sondern auch auf Erkenntnissen und
Erfahrungen, die ich in der Konzernpraxis machen konnte. Im Mittelpunkt dieser
Praxiserfahrungen stand dabei ein Kooperationsprojekt mit dem Ziel, innovative
Strukturen für einen Chemiekonzern zu erarbeiten. Aus diesem Projekt habe ich
ein Vorverständnis für die praktischen Problemstellungen in Hinsicht auf das
Hervorbringen von Innovationen gewonnen. Diese Erkenntnisse konnte ich darü-
ber hinaus durch explorative Interviews in anderen Konzernen der Chemie- und
Pharmabranche verfeinern und erweitern.

In *Teil III* werden die im zweiten Teil erarbeiteten Grundbausteine einer Organisation der Innovation wieder aufgegriffen und in ihrer Bedeutung für den Konzern spezifiziert. Die vier Bausteine sind freilich nur Grundelemente für eine

---

30   Damit ist zunächst ein relativ bescheidener Anspruch verbunden, denn der einem Bezugs-
      rahmen zugrundeliegende Kontext ist im Gegensatz zu einer Theorie schlecht strukturiert.
      In diesem Sinne können Bezugsrahmen auch als "schlecht strukturierte Theorien" (Kirsch
      1977, S. 112 zitiert in Obring 1992, S. 27) bezeichnet werden, die unter Umständen eine
      "Vorstufe zur Theoriebildung" darstellen.

organisatorische Gestaltung innovativer Konzernstrukturen, die sich vor dem Hintergrund theoretischer Überlegungen und praktischer Erkenntnisse ableiten lassen. Für die Gestaltung der einzelnen Bausteine im Konzern werden verschiedene Optionen aufgezeigt, die jeweils bei anderen Rahmenbedingungen sinnvoll erscheinen.

In der *Schlußbetrachtung* werden die zentralen Ergebnisse dieser Arbeit rekapituliert. Darüber hinaus möchte ich abschließend auf die Probleme hinweisen, die mit einer Anwendung der in dieser Arbeit vorgeschlagenen Gestaltungsoptionen innovativer Konzernstrukturen einhergehen können.

Teil I: Innovation, Organisation und Konzern

Um mich dem Untersuchungsgegenstand, also der "Organisation der Innovation im Konzern", zu nähern, möchte ich zunächst die einzelnen Bestandteile der Thematik jeweils separat betrachten. In einem ersten Schritt werden in Kapitel I.1 grundlegende Abgrenzungen des Innovationsbegriffes für die weitere Argumentation getroffen. Wie in der Einführung erwähnt, möchte ich mich auf die Betrachtung radikaler, komplexer Produktinnovationen beschränken. In Kapitel I.2 wird versucht, die Frage zu beantworten, welche Bedeutung Produktinnovationen für Unternehmen haben. Denn diese Bedeutung wirkt sich auf die Anforderungen an eine Organisation aus, die entsprechend in der Lage sein sollte, Innovationen hervorzubringen. Organisation und Innovation können sich aus gewissen Perspektiven betrachtet durchaus widersprechen. Dieser Widerspruch zwischen Organisation und Innovation ist aber keineswegs der Normalfall. Es gibt Möglichkeiten, Innovationen sinnvoll zu organisieren (Kapitel I.3). Die Überlegungen über das Innovieren und die Organisation der Innovation treffen nicht nur auf den Spezialfall Konzern, sondern auf alle Unternehmensformen zu. Der Spezialfall des Konzerns steht im Mittelpunkt der Betrachtung von Kapitel I.4. Hier werden die typischen Innovationspotentiale von Konzernen näher untersucht, die für eine Organisation der Innovation im Konzern eine wesentliche Rolle spielen. Eine Zwischenbilanz in Kapitel I.5 faßt die Ergebnisse dieses Teils zusammen.

I.1   Innovationen: Versuch einer Abgrenzung

Es gibt viele Definitionen zum Begriff der Innovation.[31] Das Spektrum reicht von der unspezifischen Version Schumpeters, der Innovationen als "any doing things differently in the realm of economic life"[32] bezeichnet, bis zu der engen Definition

---

[31]   Vgl. dazu u.a. die Übersicht über verschiedene Innovationsdefinitionen bei Hauschildt (1993), S. 5f., Urabe (1988), S. 3 oder Kasper (1990), S. 370ff.

[32]   Schumpeter (1964), S. 84. Schumpeter verwendet im übrigen den Begriff "Innovation" nicht, sondern spricht vielmehr von der "Durchsetzung neuer Kombinationen".

Hauschildts von Innovationen als "qualitativ neuartige Produkte oder Verfahren, die sich gegenüber dem vorangehenden Zustand merklich [...] unterscheiden"[33].

Im Mittelpunkt fast aller Definitionen stehen Entstehung *und* Umsetzung von etwas "Neuem".[34] Die oftmals anzutreffende Operationalisierung von Innovationen durch Patentanmeldungen greift daher zu kurz. Neben der eigentlichen Entdeckung, d.h. der Invention, bezieht sich der Innovationsbegriff auch auf die tatsächliche Realisierung, die sich in der Regel in einer wirtschaftlichen Nutzung äußert.[35] So ist es üblich, daß Innovationen erst dann als solche bezeichnet werden, wenn die Invention erfolgreich am Markt durchgesetzt wurde.[36] Invention bedeutet, etwas Neues zu kreieren, Innovation bedeutet darüber hinaus, etwas Neues anzuwenden.[37] Invention ist also notwendige, aber noch nicht hinreichende Bedingung für Innovation.[38] Diese Zweiteilung des Innovationsbegriffes ist eine wesentliche Voraussetzung für die folgende Argumentation.[39]

Ohne alle, inzwischen kaum noch zählbaren, Definitionen des Innovationsbegriffes aufzuzählen, möchte ich im folgenden den Begriff der Innovation etwas genauer charakterisieren, um Mißverständnisse bei meinen weiteren Ausführungen zu vermeiden. Dazu ist zunächst eine Auseinandersetzung mit dem grundlegenden Phänomen des "Neuen" als konstituierendes Definitionsmerkmal einer Innovation notwendig (Abschnitt I.1.1). In Abschnitt I.1.2 werden die verschiedenen Arten einer Innovation, von der Produkt- über die Prozeß- bis zur organisatorischen Innovation, erläutert bzw. die Zusammenhänge zwischen ihnen aufgezeigt. Den Schwerpunkt dieser Arbeit werde ich - wie bereits in der Einführung erwähnt - auf den Gegenstand der Produktinnovation legen. Eine weitere Eingrenzung des Problembereichs erfolgt sodann mit der Beschränkung auf den Spezialfall *komplexer* Produktinnovationen.

---

33   Hauschildt (1993), S. 4.
34   Vgl. Slappendel (1996), S. 107, Aregger (1976), S. 5, Zaltman et al. (1973), S. 158 oder Servatius (1988), S. 20 mit Bezug auf Sommerlatte (1986), S. 20.
35   Vgl. zu Knyphausen (1988), S. 4.
36   Vgl. z.B. Mohr (1976), S. 170.
37   Vgl. Mohr (1976), S. 170.
38   "Innovation = Invention + Exploitation" (Roberts 1988, S. 13).
39   Vgl. die Ausführungen in Abschnitt II.1.2 und II.2.1 dieser Arbeit.

I.1.1   Die Relativität des Neuen

Innovationen sind realisiertes Neues. Dieses Neue ist freilich relativ, denn das in der Entwicklung Neue setzt das in der Entwicklung Alte bereits voraus:

> "Wenn man etwas bereits weiß, so kann man es doch nicht mehr erlernen, denn man weiß es ja bereits. Wenn man es jedoch noch nicht weiß, dann kann man es auch nicht erlernen, denn wie soll man wissen, wonach zu suchen ist." (Zu Knyphausen 1988, S. 14)

Das absolut Neue ist folglich eigentlich überhaupt nicht vorstellbar. Denn etwas, das in jeder Beziehung neu wäre, würde sich durch keine uns bekannte Eigenschaft auszeichnen, d.h. "es wäre weder rund noch eckig, es dürfte keinen Schatten und keine Form, keinen Wert und keinen Durchmesser haben; nichts, aber auch gar nichts aus unserer Welt dürfte sich an ihm wiederholen"[40]. Das vorstellbare Neue baut also - in unterschiedlichem Ausmaß - auf dem Alten auf. Gemessen werden kann dieses Ausmaß durch den Neuigkeitsgrad (1). Doch der Begriff des Neuen weist weitere Unklarheiten auf. Jenseits der Frage, wie neu etwas sein muß, stellt sich die Frage, für wen etwas neu sein muß, um als neu zu gelten (2).

(1)   Der Neuigkeitsgrad von Innovationen

Bereits Schumpeter bezeichnete Innovationen als eine "Durchsetzung neuer Kombinationen"[41], wobei der Begriff der Kombination darauf hindeutet, daß die (neu) kombinierten Bestandteile durchaus althergebracht sein können.[42] In den Augen von Rammert zerfallen selbst die wenigen "wirklichen" Innovationen, wie Dampfmaschine, Elektromotor oder Computer, bei näherer Betrachtung wiederum in einen evolutionären Prozeß von Elementneuerungen und Neukombinationen.[43]

---

40   Vgl. Blaseio (1986), S. 195 zitiert in zu Knyphausen (o.J.), S. 7
41   Schumpeter (1964), S. 100.
42   In diesem zweideutigen Sinne taucht der Begriff "innovatio" auch erstmalig am Ende des zweiten Jahrhunderts nach Christus auf: "in novum statum conversio" und "novi alicuius effectio". Vgl. dazu Schwer (1985), S. 5, Fußnote 2, der sich wiederum auf Hinterhuber (1975), S. 26, Fußnote 14, bezieht.
43   Vgl. Rammert (1988), S. 17. Rammert charakterisiert Produktinnovationen (lediglich) als eine "Neukombination" von den verschiedenen - vorhandenen - Elementen der Technikentwicklung. Er geht in Anlehnung an eine Studie von Gilfillan (1935) davon aus, daß eine Produktinnovation in Form einer Technikentwicklung in der Regel einen evolutionären Charakter hat, also in einem "endlosen, vielfältigen Zuwachs von kleinen Details, Modifikationen und Perfektionierungen" (Rammert 1988, S. 17) besteht.

Für ihn handelt es sich um eine Innovation, wenn "mindestens ein Element erneuert oder wenn die Kombination der Elemente verändert wird."[44,45]

Dennoch wird in der Regel von einer Innovation mehr erwartet als eine alltägliche Neuordnung der altbekannten Elemente. Die Änderungen müssen schon von Bedeutung oder "mutativen Charakters"[46] sein, um als Innovation gelten zu können.[47] Einen Orientierungspunkt in diesem "Definitionsdschungel" bietet die Unterscheidung bezüglich des Ausmaßes des Neuen in "major" und "minor innovations"[48]. "Major innovations" oder radikale bzw. Durchbruchinnovationen stellen grundlegende Neuerungen dar; sie markieren einen technologischen Durchbruch. "Minor Innovations" bzw. inkrementale Innovationen dagegen liegen am anderen Ende des - relativ willkürlich unterteilten -[49] Kontinuums und stellen unwesentliche Neuerungen in der Regel in Form von geringfügigen Verbesserungen dar. Diese prinzipielle Taxonomie findet sich in leicht abgewandelter Terminologie bei den meisten Autoren, die sich mit dem Neuigkeitsgrad von Innovationen auseinandergesetzt haben, wieder (vgl. Abb. 1).

Als Beispiele für Durchbruchinnovationen werden der Düsenantrieb und der Mikroprozessor genannt.[50] Inkrementale Innovationen sind zum Beispiel Leistungssteigerungen bei Personalcomputern. Beinhalten Innovationen lediglich minimale Änderungen, spricht Mensch von "Scheininnovationen"[51], da diese - in seinen Augen - nicht mehr als Innovation bezeichnet werden dürfen. Der Unterschied zwischen der Weiterentwicklung einer existierenden Technologie und der Entwicklung einer völlig neuen Technologie, wie etwa bei der Ablösung der Röhre

---

44   Rammert 1988, S. 18.
45   Beispiel dafür, auf welche Weise existierende Produkte zu etwas Neuem rekombiniert werden können, ist Sonys Entwicklung des Walkman. Batterien, Magnetband und Kopfhörer gab es bereits; was neu hinzukam, war die Idee der Unterhaltung in ungewohnter Umgebung (vgl. dazu Rosenberg 1995, S. 181 oder Morita 1991, S. 187ff.).
46   Geschka (1984), S. 823.
47   Das Fraunhofer-Institut definiert in diesem Sinne Produktinnovationen als "diejenigen Produkte, die technische Verbesserungen enthalten oder für das Unternehmen neu sind, die jedoch *keine Detailänderung* darstellen". (Meyer-Krahmer 1982, S. 3; Hervorhebung durch M.M.).
48   Barnett (1953), S. 7. Barnett vertritt jedoch die Meinung, daß diese Unterteilung nicht sinnvoll sei.
49   So weist Bailin (1994, S. 59) darauf hin, daß es keine objektiven Kriterien zur Messung von Neuigkeit gibt.
50   Vgl. z.B. Trommsdorff/Schneider (1990), S. 4.
51   Mensch (1975), S. 46.

durch den Mikroprozessor, kann mit Hilfe des Paradigmenbegriffes verdeutlicht werden.[52]

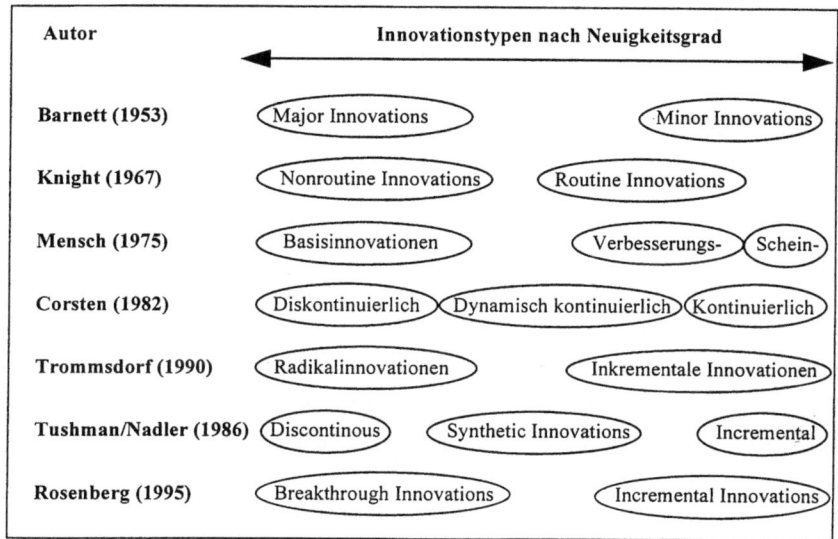

Autor	Innovationstypen nach Neuigkeitsgrad
Barnett (1953)	Major Innovations Minor Innovations
Knight (1967)	Nonroutine Innovations Routine Innovations
Mensch (1975)	Basisinnovationen Verbesserungs- Schein-
Corsten (1982)	Diskontinuierlich Dynamisch kontinuierlich Kontinuierlich
Trommsdorf (1990)	Radikalinnovationen Inkrementale Innovationen
Tushman/Nadler (1986)	Discontinous Synthetic Innovations Incremental
Rosenberg (1995)	Breakthrough Innovations Incremental Innovations

Abb. 1:   Kontinuum von Innovationen entlang ihres Neuigkeitsgrades

Kuhn konstatiert im Ablauf der naturwissenschaftlichen Forschung Diskontinuitäten.[53] Erkenntnisfortschritte ergeben sich demnach vor allem deshalb, weil neue

---

[52]   Diesen Unterschied versucht auch das S-Kurven-Konzept von Foster zu demonstrieren (vgl. Foster 1986b, S. 29). Das S-Kurven-Konzept geht davon aus, daß die Leistungsfähigkeit einer Technologie mit dem in sie investierten Entwicklungsaufwand in einem ertragsgesetzlichen Zusammenhang steht. Oberhalb des Wendepunktes der Kurve kommt es damit zu sinkenden Grenzerträgen im Sinne der technologischen Leistungsfähigkeit, denn die Technologie nähert sich einer - durch naturwissenschaftliche Phänomene - definierten Leistungsgrenze (vgl. dazu auch Sahal 1981). Diese Leistungsgrenzen sind der Grund, warum Produkte schließlich aufhören "ihren Herstellern Geld einzubringen" (Foster 1986b, S. 29). Das Erstellen von S-Kurven für neue Technologien ist allerdings nicht unproblematisch. So kann rein phänomenologisch aus dem ersten flachen Teil der S-Kurve keinerlei Hinweis auf den Zeitpunkt der entscheidenden Durchbrüche entnommen werden (vgl. Ruhland 1990, S. 92). Es kann viele Jahre mit entsprechend großem Ressourcenaufwand dauern, bis eine Kurve - wenn überhaupt - in das steile Stück übergeht (vgl. Drucker 1985, S. 71). Anfangs unerkannte Probleme können neue Leistungsgrenzen definieren. Das S-Kurven-Konzept kann also weder prognostizieren, welche Technologie die Zukunft einer Branche bzw. eines Unternehmens bestimmen wird, noch wann eine Technologie abgelöst wird. Während die Bewegung auf einer S-Kurve inkrementale Innovationen veranschaulicht, stellt ein Sprung von der alten auf eine neue Kurve, d.h. also auf eine neue Technologie, eine diskontinuierliche Entwicklung in Form einer Durchbruchinnovation dar.

[53]   Vgl. Kuhn (1970).

Arten, (Natur-) Wissenschaft zu betreiben, alte Arten abgelöst haben. Kuhn stellt damit die bislang übliche Annahme, daß sich der (natur-) wissenschaftliche Erkenntnisfortschritt kontinuierlich vollziehe, in Frage.[54] Er spricht vielmehr in diesem Zusammenhang von "wissenschaftlichen Revolutionen" und "Paradigmen-wechseln".

Dosi leitet aus dem (natur-) wissenschaftlichen Paradigmenbegriff Kuhns die Existenz "technologischer Paradigmen"[55] ab. Es handelt sich dabei um einen Pro-blemlösungskontext, vor dessen Hintergrund neues Wissen angestrebt wird.[56] Dieser Problemlösungskontext wird durch zwei Bausteine generiert. Der eine Baustein besteht aus den zu verbessernden Objekten (wie integrierte Schaltkreise, das Auto, der Airbag usw. - jeweils mit eigenen spezifischen technologischen Cha-rakteristika). Der andere Baustein wird durch die verwendeten Heuristiken gebil-det, mit denen die Suche nach Problemlösungen vonstatten geht und die somit das weitere Vorgehen festlegen (zum Beispiel: "Falls sich eine heterozyklische Zusam-mensetzung als Pestizid eignet, dann variiere die unterschiedlichen Orbitale, um eine höhere Effektivität zu erreichen!"[57]). Wesentliche Implikation ist dabei, daß die Suche nach Problemlösungen durch ein technologisches Paradigma in eine be-stimmte Richtung kanalisiert wird.[58] Die tatsächliche Entwicklung der Forschung innerhalb eines durch ein technologisches Paradigma bestimmten Problemlösungs-kontextes bezeichnet Dosi als "technologische Trajektorie"[59].[60] Der Begriff der technologischen Trajektorie kann am ehesten mit "Innovationspfad" übersetzt werden. Ein Beispiel für einen derartigen Innovationspfad ist die Trajektorie des

---

54   Vgl. Kuhn (1970). Laut Kuhn ist es bereits irreführend von *der* (Natur-) Wissenschaft zu sprechen, denn in der Vergangenheit gibt es ganz andere Arten, Wissenschaft zu betreiben, ganz andere "Forschungsparadigmen" (Kuhn 1970, S. 22), als wir sie heute vorfinden. Eine prägnante Darstellung des Paradigmenbegriffs findet sich auch bei Kirsch (1992), S. 66ff.
55   Dosi (1982), S. 147.
56   Vgl. Dosi (1988a), S. 1127.
57   Dosi (1988b), S. 224; Übersetzung durch M.M.
58   Vgl. Dosi (1988b), S. 225.
59   Dosi (1982), S. 147 und Dosi (1988a), S. 1128 mit Bezug u.a. auf Sahal (1981) und Saviotti/Metcalfe (1984).
60   Vgl. Dosi (1988a). Dosi geht ähnlich wie Kuhn davon aus, daß sich konkurrierende Para-digmen entwickeln, deren Vertreter nicht nur mit den Verfechtern des alten Paradigmas, sondern auch untereinander in Konflikt geraten. Welches technologische Paradigma dann letzten Endes von den vielen, theoretisch denkbaren ausgewählt wird, hängt von dem Interagieren vieler verschiedener Gruppen und Einflüsse ab (vgl. Rosenberg 1976).

technischen Fortschritts in der Flugzeugindustrie, die dem durch das technologische Paradigma definierten Trade-Off zwischen Leistungsfähigkeit, Bruttostartgewicht, Reisegeschwindigkeit, Tragflächenbelastbarkeit und Reichweite folgt.[61] Die Trajektorie in der Mikroelektronik entwickelt sich im Kontext, d.h. eines technologischen Paradigmas einer Optimierung der Relation zwischen Chipgröße, Verarbeitungsgeschwindigkeit und Kosten pro Bit.

In diesem Sinne können Durchbruchinnovationen als Innovationen bezeichnet werden, die durch ein neues technologisches Paradigma gekennzeichnet sind und eine neue technologische Trajektorie hervorbringen. Innerhalb eines technologischen Paradigmas sind dann Weiterentwicklungen, d.h. inkrementale Innovationen möglich, sinnvoll und üblich, so lange, bis das herrschende technologische Paradigma durch ein neues abgelöst wird.[62] In diesem Sinne bezeichnet auch Rosenberg Durchbruchinnovationen als Bezugsrahmen für Inkrementalinnovationen.[63] Durchbruchinnovationen ziehen dementsprechend Inkrementalinnovationen als "natürliche Ergänzung" nach sich. Das den Durchbruchinnovationen inhärente Wissen kann auf diese Weise mehrfach in verschiedenen Anwendungen derselben Generation genutzt werden.[64]

Durchbruchinnovationen stellen die extremere Form der Innovation dar, denn mit völlig neuen Produkten sind zwar zum einen unter Umständen größere Wertschöpfungspotentiale, zum anderen aber größere Risiken verbunden. Je radikaler eine Innovation ist, um so mehr wird die Kompetenz eines Unternehmens von dieser Innovation gefordert bzw. in Frage gestellt.[65]

(2)   Die Perspektive des Neuen

Wenn ein Unternehmen ein für dieses Unternehmen neues Produkt entwickelt, das schon einmal von einem anderen Unternehmen entwickelt wurde, kann "objektiv" gesehen nicht von einer Neuheit gesprochen werden. "Objektiv" heißt dabei aus

---

61   Vgl. Dosi (1988a), S. 1128f.
62   Vgl. Dosi (1988a), S. 1142.
63   "[A] major - or breakthrough - innovation may be defined as one that establishes a new framework for the working out of incremental innovations." (Rosenberg 1995, S. 180).
64   Vgl. auch Jelinek/Schoonhoven (1990), S. 315: "The longer-term innovations create technical possibilities; the shorter-term increments assure that these possibilities are fully exploited."
65   Vgl. Audretsch (1993), S. 10.

der Perspektive des Marktes.[66] Unternehmen sind in der Regel bestrebt, Innovationen hervorzubringen, die nicht nur in ihren Augen, sondern auch für den Markt und somit für den Kunden neu sind. Es liegt also nahe, in einem ersten Zugriff den Neuigkeitsgehalt einer Innovation aus der Marktperspektive zu betrachten und die Frage zu stellen, was für den Kunden neu erscheint.[67] Im Gegensatz zu dieser Sichtweise wird in der betriebswirtschaftlichen Literatur die Qualifizierung "neu" fast ausschließlich aus der "subjektiven" Perspektive des betrachteten Unternehmens heraus definiert.[68] Eine betriebswirtschaftliche Innovation liegt demnach vor, wenn eine Änderung für das jeweilige Unternehmen, d.h. unternehmensspezifisch, neu ist. Insofern ist unwichtig, wie lange der Innovationsgegenstand bereits woanders existiert.[69] Es können also Produkte Neuheiten sein, die es auf dem Markt schon lange gibt. Die Frage, ob eine Innovation, d.h. etwas Neues vorliegt, läßt sich somit aus Markt- und Unternehmensperspektive unterschiedlich beantworten. Vor diesem Hintergrund erscheint es sinnvoll, bei der Charakterisierung von Innovationen sowohl die Markt- als auch die Unternehmensperspektive gleichberechtigt in die Betrachtung einzubeziehen (vgl. Abb. 2).

Handelt es sich - wie in der Matrix von Abb. 2 dargestellt - weder aus Markt- noch aus Unternehmensperspektive um eine Neuheit, liegt keine Innovation vor. Sind die Produkte sowohl für den Markt als auch für das Unternehmen neu, kann man von *"echten" Innovationen* sprechen. Diese Art der Innovation bedarf aufgrund des hohen Neuigkeitsgrades in der Regel zu ihrer Hervorbringung einer entsprechenden Organisationsstruktur. Doch auch die beiden in der Matrix von Abb. 2 dargestellten Grenzfälle, die lediglich aus einer (markt- *oder* unternehmensspezifi-

---

66   Vor diesem Hintergrund bemerkt Bailin (1994, S. 8ff.), daß die Akzeptanz einer Innovation am Markt mit zunehmendem Neuigkeitsgrad zunächst stetig steigt, aber mit zunehmender Inkommensurabilität der Neuigkeit mit den Kategorien des Bestehenden sinkt ihre Akzeptanz wieder. Das bedeutet zum einen, daß die Marktperspektive kein objektiver "Richter" über den Neuigkeitsgrad ist, und zum anderen, daß zuviel Neuigkeit vom Markt nicht honoriert wird.

67   Vgl. Becker/Whisler (1967), S. 463.

68   Vgl. u.a. Herzhoff (1991), S. 11, Shepard (1970), S. 470, Trommsdorf/Schneider (1990), S. 3, Rogers/Shoemaker (1971), S. 19, aber auch Schumpeter (1947), S. 151, die der subjektiv orientierten Richtung folgen.

69   So definieren Rogers und Shoemaker das Individuum als die relevante Einheit, die über den Neuigkeitsgrad zu befinden hat: "An innovation is an idea, practice, or object perceived as new by the individual. It matters little, as far as human behavior is concerned, whether or not an idea is 'objectively' new as measured by the lapse of time since its first use or discovery." (Rogers/Shoemaker 1971, S. 19).

schen) Perspektive eine Neuheit darstellen, sind als Innovationen zu bezeichnen, deren Hervorbringung auf entsprechende Organisationsstrukturen angewiesen ist.

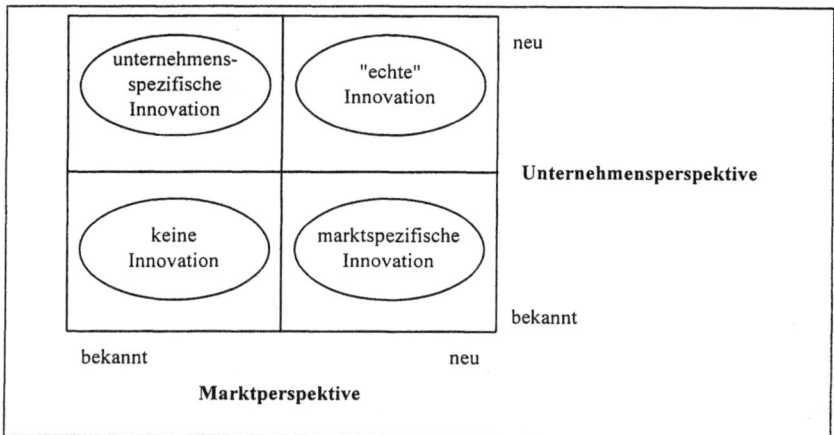

Abb. 2:   *Innovationen aus Markt- und Unternehmensperspektive*

Aus der Marktperspektive heraus entstehen neue Produkte durch eine Änderung der Kundenfunktionen oder des Produktimages im Bewußtsein der Verbraucher (*marktspezifische Innovationen*). So bieten etwa Inline-Skates, welche in ihren Produkt- und Herstellungseigenschaften aus Perspektive eines bis dato Schlittschuhe oder Skischuhe produzierenden Unternehmens kaum fremd erscheinen, ganz neue Kundenfunktionen. Ein extremeres Beispiel ist Natriumbikarbonat, das Arm & Hammer zunächst als Teppichreiniger und dann als Abflußreiniger auf den Markt gebracht haben.[70] Tatsächlich handelt es sich hier um neue Verwendungszwecke des gleichen Produktes. Doch auch in diesem Fall ist für das Unternehmen zumindest der Prozeß der Entdeckung, daß das Produkt für andere Zwecke geeignet ist, insbesondere aber der Aufbau des Geschäftes inklusive Vertrieb jeweils erneut vonnöten.

Der zweite Grenzfall kann als *unternehmensspezifische Innovation* bezeichnet werden. Unternehmensspezifische Innovationen sind zwar auf dem Markt bereits bekannt, aber für das jeweilige Unternehmen fremd. Typischer Fall ist der Versuch von Unternehmen, Innovationen von Wettbewerbern aufzuholen bzw. zu imitieren. Den Begriff der Innovation so weit zu fassen, daß auch Imitationen darunter zu

---

[70]   Vgl. Crawford (1992), S. 29.

subsumieren sind, erscheint im Rahmen meiner Argumentation sinnvoll, da auch
die Imitation, d.h. die unternehmensspezifische Innovation entsprechende organisatorische Vorkehrungen zu ihrer Hervorbringung erfordert.[71] Selbst wenn (unternehmensspezifisch neue) Produkte in einem Markt bereits bekannt sind, müssen
die Probleme des Innovationsprozesses und damit einhergehende organisatorische
Implikationen vom Unternehmen gehandhabt werden.[72]

I.1.2   Gegenstand der Innovation

Innovationen wurden als Realisierung von etwas Neuem charakterisiert, wobei sowohl unterschiedliche Neuigkeitsgrade als auch unterschiedliche Perspektiven
möglich sind. Ich beschränke mich vor diesem Hintergrund für die weiteren Ausführungen auf den Spezialfall der Durchbruchinnovation aus einer Unternehmensperspektive. Der Innovationsbegriff bezieht sich im allgemeinen nicht nur auf den
Produkt-Markt-Bereich, sondern auch auf die Prozeßtechnologien, das Management und die Organisation. Es gibt also unterschiedliche Innovationsarten (1). Die
Grenzen zwischen den verschiedenen Innovationsarten sind fließend (2). Im
Mittelpunkt meiner weiteren Ausführungen soll die Produktinnovation stehen,
wobei ich mich auf den Spezialfall der *komplexen* Produktinnovation konzentrieren möchte (3).

(1)   Innovationsarten

Eine in der Literatur immer wieder verwendete Kategorisierung ist die auf Thom
zurückgehende Trennung zwischen "Produkt-", "Verfahrens-" und "Sozialinnovationen".[73] An anderer Stelle werden zusätzlich "Strukturinnovationen"[74] genannt.

---

71   Imitationen im Sinne von "unternehmensspezifischen Innovationen" können unter Umstän-
      den sogar sinnvoller sein, als "echte Innovationen". So weist Barczak anhand ihrer empiri-
      schen Untersuchung in der Telekommunikation nach, daß der "fast follower" größere Er-
      folgschancen hat als der Pionier (vgl. Barczak 1995, S. 229). Strebt man die Folgerschaft
      bewußt an, können die Risiken des Pioniers (Technologierisiko, Nachfrageunsicherheit,
      Imageverlust durch nicht ausgereifte Innovationen etc.) gezielt umgangen werden. Laut
      Stock kombinieren die "erfolgreichsten" Unternehmen eine Führerstrategie im F&E-Bereich
      mit einer Folgerrolle beim Markteintritt (vgl. Stock 1991, S. 618).
72   Vgl. dazu auch Trommsdorff/Schneider (1990), S. 3 und Crawford (1992), S. 29.
73   Vgl. Thom (1980), S. 22ff.
74   Kaplaner (1986), S. 8.

Nimmt man die vier Perspektiven des Strategischen Managements von Kirsch als Kategorisierungshilfe, sind Innovationen in Bereichen eines Unternehmens (Primär- bis Quartärbereich), denkbar.[75] Der *Primärbereich* bezieht sich auf die Produkt-/Marktbeziehungen eines Unternehmens. In diesem Bereich sind Produktinnovationen zu verorten. Denn Produktinnovationen sind Neuerungen, die das Produktangebot eines Unternehmens selbst verändern und so auf eine Erneuerung der Marktleistung abzielen. Wesentlich ist, daß Produktinnovationen nicht nur innerhalb des Unternehmens bzw. des Konzerns, sondern - wie bereits erläutert -[76] auch außerhalb, d.h. am Markt, durchgesetzt werden müssen.[77]

Die Perspektive des *Sekundärbereiches* knüpft an die Ressourcen des Unternehmens an, zu denen auch Technologien zu zählen sind.[78] Die neue Technologie äußert sich in neuen Verfahren bzw. Prozessen zur Herstellung von Produkten. Wesentlicher Bestandteil des Sekundärbereiches sind also Prozeßinnovationen. Durch sie soll die Produktion eines alten, im Prinzip - oder sogar gänzlich - unveränderten Produktes kostengünstiger, hochwertiger, sicherer oder schneller gestaltet werden.[79] Es geht um eine verbesserte Erfüllung von Vorhandenem oder mit anderen Worten: um eine Steigerung der innerbetrieblichen Effizienz. Im Gegensatz zu Produktinnovationen bleiben Prozeßinnovationen dem Konsumenten und anderen Externen zumeist verborgen.

Die Perspektive des *Tertiärbereiches* ist die Perspektive der Führung bzw. der Organisation, insbesondere der Gestaltung der vielfältigen Managementsysteme. Hierzu gehören zum einen Sozialinnovationen, die sich auf den veränderten Bedürfnis- und Anspruchswandel der Organisationsmitglieder beziehen und sich beispielsweise in neuen Anreizsystemen niederschlagen. Zum anderen können hier Strukturinnovationen oder organisatorische Innovationen subsumiert werden. Strukturinnovationen gehen mit neuen organisatorischen Strukturen einher.

Der *Quartärbereich* schließlich liefert die Perspektive der Standortbestimmung des Unternehmens im sozio-ökonomischen Umfeld. Im Mittelpunkt steht die Ge-

---

[75] Vgl. zu den einzelnen Perspektiven eines Strategischen Managements von Kirsch vgl. Trux et al. (1991), S. 729f.
[76] Vgl. dazu die Ausführungen dieser Arbeit in Abschnitt I.1.2 unter Punkt (2).
[77] Vgl. Hauschildt (1993), S. 9
[78] Bedenkt man, daß neue Produkte in der Regel auf neuen Technologien basieren, streift eine Produktinnovation immer auch den Sekundärbereich.
[79] Vgl. Hauschildt (1993), S. 9.

staltung der Beziehungen des Unternehmens zu den verschiedenen Interessenten im Netzwerk der Abhängigkeiten und um die institutionelle Verankerung des Unternehmens im Bewußtsein der Öffentlichkeit. Auch hier sind Innovationen möglich; man denke nur an die vielfältigen Versuche, die Öffentlichkeitsarbeit neu zu gestalten oder die kulturelle Identität des Unternehmens neu zu definieren.[80] Diese wurden allerdings bisher von der Innovationsliteratur weitgehend vernachlässigt.

(2)   Zusammenhänge zwischen den einzelnen Innovationsarten

Die einzelnen Innovationsarten sind wechselseitig voneinander abhängig. So ist eine Produktinnovation fast immer mit einer Prozeßinnovation verbunden.[81] Denn ein neues Produkt erfordert neue Prozesse. Rammert bezeichnet deshalb Prozeßinnovationen als "Innovationsinnovationen"[82].

Utterback ist der Auffassung, daß die Voraussetzung für Erfolg eine Kombination von Produkt- und Prozeßinnovationen sei.[83] In diesem Zusammenhang hat Pfeiffer festgestellt, daß viele Unternehmen zwar über hervorragende innovative Produkte verfügen, ihre Wettbewerbsposition davon aber kaum profitiert, da die Produkte vergleichsweise ineffizient und damit kostspielig produziert werden.[84] Denn der Entwicklung neuer Produkte wird - so die These - erheblich mehr Aufmerksamkeit gewidmet als der Entwicklung neuer, adäquater Prozeßtechnologien.[85] Diese Asymmetrie bzw. "Mißachtung des Komplementaritätsverhältnisses"[86] von Produkt und Produktionsprozeß zeigt sich in der Verteilung der F&E-

---

80   Vgl. beispielsweise Börner (1996), S. 419ff.

81   Vgl. Rammert (1988), S. 199f.

82   Rammert (1988), S. 199f.

83   "Succes [...] requires equal emphasis on product and process design, which must be closely integrated." (Utterback 1994, S. 217).

84   Vgl. Pfeiffer (1991), S. 43.

85   Auch Wheelwright und Clark weisen darauf hin, daß die "integration of the paths of product and manufacturing process technology" (Wheelwright/Clark 1992, S. 39) von vielen Unternehmen vernachlässigt wird: "All too often 'development projects' means 'product development projects', the assumption being that process technology can be acquired easily if and when the need for it becomes obvious. Unfortunately, such a view results frequently in the full benefits of the product technology never being realized - the manufacturing process simply cannot deliver the quality, cost, or timeliness the product requires." (Wheelwright/Clark 1992, S. 39). Vgl. dazu auch Albach et al. (1991), die warnend darauf hinweisen, daß die Japaner genau die umgekehrte Strategie verfolgen.

86   Pfeiffer (1991), S. 43.

Aufwendungen, von denen etwa 60 Prozent in die Produktentwicklung und lediglich 40 Prozent in die Entwicklung adäquater Produktionsverfahren fließen.[87] Folgt man den Industriesoziologen Bieber und Möll, werden Produkt- und Prozeßinnovationen aber zunehmend miteinander gekoppelt. Im Idealfall werden Produkt und Produktionsprozeß in wechselseitiger Abstimmung entwickelt und standardisiert.[88, 89]

Produkt- und Prozeßinnovationen können sogar organisatorische Innovationen auslösen, da nicht selten neue Organisationsformen zur Intergration der implementierten innovativen Technologie gefunden werden müssen.[90] Vor diesem Hintergrund ist der Einfluß der neuen Informationstechnologie zu sehen, die viele Organisationsformen erst ermöglicht.[91] Umgekehrt ist unter Umständen eine neue Organisationsstruktur Voraussetzung für das Hervorbringen von Produktinnovationen.[92]

Wenngleich der enge Zusammenhang zwischen den einzelnen Innovationsarten plausibel ist, erscheint es zum Zweck der genaueren Analyse sinnvoll, die unterschiedlichen Arten der Innovation analytisch zu trennen und sich auf eine zu beschränken. Dies gilt - wie bereits in der Einführung dieser Arbeit erwähnt - insbesondere für den angestrebten Versuch, eine geeignete Organisationsstruktur von Innovationen zu skizzieren. Denn die verschiedenen Innovationsarten müssen auf unterschiedliche Art und Weise hervorgebracht und damit auch unterschiedlich organisiert werden.[93] Ich möchte mich im Rahmen dieser Arbeit mit Produktinnovationen beschäftigen.

---

[87]   Vgl. Pfeiffer (1991), S. 43.
[88]   Vgl. Bieber/Möll (1993), S. 366.
[89]   Vgl. dazu die Ausführungen zum "Simultaneous Engineering" in Abschnitt II.2.2 dieser Arbeit.
[90]   In der Regel erfolgen die organisatorischen Innovationen laut Evan (1966, S. 7f.) mit einer zeitlichen Verzögerung ("organizational lag") und sind aus diesem Grund schwer den entsprechenden Produkt- bzw. Prozeßinnovationen zurechenbar.
[91]   Vgl. Freeman (1991), S. 509.
[92]   Vgl. dazu u.a. von Braun (1994), S. 10.
[93]   So weist beispielsweise Tebbe daraufhin, daß Prozeßinnovationen von anderen organisatorischen Gestaltungsformen begünstigt werden als Produktinnovationen (vgl. Tebbe 1990, S. 9f.). Tebbe bezieht sich auf eine Untersuchung von Ettlie et al. (1984) bei 192 US-amerikanischen Nahrungsmittelherstellern.

(3)   Komplexitätsgrade von Produktinnovationen

Beschäftigt man sich mit der Frage nach einer geeigneten Organisationsstruktur für Innovationen, ist es kaum möglich, eine "Standardvorgehensweise" bzw. "Standardorganisationsstruktur" für die Hersteller von Verbrauchsgütern, Gebrauchsgütern, Investitionsgütern oder Dienstleistungen, aber auch für die unterschiedlichen Produkte innerhalb dieser Kategorien zu formulieren.[94] Organisationsformen, die sich für die Entwicklung einer neuen Generation von Computerchips eignen, wären für die Entwicklung einer neuen Suppenart möglicherweise eher ungeeignet und vice versa. Die Entwicklung verschiedener Produkte weist in der Tat jeweils eigene Charakteristika auf. Dennoch können viele Überlegungen und Aspekte bei der Entwicklung beispielsweise eines Autos mit Hybridmotor auf die Entwicklung anderer Produkte übertragen werden.[95]

Grundsätzlich kann man die zu entwickelnden Produkte anhand ihrer Komplexität unterscheiden. Vor diesem Hintergrund haben Clark und Fujimoto eine sogenannte Komplexitätsmatrix aufgespannt (vgl. dazu Abb. 3). Die erste Dimension der Matrix beschreibt die *interne Komplexität* einer Produktinnovation, operationalisierbar durch die Anzahl der verschiedenen Komponenten und deren Produktionsstufen, aber auch durch deren technologische Komplexität. Die zweite Dimension stellt die *externe Komplexität* der Produktinnovation dar, d.h. die Komplexität der Schnittstelle zum Kunden, welche sich durch Anzahl und Spezifität der Kaufkriterien sowie deren Umsetzbarkeit in Produktspezifika operationalisieren läßt.[96] Anhand der Komplexitätsmatrix lassen sich vier verschiedene Komplexitätsausprägungen von Produktinnovationen kategorisieren.

Beispiel für ein in der Entwicklung *komplexes Produkt* ist nach Clark und Fujimoto das Automobil. Es besteht aus sehr vielen funktional bedeutenden Komponenten, von denen jede dieser Komponenten wiederum mehrere Produktionsschritte erfordert. Die technologische Ausarbeitung der einzelnen Komponenten ist zwar unkomplizierter als von bestimmten High-Tech-Produkten, aber enge Abhängigkeiten zwischen den Komponenten erschweren die interne Koordination bei Innovationen, die das gesamte Fahrzeug betreffen. Das Auto ist aber nicht nur

---

94   Vgl. z.B. auch Crawford (1992), S. 13.
95   Vgl. Clark/Fujimoto (1991), S. 9.
96   Vgl. Clark/Fujimoto (1991), S. 10.

intern, sondern auch extern komplex. Das bedeutet, daß die Benutzerschnittstelle subtil und facettenreich ist. Denn Autos befriedigen Kundenbedürfnisse in vielfacher Weise - auch jenseits des Transportwunsches. Darüber hinaus sind Autofahrer meist nicht in der Lage, ihre zukünftigen Anforderungen und Wünsche an das neue Auto zu artikulieren. Es ist sehr schwer, "Kundenträume" in technologische (zu entwickelnde) Eigenschaften zu transferieren. Die Komplexität der Benutzer-Schnittstelle ist also hoch.

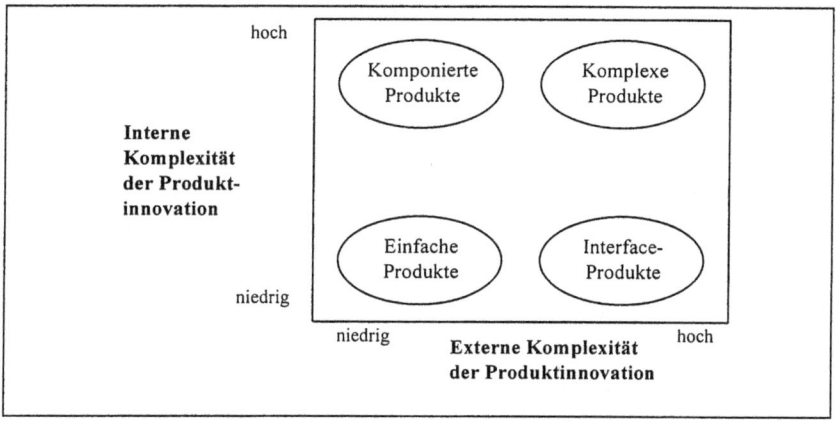

Abb. 3:   *Komplexität von Produktinnovationen*
             (Quelle: verändert übernommen aus Clark/Fujimoto 1991, S. 11)

Interface-Produkte weisen ebenfalls eine komplexe Benutzer-Schnittstelle, d.h. hohe externe Komplexität, aber im Gegensatz zu komplexen Produkten, niedrige interne Komplexität auf. Die technologischen Komponenten sind vergleichsweise einfach, aber die Kundenbedürfnisse hinsichtlich Funktionalität und Modetrends schwer spezifizierbar. Ein Beispiel dafür sind Quarzuhren. Beispiel für ein *Komponentenprodukt*, das sich durch hohe interne und niedrige externe Komplexität auszeichnet, sind konventionelle Werkzeugmaschinen, bei denen die Kaufkriterien von den Kunden in der Regel relativ eindeutig spezifiziert werden können. *Einfache Produkte* schließlich sind Produkte mit leicht durchschaubarer, eindimensionaler Benutzerschnittstelle und wenigen funktional bedeutenden Komponenten, d.h. von niedriger externer und interner Komplexität.[97]

---

[97]   Die "Produkt-Komplexitäts-Matrix" von Clark und Fujimoto repräsentiert nur eine Möglichkeit von vielen, die Unterschiedlichkeit von Produktinnovationen darzustellen; es sind

Obgleich unterschiedlich komplexe Produktinnovationen Ähnlichkeiten in der Produktentwicklung aufweisen,[98] erfordern sie andere Vorgehensweisen bei ihrer Entwicklung und stellen verschiedene Anforderungen an die Organisationsstruktur. Ich werde für meine weitere Argumentation den Spezialfall komplexer Produktinnovationen zugrunde legen.

I.2   Die Bedeutung von Produktinnovationen

Nachdem die Innovation als Gegenstand der Argumentation dargelegt und abgegrenzt wurde, soll versucht werden, die Frage nach der Bedeutung von Produktinnovationen für ein Unternehmen zu beantworten. Die vermehrt konstatierte Notwendigkeit des Innovierens von Unternehmen soll in Abschnitt I.2.1 hinterfragt werden. Noch offen ist, ob sich diese Notwendigkeit auf inkrementale oder radikale Produktinnovationen bezieht. In Theorie und Praxis wird neuerdings vermehrt eine "Konzentration auf Kernkompetenzen" gefordert. Diese Konzentration auf Kernkompetenzen kann dazu führen, daß auf Durchbruchinnovationen verzichtet wird. Doch gerade Durchbruchinnovationen spielen - wie zu zeigen sein wird - für den langfristigen Fortbestand eines Unternehmens eine wichtige Rolle (Abschnitt I.2.2).

---

ganz andere Differenzierungen möglich. So wird etwa oft zwischen zusammengesetzten und nicht-zusammengesetzten Produkten unterschieden (vgl. z.B. Utterback 1994, S. 103 oder S. 123ff.) Nicht-zusammengesetzte Produkte sind homogene Produkte, die lediglich aus einem Baustein oder zwei verschiedenen Komponenten bestehen. Abernathy spricht diesen homogenen Produkten von vornherein jegliche Möglichkeit zu Radikalinnovationen ab: "In cases where the product or productive unit is definitionally standardized (for example, sulfuric acid, nylon, or copper), the prospect of radical product innovation is definitionally limited, if not practically impossible" (Abernathy 1978 zitiert in Utterback 1994, S. 104). Dem ist zu widersprechen (vgl. Utterback 1994, S. 104), denn gerade bei so homogenen Produkten wie Glas waren durchaus radikale Innovationen möglich. Die Unterscheidung zwischen zusammengesetzten und nicht-zusammengesetzten Produkten stellt lediglich einen Ausschnitt der Komplexitätsmatrix dar, denn sie bewegt sich auf der externen Komplexitäts-Dimension der in Abb. 3 dargestellten Matrix.

98   Vgl. Clark/Fujimoto (1991), S. 10.

I.2.1   Die Notwendigkeit von Produktinnovationen

Unternehmen müssen nicht nur einmalig, sondern immer wieder neue Produkte auf den Markt bringen. Ein Zugang, um aus der Perspektive des jeweiligen Unternehmens diese Notwendigkeit von Produktinnovationen zu erklären, kann in der Bezugnahme auf Krisen liegen (vgl. zur Argumentation dieses Abschnitts Abb. 4). Diese Krisen müssen dabei nicht schon ausgebrochen sein, sie können auch erst vage antizipiert werden (1). In Anbetracht des Fokus auf Produktinnovationen im Rahmen meiner Argumentation erscheinen insbesondere solche Krisen relevant, die sich im Produkt-Markt-Bereich in Form zurückgehender Umsätze o.ä. niederschlagen. Eine Möglichkeit, derartige Krisen zu antizipieren und damit die Notwendigkeit von Innovationen zu konstatieren, ist das Modell des Produktlebenszyklus (2). Das Modell des Produktlebenszyklus kann die Notwendigkeit von Innovationen bzw. die entsprechende Krise jedoch lediglich konstatieren bzw. antizipieren, aber nicht erklären. Initiiert wird das Ende von Produktlebenszyklen und damit die Notwendigkeit von neuen Produkten durch technologischen und marktlichen Wandel, operationalisiert durch die beiden Stimuli "Market-Pull" und "Technology-Push" (3). Die Stärke bzw. Bedeutung dieser Stimuli variiert von Branche zu Branche mit unterschiedlicher Umweltdynamik (4).

(1)   Krisen als Auslöser für Innovationen

Schumpeter nannte Krisen als auslösendes Moment für Innovationen in Unternehmen.[99] Grundgedanke dabei ist, daß in einer Krisensituation eine Art psychologischer Druck entsteht, der die Offenheit gegenüber Neuem fördert. Das Unternehmen wird durch Krisen aufnahmebereiter für neue Ideen. Krisen sind häufig Anlaß dafür, verstärkt nach Ideen zu suchen.[100] Krisen liegen vor, wenn die Handlungsfähigkeit des Unternehmens schwerwiegend gefährdet ist oder nur unter Verletzung zentraler Werte bzw. Normen gewahrt bleiben kann. Es ist zu unterscheiden zwischen akuten (a) und latenten (b) Krisen.

---

99   Vgl. Schumpeter (1947), S. 149, aber auch Angle/Van de Ven (1989), S. 669.
100   Vgl. Kirsch (1992), S. 326ff. oder Ringlstetter (i.V.), Schlußkapitel.

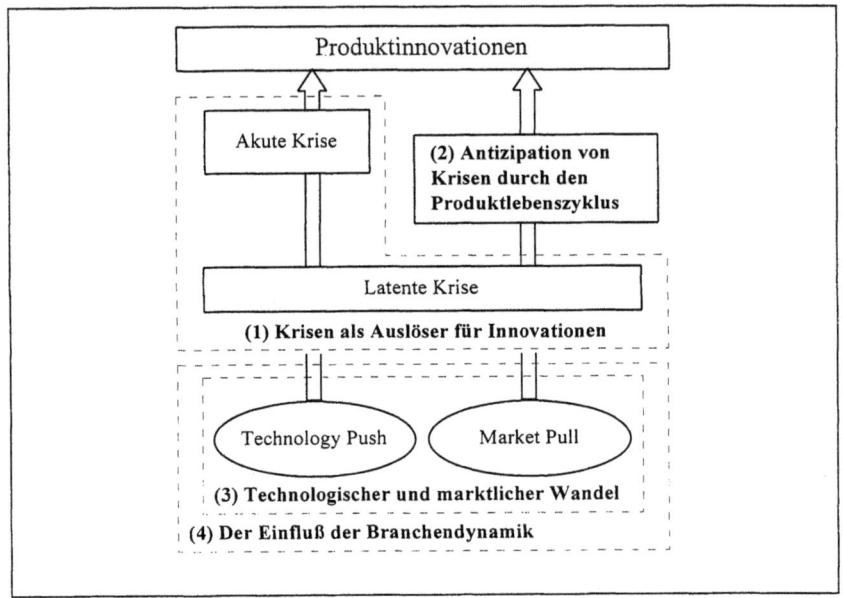

Abb. 4:   Die Notwendigkeit von Innovationen

(a) Akute Krisen: Akute Krisen werden von den Beteiligten erkannt und erfordern ein rasches Aufgreifen von Ideen. Die Bedeutung von akuten Krisen gilt auch für den Spezialfall neuer Produktideen. So ist Crawford der Meinung, daß die Entwicklung neuer Produkte mit einer Krisensituation beginnt, die zur Innovation "zwingt".[101] Perlitz und Löbler haben den Zusammenhang zwischen Krisen und Innovationen in einer empirischen Untersuchung bestätigt.[102] Die Ergebnisse verdeutlichen, daß sich ertragsstarke Unternehmen - Perlitz und Löbler sprechen von Unternehmen in einer "Chancensituation"[103] - risikoavers verhalten und Innovationen nur dann realisieren, wenn das mit ihnen verbundene Risiko gering ist. Dagegen weisen Unternehmen in Krisen höhere Risiko- und damit Innovationsbereitschaft auf. Werden diese Innovationen erfolgreich durchgeführt, kann die Krise

---

101   Vgl. Crawford (1992), S. 44.

102   Vgl. Perlitz/Löbler (1985). Bereits Bowman (1980) wies mit seinem "Risk-Return-Paradoxon" darauf hin, daß amerikanische Unternehmen, die eine hohe Rentabilität aufweisen, nur geringe Risikobereitschaft zeigen, während Unternehmen mit geringer Rentabilität bereit sind, hohes Risiko zu tragen.

103   Perlitz/Löbler (1985), S. 443.

überwunden werden und das Unternehmen wieder in eine "Chancensituation" zu-
rückgeführt werden; der Kreislauf beginnt von neuem (vgl. Abb. 5).

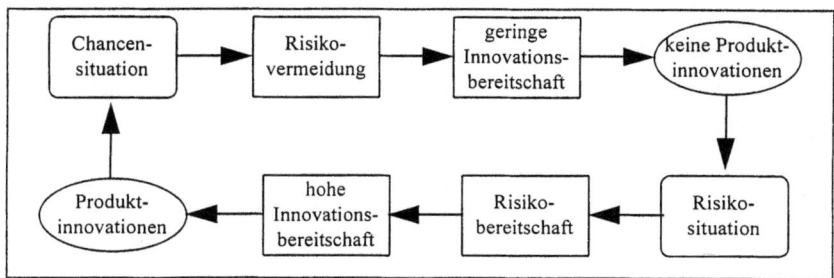

Abb. 5:   Ein Innovationskreislauf
            (Quelle: In Anlehnung an Perlitz/Löbler 1985, S. 443)

Miller bezeichnet die innovationsfeindliche Haltung von Unternehmen in Chancensituationen als "icarus paradox"[104]. Der Ikarus aus der griechischen Sage flog
mit seinen selbstgebauten Flügeln so hoch und damit so nahe an der Sonne, daß
seine künstlichen Tragflächen schmolzen und er ins Meer stürzte. Paradox dabei
ist laut Miller, daß die größte Stärke von Ikarus, nämlich die Kraft seiner Flügel,
zu seinem Verderben führte. Das blinde Vertrauen in die Kraft der Flügel verurteil-
te Ikarus zum Untergang - genauso wie ausgerechnet die Erfolge und Stärken
Unternehmen dazu verleiten, "selbstzufrieden" auf Innovationen zu verzichten.[105]
Diese Selbstzufriedenheit stürzt sie dann in eine Krise, durch die erst die
Notwendigkeit und Bereitschaft entsteht, Neues hervorzubringen.

(b) Latente Krisen: Akute Krisen sind stets mit Nachteilen für das Unternehmen
verbunden. Blinder Aktionismus, der in akuten Krisen leicht aufkommt, führt
dazu, daß die Innovationen, die aus diesen Krisen hervorgehend quasi "in der Not"
entstehen, nicht immer ausreichend ausgereift sind.[106] Aus diesem Grund
versuchen Unternehmen, Krisen zu antizipieren, solange sie noch nicht akut, d.h.
noch latent sind. Durch die rechtzeitige Diagnose latenter Krisen können akute

---

104   Miller (1990). Das Buch von Miller heißt in diesem Sinne: "The Icarus Paradox: How
      Exceptional Companies Bring about Their Own Downfall: New Lessons in the Dynamics of
      Corporate Success, Decline, and Renewal". Vgl. dazu auch die einleitenden, zusammenfas-
      senden Worte seines Buches auf S. 3.
105   Vgl. Miller (1990), S. 3.
106   Vgl. Janis (1982).

Krisen vermieden werden.[107] Taucht im Unternehmen ein antizipatives Krisenbewußtsein auf, wird das Aufgreifen von neuen Ideen in Chancensituationen wahrscheinlicher.

Einige Autoren vertreten die Meinung, daß Unternehmen nur bei guter Erfolgslage, d.h. ohne Anzeichen einer akuten Krise, bereit sind, die Risiken insbesondere radikaler Innovation zu tragen. So stellen Cyert und March bereits 1963 die These auf, daß in Krisensituationen eher schnelle Lösungen akuter Probleme, d.h. also tendenziell inkrementale Innovationen, in guten Zeiten hingegen langfristige, risikoreiche (Durchbruchs-) Innovationen von den Unternehmen initiiert werden.[108] Ursache für diese Weitsicht in Chancensituationen mag in der Freude am Innovieren oder einfach in der Antizipation der Krise liegen, die langfristig ohne diese Innovationen mit an Sicherheit grenzender Wahrscheinlichkeit eintreten würde.

(2)   Die Antizipation von Krisen durch den Produktlebenszyklus

Ein Instrument zur Antizipation von Krisen stellt das Modell des Produktlebenszyklus dar.[109] Die generelle Hypothese dieses Modells besagt, daß alle Produkte einem geradezu gesetzmäßigen Zyklus von zunächst steigenden und dann wieder fallenden Umsätzen und Erträgen unterliegen, bevor sie ihrem "sicheren" Ende entgegengehen.[110] Die daraus direkt abzuleitende Botschaft ist die Notwendigkeit der Einführung neuer Produkte, bevor mehrere alte Produkte das Ende der Rückgangsphase erreichen, d.h. die Krise prädestiniert ist.

---

107   Vgl. Kirsch (1992), S. 326ff. oder auch Obring (1992), S. 189f. Die Fähigkeit, ein antizipierendes Krisenbewußtsein zu entwickeln, ist abhängig von dem Ausmaß des "Organizational Slack", d.h. von in der Organisation vorhandenen Ressourcen, die zur Erreichung spezifischer Ziele nicht notwendig sind (vgl. zum Begriff des "Organizational Slack" ausführlich Weidermann 1983, S. 18ff.). Ein Organizational Slack schafft - so Kirsch (1992, S. 327f.) - eine Offenheit für neue Ideen, in deren Kontext ein antizipierendes Krisenbewußtsein entstehen kann, welches analog zu akuten Krisen eine geeignete Basis dafür liefert, entsprechende Ideen aufzugreifen.

108   Vgl. Cyert/March (1963), S.278f.

109   Der Produktlebenszyklus setzt sich genaugenommen zusammen aus dem *Marktzyklus*, der die Zeitspanne des ersten Angebotes bis zur letzten Nachfrage umfaßt, während der ein Produkt mit positivem Deckungsbeiträgen abgesetzt werden kann, und dem *Entstehungszyklus*, der den Zeitraum von den ersten F&E-Aktivitäten bis zur Fertigstellung eines markt-treifen Produktes umfaßt (vgl. Day 1981, S. 60ff.).

110   Vgl. beispielsweise Chrubasik/Zimmermann (1987), S. 427.

Das Modell des Produktlebenszyklus wurde von Theorie und Praxis in Frage gestellt.[111] Es gibt Produkte, welche die Phase des Verfalls nie erreichen.[112] Außerdem ist eine Wiederbelebung von Produkten, die zu einer Ausdehnung des Lebenszyklus führt, durchaus möglich. Als Beispiel für Wiederbelebungsmaßnahmen seien hier zusätzliche Marketingaufwendungen oder Produktmodifikationen genannt.[113,114] Die Möglichkeit zu einer Verlängerung des Produktlebenszyklus wird von der Art des betrachteten Produktes mitbestimmt. So ließ sich in empirischen Studien belegen, daß insbesondere der Lebenszyklus von einfachen Konsumgütern, wie beispielsweise Waschmitteln, eher verlängert werden kann als der von stark technologiedominierten Produkten.[115]

Auch wenn der Übergang von Produkten in die Verfallphase nicht immer als unausweichlich akzeptiert werden kann, erscheint die Aussage, daß jedes Produkt irgendwann einmal abgelöst wird, durchaus plausibel. Die Grundannahme des Modells vom Produktlebenszyklus fließt in die Idee der Portfolioanalyse, ein zwischenzeitlich vielfach kritisiertes, aber immer noch häufig genutztes Instrument zur Antizipation und Vermeidung von Krisen, ein.[116] Die Portfolioanalyse stellt ein Abbild aller Produkte in ihrem jeweiligen Lebenszyklusstatus[117], kombiniert mit der jeweiligen Wettbewerbsposition[118] des Unternehmens, dar. Auf diese Weise kann der gesamte Bestand, sprich das Portfolio der einzelnen Geschäfte,[119]

---

[111]   Vgl. Chrubasik/Zimmermann (1987) und die dort genannte Literatur.

[112]   Vgl. Tellis/Crawford (1981), S. 131.

[113]   Vgl. Tellis/Crawford (1981), S. 131.

[114]   Vor diesem Hintergrund taucht die Frage auf, bis zu welchem Grad es sich dabei noch um eine Verlängerung des Lebenszyklusses oder bereits um ein neues Produkt handelt. Ist der Farbfernseher eine Produktmodifikation des Schwarzweiß-Fernsehers oder eine Innovation?

[115]   Vgl. Rink/Swan (1979), S. 221ff.

[116]   Die Popularität der Portfolio-Analyse hatte zur Folge, daß von wissenschaftlicher Seite sowie vor allem durch die Beratungs-. aber ebenso durch die Unternehmenspraxis unterschiedlichste Versionen entwickelt wurden (vgl. dazu Trux et al. 1988, S. 115ff.).

[117]   Der Lebenszyklusstatus wird nicht nur an der Lebenszyklusphase, in der sich das jeweilige Produkt befindet (Lebenszyklus-Portfolio von Arthur D. Little), sondern auch durch das Marktwachstum (BCG-Portfolio) oder die Marktattraktivität (McKinsey-Portfolio) operationalisiert (vgl. Carqueville et al. 1991, S. 82f.).

[118]   Die Wettbewerbsposition wird operationalisiert durch entsprechende qualitative Kriterien (ADL und McKinsey-Portfolio) oder lediglich durch den relativen Marktanteil (BCG-Portfolio) (vgl. Carqueville et al. 1991, S. 82f.).

[119]   Dabei handelt es sich vor allem um (strategische) Geschäftsfelder. Das sind Produkt-Markt-Kombinationen, die einen möglichst isolierten Ausschnitt aus dem gesamten Betätigungs-

auf seine Ausgewogenheit untersucht werden. Dabei geht es nach Chakravarthy und Lorange darum, das langfristige Überleben zu sichern, indem man ein Gleichgewicht zwischen vergangenen, gegenwärtigen und zukünftigen Geschäften schafft, d.h. also ein Gleichgewicht zwischen Substanz, Profitabilität und zukunftsträchtigen Optionen.[120] Ist dieses Gleichgewicht gestört, weil das Portfolio beispielsweise zu wenig zukunftsträchtige Optionen bietet, dann steht über kurz oder lang die Handlungs- und Überlebensfähigkeit des Unternehmens auf dem Spiel; es "driftet" von der latenten in die akute Krise. Chakravarthy und Lorange sprechen in diesem Zusammenhang von einem hohen "Portfolio-Druck"[121].

Das Modell des Produktlebenszyklus kann die Notwendigkeit von Innovationen zwar konstatieren, die eigentlichen Ursachen der Innovationsnotwendigkeit werden dadurch aber nicht erklärt. Manche Autoren interpretieren - unter Umständen bedingt durch diesen Erklärungsnotstand - das Produktlebenszyklusmodell als eine Art "Self-fulfilling-Prophecy" -.[122] Denn sobald Innovationen hervorgebracht werden, substituieren sie andere Produkte bzw. beenden damit deren Produktlebenszyklus.[123] Entsprechend stellt Barczak im Rahmen einer empirischen Untersuchung von Produktinnovationen in der Telekommunikation einen - von der starken Konkurrenz provozierten - regelrechten "Teufelskreis von Innovationen" fest, der die Unternehmen zwingt, immer schneller neue Technologien bzw. Produkte auf den Markt zu bringen, die wiederum das Leben der vorhandenen Produkte weiter verkürzen.[124] Ähnlich argumentiert von Braun, der in der Wettbewerbsorientierung den Auslöser für den "Teufelskreis" sieht, den er mit der militärischen Aufrüstung zu Zeiten des kalten Krieges vergleicht. In seiner Wahrnehmung geht es schließlich nur noch um das Mithalten im Wettbewerb.[125] In diesem Sinne spricht Braun von einem "Innovationskrieg"[126]. Tatsächlich handelt es sich bei diesem Regelkreis nicht um "Teufelskreise" oder "Kriege", sondern um normale

---

feld darstellen sollen (vgl. Carqueville et al. 1991, S. 74ff.). Es fällt nicht unbedingt mit einem Produkt zusammen.

[120]   Vgl. Chakravarthy/Lorange (1991), S. 287.
[121]   Chakravarthy/Lorange (1991), S. 293; Übersetzung durch M.M.
[122]   Vgl. Rosenberg (1995), Barczak (1995), von Braun (1994).
[123]   Vgl. Rosenberg (1995), S. 183.
[124]   Vgl. Barczak (1995), S. 225.
[125]   Vgl. von Braun (1994), S. 196ff.
[126]   Von Braun (1994), Titel.

Prozesse der Marktwirtschaft. Nichtsdestoweniger bleibt ein Erklärungsvakuum in der Produktlebenszyklustheorie, denn die unabhängige Variable in diesem Modell ist lediglich die Zeit.[127] In der Regel stehen hinter der Zeit andere "echte" unabhängige Variablen, die dann die Veränderung der abhängigen Variable auslösen.

(3) Technologischer und marktlicher Wandel: "Market-Pull" und "Technology-Push"

Die ursächlichen, unabhängigen Variablen des Produktlebenszyklus, die letztendlich auch die Bedeutung und die Notwendigkeit von Innovationen erklären, sind der technologische und marktliche Wandel; illustrativ gerne als "Market-Pull" und "Technology-Push" bezeichnet.[128] Zu Beginn der siebziger Jahre herrschte die allgemeine Auffassung, daß entweder der von der Nachfrage stimulierte "Market-Pull" ("Hier ist das Problem, wo ist die Lösung?"[129]) oder der vom Angebot angestoßene "Technology-Push" ("Hier ist die Lösung, wo ist das Problem?"[130]) das Produktleben beendet und im Idealfall zu neuen Produkten führt. Der "*Market-Pull*" impliziert Nachfrageentwicklungen jeglicher Art - vorangetrieben von Bedürfnistrends, von substitutiven und komplementären Produkten, ausgeschöpften Kundenpotentialen, Bevölkerungsstrukturänderungen etc.[131] Der damit verbundene Innovationsdruck resultiert vor allem aus den von den Wettbewerbern hervorgebrachten Innovationen, die den Kundennutzen steigern. Um mitzuhalten, d.h. mindestens gleichen Kundennutzen zu bieten, sind auch die anderen Unternehmen darauf angewiesen zu innovieren.

Der "*Technology-Push*" dagegen resultiert aus Erkenntnisdurchbrüchen technischer bzw. naturwissenschaftlicher Art. Sobald eine neue Technologie "bessere" Produkte bzw. "billigere" Produktionsmöglichkeiten erlaubt als eine alte, wird sie die Verkäuflichkeit der auf der alten Technologie beruhenden Produkte einschränken oder gar beenden.[132] Der sich daraus ergebende Innovationsdruck wird dadurch verstärkt, daß zwischenzeitlich in sogenannten Billigproduktionsländern

---

127 Modelle mit der unabhängigen Variablen Zeit sind jedoch ohne großen Aussagewert (vgl. Chrubasik/Zimmermann 1987).
128 Vgl. Corsten (1991), S. 106.
129 Trux et al. (1988), S. 368.
130 Trux et al. (1988), S. 367.
131 Vgl. dazu unter anderem Porter (1992), S. 217ff.
132 Vgl. von Braun (1994), S. 121.

auch technologisch komplexere Produkte kostengünstiger hergestellt werden
können. Zwar wird dort mit alten und somit tendenziell teuren Techniken
produziert, aber dieser Kostenaspekt wird durch die geringen Lohnkosten und in
der Regel auch durch niedrigere staatliche Abgaben, wie beispielsweise Steuern,
überkompensiert. Auf diese Weise werden die Unternehmen in Industrieländern
zusätzlich auf der Kostenseite unter Druck gesetzt. Eine Möglichkeit zur Min-
derung dieses Druckes ergibt sich kurzfristig durch die Durchführung von Prozeßinnovationen, die eine kostengünstigere Produktion zum Ziel haben. Langfristig
erscheint es jedoch aussichtslos, unter Kostenaspekten mit den Billigproduktionsländern mitzuhalten. Sieht man von der Möglichkeit einer Verlagerung der
Produktionsstätten in entsprechende Billigproduktionsländer ab, können sich die
Unternehmen dem Kostendruck nur entziehen, wenn sie neue Produkte basierend
auf neuen technologischen Erkenntnisdurchbrüchen hervorbringen.

Im Mittelpunkt der Diskussion einschlägiger Literatur steht die Streitfrage,
welcher dieser beiden Stimuli wichtiger und damit vorwiegend zu berücksichtigen
sei, um Innovationen zu erfolgreichen Innovationen werden zu lassen und so Krisen zu vermeiden.[133] So konstatiert von Hippel eine dominante Rolle der Kunden
beim Innovationsprozeß, die er insbesondere in der Investitionsgüterindustrie beobachten konnte.[134] In den Augen von Brockhoff dagegen kann - zumindest
langfristig gesehen - auf einen "Technology-Push" nicht verzichtet werden, da die
Marktforschung kaum in der Lage ist, langfristige Prognosen über Kundenwün-
sche bei völlig neuen Produkten zu erstellen.[135] Dies scheint insbesondere für
Durchbruchinnovationen plausibel. Marktorientierte Produktinnovationen münden
meist in "unkreativeren" Ideen, d.h. eher in Produktverbesserungen, nicht aber in
wirklichen Durchbrüchen. Denn die potentiellen Kunden können in den seltensten
Fällen ihre Bedürfnisse in Form von gewünschten Problemlösungen technologisch
spezifizieren.[136] Faßt man den Begriff "Bedürfnis" weit - etwa als Bedürfnis nach
Schutz oder Beförderung - gibt es praktisch unendlich viele denkbare Möglichkei-

---

133   Vgl. z.B. Utterback (1971), S. 126ff.
134   Vgl. von Hippel (1978), S. 39ff. und (1988), S. 11ff.
135   Vgl. Brockhoff (1994). Dosi (1988a, S. 1125) stellt in seinen Ausführungen ebenfalls die
       Technologie in den Vordergrund.
136   Vgl. Wolfrum (1992), S. 24.

ten, diese Bedürfnisse zu befriedigen, ohne daß daraus auch nur Ansatzpunkte für Forschungsbemühungen entstehen könnten.

Dennoch ist es unverzichtbar, Kundenbedürfnissen in irgendeiner Weise entgegenzukommen - auch wenn diese erst geweckt oder stimuliert werden müssen.[137] Für Dougherty steht eine kreative Verbindung zwischen Markt und Technologie zu einem "comprehensive package of attributes"[138] im Mittelpunkt einer erfolgreichen Innovation. Auch Cooper fordert eine ausgewogene Vorgehensweise ("balanced strategy"[139]), die sich sowohl auf neue Technologien als auch auf die Kundenbedürfnisse stützt.[140] Er hat in einer seiner frühen Untersuchungen festgestellt, daß dieses "Sowohl-als auch" am erfolgreichsten ist.[141] Ein bekanntes Hilfsmittel zur Verknüpfung dieser beiden Aspekte ist das Markt-Technologie-Portfolio, das zu ermitteln sucht, welche Geschäfte unter technologischem und marktlichem Aspekt förderungswürdig sind.[142]

(4) Der Einfluß der Branchendynamik

Die Dynamik und damit die Bedeutung des technologischen und marktlichen Wandels bzw. der aufgezeigten Stimuli "Market-Pull" und "Technology-Push" und damit auch die Bedeutung von Innovationen variiert von Branche zu Branche.[143] So wird in Branchen wie Luftfahrt, Mikroelektronik, Chemie oder Pharma insbesondere die technologiegesteuerte Innovation zum wesentlichen Wettbewerbsvorteil, während in anderen Branchen die marketinggesteuerte Innovationstätigkeit zur überragenden Rolle für die Wettbewerbsfähigkeit der Unternehmen aufsteigt.

---

[137]   Crawford bezeichnet die Forderung auf eine Festlegung der Produktinnovationsstrategie auf den technologischen Fortschritt oder den Markt als bloßes "Scheinargument", da sich die Produktinnovationsstrategie sich immer nach beidem richten muß (vgl. Crawford 1992, S. 13).

[138]   Dougherty (1992), S. 78.

[139]   Cooper (1984), S. 155.

[140]   Vgl. Cooper (1984), S. 155f. Cooper (1984, S. 158ff.) hat in einer Untersuchung festgestellt, daß diese Kombination zwar nicht die häufigste, aber die erfolgreichste ist.

[141]   Zwischenzeitlich ist man sich auch im großen und ganzen einig, daß eine monokausale Sichtweise unrealistisch ist. Erfolgreiche Innovationen beruhen auf der Zusammenführung von beiden Triebkräften. Vgl. Hauschildt (1993), S. 7.

[142]   Vgl. Krubasik (1982), S. 30f. und Stock (1991), S. 634.

[143]   So fanden bereits Lawrence und Lorsch in ihren Organisationsstudien heraus, daß die Dynamik der Umwelt für die Innovativität von Unternehmen eine große Rolle spielt (vgl. Lawrence/Lorsch 1967, S. 18ff.).

Zurückzuführen ist dieser Unterschied auf die verschieden große Dynamik der Stimuli in den jeweiligen Branchen. Die Dynamik hat für alle Branchen zugenommen (a). Darüber hinaus verändert sich diese Dynamik im Lauf der Entwicklung einzelner Branchen. Wichtig ist also auch, in welcher Entwicklungsphase sich die jeweilige Branche gerade befindet (b).

(a) Gestiegene Branchendynamik: Es wäre zu einfach, mit dem immer wieder genannten Argument der permanent zunehmenden Umweltdynamik, die in Wissenschaft und Praxis längst zu einem trivialen Schlagwort verkommen ist, pauschal eine generelle, allseits gültige Notwendigkeit von Innovationen zu fordern.[144] Dennoch sind Änderungen in Form von Innovationen für Unternehmen, die durch ihren Leistungsaustausch in ständiger Wechselbeziehung zu ihrem Umfeld stehen, überlebenswichtig.[145]

Unter Dynamik des Umfeldes versteht man das Ausmaß, in dem die Umweltelemente einer Veränderung unterliegen. Die Umfelddynamik repräsentiert dabei nur *einen* Bestandteil der vielfach konstatierten gestiegenen Umfeldkomplexität.[146] Zweiter Bestandteil ist die Kompliziertheit des Umfeldes, welche von der Vielzahl der unterschiedlichen Umfeldelemente bestimmt wird.

Die Umfelddynamik ist aufgrund verschiedener Faktoren in den vergangenen Jahren stark gestiegen; lapidar gesagt: "In fünf Jahren geschieht heute mehr als früher in 50."[147] Mit zunehmender Dynamik gewinnen die bereits beschriebenen Stimuli des "Market-Pull" und "Technology-Push" an Stärke. Das bedeutet, daß auf der einen Seite die Nachfrage sich in zunehmendem Maß ändert, Bedürfnisse schneller gesättigt sind usw. und auf der anderen Seite neue Technologien in kürzeren Abständen entwickelt werden. Damit werden die Produktlebenszyklen kürzer, und das Unternehmen ist schneller bzw. häufiger auf Produktinnovationen an-

---

144   Vgl. stellvertretend für viele Johne (1985), Vorwort, Burgelman (1986), S. 2 oder Doz et al. (1986), S. 14

145   Das "Überleben" als Ziel von Unternehmen steht im Mittelpunkt des "Bestandsmodells" als dem derzeit in der Empirie und damit zusammenhängend in der aktuellen Literatur am meisten verbreiteten Sinnmodell (vgl. Kirsch 1990).

146   Vgl. Ringlstetter (i.V.).

147   Von Braun (1994), S. 122 mit Bezug auf Singh (1993).

gewiesen. So kann man in zahlreichen Märkten beobachten, wie Produkte immer schneller durch technologisch modernere ersetzt werden.[148]

Der Aspekt der Kompliziertheit des Umfeldes dagegen scheint keine Auswirkungen auf die Notwendigkeit von Innovationen zu haben. In einem komplizierten Umfeld werden nicht zwangsläufig mehr, sondern lediglich kompliziertere Produktinnovationen erforderlich. Dieser Zusammenhang wurde bereits ansatzweise in Abschnitt I.1.2 unter Punkt (3) angedeutet, in dem komplexe[149] Produkte als unter anderem "extern komplex", d.h. mit entsprechend komplexer Schnittstelle zu ihrem Umfeld definiert wurden. Dennoch geht in der Regel mit zunehmender Kompliziertheit eine zunehmende Dynamik des Umfeldes einher. So beschreiben Emery und Trist verschiedene Umfeldtypen, die gleichzeitig zunehmend komplizierter und dynamischer werden.[150]

(b) Das Branchenentwicklungsmodell: Die Umfelddynamik verändert sich im Lauf der Entwicklung von Branchen. Das wird im Branchenentwicklungsmodell von Abernathy und Utterback veranschaulicht (vgl. Abb. 6).[151] Grundlage dieses Modells sind Produkt- und Prozeßinnovationsraten im Verlauf der Branchenentwicklung, die Abernathy und Utterback im Rahmen einer empirischen Untersuchung ermittelt haben. Sie kommen zu dem Schluß, daß in der frühen Entwicklungsphase einer Branche viele Produktinnovationen und wenige Prozeßinnovationen[152] getätigt werden.[153] Als Grund dafür wird gesehen, daß die Märkte und Wettbewerbsstrukturen in der Anfangsphase einer Branche noch nicht definiert sind. Jede Produktinnovation hat in dieser Phase die Chance, "Weichen" für den weiteren Verlauf der Branchenentwicklung zu stellen. Aus Branchenperspektive handelt es sich um eine Art "Trial-and-Error"-Prozeß, bis ein "dominantes De-

---

148 Vgl. von Braun (1994), S. 122.
149 Der Begriff "komplex" ist insofern eigentlich falsch, als daß komplex soeben als dynamisch und kompliziert zugleich definiert wurde. Es müßte eigentlich komplizierte Produkte heißen.
150 Vgl. Emery/Trist (1965). Eine Zusammenfassung der Ausführungen von Emery und Trist findet sich in Ringlstetter (i.V.).
151 Vgl. Utterback/Abernathy (1975), Hill/Utterback (1980), Abernathy/Utterback (1982) und Utterback (1994).
152 Vgl. zum Begriff der Prozeßinnovation die Ausführungen in Abschnitt I.1.2 dieser Arbeit.
153 Die Anzahl der Produkt- und Prozeßinnovationen wird durch die Innovationsrate als Anteil der Investitionen in Produkt- bzw. Prozeßinnovationen vom Gesamtbudget gemessen.

sign"[154] im Sinne eines in Abschnitt I.1.1 unter Punkt (1) beschriebenen "technologischen Paradigmas" gefunden ist, das mit der weiteren Branchenentwicklung zum Standard wird.

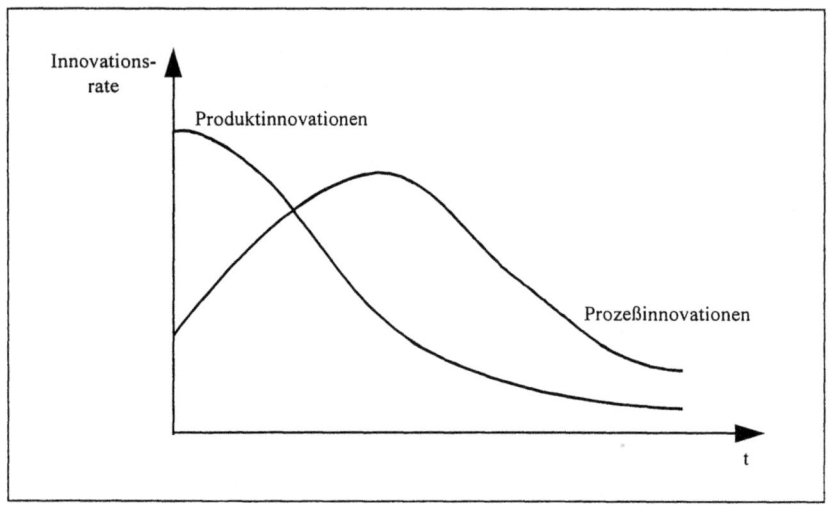

Abb. 6:   Das Branchenentwicklungsmodell
(Quelle: Abernathy/Utterback 1982, S. 99)

Die Durchsetzung von Produktstandards hängt nicht nur von technologischen, sondern auch von komplizierten sozialen Prozessen ab.[155] Im Entwicklungsverlauf der Branche nimmt die Zahl der Produktinnovationen ab. Im Zuge der Standardisierung steigt hingegen die Zahl der Prozeßinnovationen, da man sich auf die "effizientere" und "produktivere" Gestaltung der Produktionsprozesse konzentriert.[156,157] Daraus läßt sich nicht der Schluß ziehen, daß in reiferen Branchen

---

154   "A dominant design is a single architecture that establishes dominance in a product class."
       (Anderson/Tushman 1990, S. 613).
155   Vgl. zu Knyphausen-Aufseß (1995), S. 190. Zu Knyphausen-Aufseß nennt als Beispiel den
       Kampf der Videorecordersysteme "VHS" und "Beta". Das "VHS"-System von JVC konnte
       sich über entsprechende Marktmacht via Allianzbildung durchsetzen, obwohl es technisch
       keineswegs besser war als "Beta" von Sony.
156   Vgl. auch Urabe (1988), S. 4f.
157   Das Branchenentwicklungsmodell wurde vielfach kritisiert (vgl. Coombs/Kleinknecht 1984
       und die dort genannte Literatur). Aufgrund seiner realitätsfernen Prämissen kann das Bran-
       chenentwicklungsmodell lediglich Anhaltspunkte für die Notwendigkeit von Produktinno-
       vationen geben (vgl. Klingebiel 1989, S. 182f.). DeBresson/Lampel (1985) stellen Varian-
       ten des Branchenentwicklungsmodells für Einzel-, Serien- und Massenfertigung auf.

keine Produktinnovationen mehr notwendig sind. Schenkt man den Ausführungen zum Produktlebenszyklus Glauben, und bedenkt, daß ganze Branchen einer Art (Meta-) Zyklus unterliegen, wird es am Ende eines Branchenzyklus notwendig, die Aktivitäten in neue Branchen zu verlagern, d.h. vor allem wieder Durchbruchinnovationen hervorzubringen.

I.2.2   Die Bedeutung von Durchbruchinnovationen

Im vorangegangenen Abschnitt wurde aufgezeigt, aus welchen Gründen es für das langfristige Überleben von Unternehmen notwendig ist, zu innovieren. Als eigentliche Ursache für die Notwendigkeit von Produktinnovationen wurde die zunehmende Umfelddynamik (operationalisiert durch technologischen und marktlichen Wandel) herausgestellt. Entsprechen die Unternehmen dieser Notwendigkeit nicht, "stürzen" sie unter Umständen in (akute) Krisen. Die bei einem Verzicht auf Produktinnovationen zu erwartenden Krisen bzw. die Notwendigkeit von Produktinnovationen können die Unternehmen auch antizipieren. Damit steigt die Bereitschaft für das Hervorbringen von Produktinnovationen.

Die vorangegangenen Überlegungen werden durch in der Praxis vielfach gescheiterte Diversifikationsversuche insofern relativiert, als daß Diversifikationen auch Produktinnovationen umfassen. Im Hinblick auf die gescheiterten Diversifikationsversuche wird in Theorie und Praxis wieder zunehmend eine stärkere Konzentration der Unternehmen auf ihre Kernkompetenzen gefordert. Indirekt ist damit die Aufforderung verbunden, lediglich inkrementale Innovationen hervorzubringen, die auf vorhandenen Kompetenzen aufbauen, und Durchbruchinnovationen, die zu neuen Kernkompetenzen werden könnten, zu unterlassen (1). Langfristig gesehen geht diese Forderung jedoch mit der Gefahr einher, daß die forcierten Kernkompetenzen zu Starrheiten werden. Auf lange Sicht sind Unternehmen auch auf Durchbruchinnovationen angewiesen (2).

(1)   Diversifikationsversuche und Konzentration auf Kernkompetenzen

Unter Diversifikation wird die Ausdehnung der Unternehmensaktivitäten auf neue Produkte und neue Märkte verstanden.[158] Etwas spezifischer definiert Borschberg Diversifikation als "das Ausbrechen der Unternehmung aus dem Rahmen ihrer Haupt-(Schwerpunkt-)industrie in angrenzende oder völlig neue [...] Tätigkeitsgebiete"[159]. Dieses "Ausbrechen" aus dem angestammten Geschäft kann entweder intern durch Eigenentwicklung oder extern mittels Akquisitionen durchgeführt werden; neben diesen beiden Möglichkeiten existieren diverse Zwischenformen wie Strategische Allianzen. Vehikel für eine *interne* Diversifikation sind (radikale) Produktinnovationen.

Diversifikation wurde in der Regel damit begründet, daß Unternehmen sich aus wachstumsschwachen Branchen zurückziehen, um in vielversprechende Märkte mit neuen Produkten eintreten zu können.[160] Dabei wurde versucht, das Tätigkeitsgebiet auf verschiedene Branchen aufzuteilen, um das Gesamtrisiko, d.h. die "Spanne, innerhalb derer mögliche Gewinne oder Cash Flows positiv oder negativ vom Erwartungswert abweichen"[161], zu reduzieren.[162] Im Hinblick auf dieses Ziel diversifizierten Konzerne vornehmlich in untereinander unverwandte Produkte, denn damit konnte das Risiko - zumindest theoretisch -[163] am stärksten reduziert werden. In den siebziger und achtziger Jahren entstand vor diesem Hintergrund geradezu eine "Diversifikations-Euphorie", die aus vielen Konzernen (stark diversifizierte) Konglomerate machte.[164]

Gerade bei der unverwandten Diversifikation in radikal neue Produkte war die Mißerfolgsquote sehr hoch.[165] Theorie und Praxis erklärten die "Mode" der Diver-

---

158   Vgl. Ansoff (1965), S. 128. In der einschlägigen Literatur herrscht freilich kein Konsens bezüglich einer allgemeingültigen Definition der Diversifikation (vgl. dazu Schüle 1992, S. 8).
159   Borschberg (1969), S. 50.
160   Vgl. u.a. Salter/Weinhold (1979), S. 3 oder Hill/Hoskisson (1987), S. 322.
161   Kirchner (1991), S. 142.
162   Vgl. Schüle (1992), S. 16.
163   Viele empirische Untersuchungen deuten darauf hin, daß Diversifikation das Gesamtrisiko des Konzerns selten reduziert, sondern unter Umständen erhöht (vgl. Kirchner 1991, S. 145).
164   Vgl. Schüle (1992), S. 20.
165   Vgl. Rumelt (1974). Rumelt stellte fest, daß von neun Diversifikationsstrategien diejenigen zwei am erfolgreichsten waren, die auf existierenden Fähigkeiten oder Ressourcen basierten.

sifikation für gescheitert.[166] Wachstum wurde wieder in althergebrachten oder verwandten Betätigungsfeldern favorisiert. Der Begriff der Verwandtschaft bezieht sich dabei nicht nur auf den Produkt-Markt-Bereich, sondern auch - und diese Sichtweise wurde insbesondere mit dem Auftauchen des "Resource-Based-View"[167] relevant - auf den (Sekundär-) Bereich der Ressourcen. Vor diesem Hintergrund lautet die Empfehlung, sogenannte "Kernkompetenzen"[168] zu identifizieren, zu pflegen und zu nutzen.[169] Dabei definieren Prahalad und Hamel den Begriff der Kernkompetenz in einem ersten Zugriff relativ abstrakt als "kollektive Lernfähigkeit" einer Organisation, meinen damit aber lediglich spezifische Technologien.[170] So nennen sie als Beispiele für Kernkompetenzen im Fall von Canon die spezifischen Technologien der Feinmechanik, der Feinoptik und der Mikroelektronik. Aufbauend auf derartigen Kernkompetenzen sollen sich die Unternehmen dann auf Kernprodukte konzentrieren, aus denen sich wiederum einzelne Geschäfte und Endprodukte ableiten lassen. Im Beispiel von Canon gelten als Kernprodukte Linsensysteme und elektronische Steuerungen, aus denen als Endprodukte sowohl Kameras, Kopierer, Drucker usw. hergestellt werden können. Aufbauend auf den Kernkompetenzen und -produkten sollen dann - so Prahalad und Hamel - neue Produkte entwickelt werden, die bislang zwar nicht bekannt, aber dennoch im Unternehmen latent vorhanden sind.[171]

In Anbetracht der in Abschnitt I.1.1 unter Punkt (1) angestellten Überlegungen zum Neuigkeitsgrad von Innovationen können nun Kernprodukte und -kompetenzen im Sinne von Prahalad und Hamel[172] als technologische Paradigmen mit

---

166 Vgl. beispielsweise Porter (1987a), S. 30ff.
167 Nach dem Resource-Based-View beruht die Wettbewerbssituation eines Unternehmens auf seiner spezifischen Ressourcenbasis (vgl. zu Knyphausen 1992).
168 Prahalad/Hamel (1990), Titel.
169 Vgl. zum Wechsel des strategischen Verhaltens auch Wissema/Euser (1991), S. 34. Die beiden Autoren identifizieren sechs Phasen des strategischen Verhaltens seit Ende des Krieges (1. Concentric Growth, 2. Diversification, 3. Consolidation, 4. Core Activities, 5. Reinforcement, 6. Modernisation).
170 Vgl. hierzu und im folgenden Prahalad/Hamel (1990), S. 81f. und S. 90.
171 Vgl. Hamel/Prahalad (1992), S. 44ff.
172 Jenseits des Begriffes der "core competences" von Prahalad und Hamel (1990) gibt es viele andere ähnliche Begriffe (vgl. zu einer Aufzählung Leonard-Barton 1992, S. 112, Rasche 1994, S. 91 und Wolfrum 1993, S. 136), die z.T. gleiche, ähnliche oder ganz andere Bedeutung haben. Ich möchte mich auf den Begriff von Prahalad und Hamel beziehen, da dies zur Zeit das wohl populärste Konzept in diesem Zusammenhang ist (vgl. Wolfrum 1993, S. 136).

entsprechenden Trajektorien betrachtet werden.[173] Kernkompetenzen stellen dann einen Bezugsrahmen für inkrementale Innovationen dar. Für ein neues technologisches Paradigma und damit für Durchbruchinnovationen sind allerdings neue Kernkompetenzen erforderlich.

Eine Konzentration auf Kernkompetenzen kommt der Organisationen inhärenten "In-Built-Tendency"[174] für risikoärmere inkrementale Innovationen entgegen.[175] Als Vorteile inkrementaler Innovationen werden die geringen Akzeptanzrisiken bei den Kunden und Synergienutzungsmöglichkeiten durch den Einsatz gleicher Technologien genannt.[176] Aus diesem Grund wurde empfohlen, sich auf inkrementale Innovationen zu beschränken, die auf vorhandenen Kompetenzen aufbauen.[177]

(2)   Notwendigkeit von Durchbruchinnovationen

Die alleinige Konzentration auf Kernkompetenzen ist ein zweischneidiges Schwert.[178] Während Kernkompetenzen inkrementale Innovationen unterstützen,[179] blockieren sie unter Umständen Durchbruchinnovationen, denn sie machen "träge"[180]. Grund für diese Trägheit ist nicht nur die bestätigende repetitive Natur der Kernkompetenzen, sondern auch das emotionale Commitment der Mitarbeiter, das aus vorhandenen Kompetenzen in einem spezifischen Bereich resultiert.[181]

Bereits im Rahmen der obigen Ausführungen zum Neuigkeitsgrad von Innovationen wurde darauf hingewiesen, daß keine Innovation auf Dauer die Konkurrenzfähigkeit sichern kann, selbst wenn sie durch Patente vor Imitation geschützt ist, da sie irgendwann durch leistungsfähigere Technologien, mit anderen Worten: durch ein neues technologisches Paradigma, abgelöst wird. Technologische Dis-

---

173   Vgl. dazu die Ausführungen in Abschnitt I.1.1 unter Punkt (1) dieser Arbeit.

174   Johne/Snelson (1989), S. 114.

175   Denn radikalere Innovationen, für die ein Unternehmen sich von seiner laufenden Tätigkeit und Erfahrung weg bewegen muß, sind entsprechend ihres "Forschritts" risikoreicher - obwohl damit das Gesamtrisiko des Unternehmens wegdiversifiziert werden könnte (vgl. Johne/Snelson 1989, S. 114).

176   Vgl. Czinkota/Kotabe (1990), S. 33.

177   Vgl. Leonard-Barton (1992), S. 112 in Anlehnung an Quinn (1980) und Hayes (1985).

178   Vgl. auch Chakravarthy/Doz (1992), S. 11.

179   Vgl. beispielsweise Hamel/Prahalad (1992).

180   Lieberman/Montgomery (1988) sprechen von einer "incumbent inertia" (zitiert in Leonard-Barton 1992, S. 112).

181   Vgl. Doz (1993), S. 8.

kontinuitäten erodieren - im Sinne der Schumpeter'schen These der schöpferischen Zerstörung -[182] existierende Kernkompetenzen bzw. verkehren ihre Vorteile schnell in Nachteile. Sobald durch Investitionen in reife Technologien keine Erfolge mehr zu erzielen sind, sondern das Unternehmen gegenüber Wettbewerbern mit neuen Technologien angreifbar wird, wandeln sich die vorhandenen Kernkompetenzen zu Kern*starrheiten*.[183] Spätestens dann ist der Zeitpunkt für Durchbruchinnovationen gekommen.

Die Aussage, daß sich Unternehmen nicht auf Neuland wagen sollten,[184] wird damit in Frage gestellt. Foster nennt als Beispiel Curtiss-Wright, der lange nach der Einführung von Jets versuchte, sich weiterhin auf seine Kernkompetenzen bei Propellerflugzeugen zu konzentrieren. Er wurde als Folge davon von seinen langjährigen auf Düsenantrieb setztenden Konkurrenten Lockheed und McDonnell Douglas aus dem Wettbewerb gedrängt. Ein anderes Beispiel ist der Büromaschinenhersteller Adressograph-Multigraph, der an mechanischen Maschinen festhielt, obwohl er mit der elektronischen Konkurrenz immer weniger Schritt halten konnte.[185,186]

Innovationen jenseits der vorhandenen Kernkompetenzen sind zwar risikoreicher und schwieriger zu handhaben, bieten im Gegenzug aber erhebliche Chancen für neue technologische Paradigmen. In den Augen von Leonard-Barton, die 20 Neuproduktentwicklungen in fünf amerikanischen Konzernen[187] untersucht hat, kann nur über Durchbruchsinnovationen der "Teufelskreis" der Kernkompetenzen durchbrochen werden.[188] Die Gefahr einer "Kompetenzfalle"[189] steigt mit zu-

---

[182]   Vgl. Schumpeter (1972), S. 134.
[183]   So auch Doz (1993), S. 2: "[C]ultivated too long and too tightly they turn into rigidities, and breed incompetence in responding to new circumstances".
[184]   Vgl. u.a. Omta et al. (1994), S. 303 am Beispiel der Pharmazieindustrie.
[185]   Vgl. Foster (1986b), S. 39.
[186]   Ein sehr einprägsames Beispiel nennt Utterback (1994, S. 219): "The harvested ice industry of New England invested heavily in its core competences. Over time it learned better ways to score and cut cakes of ice; it became expert at storing ice over several years; it developed its capabilities to transport a heavy, perishable product efficiently over great distance. [...] It was the most competent ice harvesting industry ever. These efforts were essential. But none of those competences assured its survival when technology changed. With the rise of mechanical ice making, competence in cutting blocks of ice became irrelevant. With electric refrigeration, what was the value of competence in storing and transporting blocks of ice?".
[187]   Es handelt sich dabei um Ford, Chaparral Steel, Hewlett Packard und zwei anonyme Konzerne der Elektronik- und Chemiebranche (vgl. Leonard-Barton 1992, S. 112).
[188]   Vgl. Leonard-Barton (1992), S. 112.

nehmendem Erfolg der Unternehmen auf Basis ihrer gegenwärtigen Kernkompetenzen, da sie sich auf diese Weise in der Anwendung ihrer Methoden bestätigt
fühlen und versuchen, die Erfolgsrezepte ihrer Kernkompetenzen in die Zukunft zu
projizieren.[190]

Das bedeutet nicht, daß auf Kernkompetenzen basierende Inkrementalinnovationen hinfällig sind. Es erscheint wenig zweckmäßig, immer wieder neue radikale
Innovationen hervorzubringen, ohne diese entsprechend zu nutzen; man bedenke
nur die erheblichen Investitionen, die in der Regel mit Durchbruchinnovationen
verbunden sind.[191] Das Potential einer Kernkompetenz sollte durch entsprechende
Folgeinnovationen ausgeschöpft werden.[192] Insbesondere "Crash-Investitionen" in
die alte Technologie können - und dies scheint in der Praxis häufig der Fall zu sein
- nochmals erhebliche Leistungssteigerungen in kurzer Zeit bewirken.[193] Es reicht
aber nicht aus, sich nur auf Kernkompetenzen bzw. -produkte zu konzentrieren und
darauf aufbauend das etablierte Geschäft auszubauen. Denn die Verbesserung
etablierter Produkte schafft weder neue Märkte bzw. Branchen, noch kann sie
langfristig die Unternehmen schützen, wenn ihre Märkte durch radikale Innovationen "attackiert" werden.[194] Unternehmen müssen - laut Utterback - in diesem
Sinne immer wieder versuchen, auch ihre Aktivitäten zu diversifizieren statt nur
etablierte Geschäfte zu verbessern.[195]

Eine ausschließliche Konzentration entweder nur auf inkrementale Innovationen
oder nur auf Durchbruchinnovationen kann nicht zum langfristigen Markterfolg
führen. Unternehmen sind gleichermaßen auf beide Arten von Innovationen ange-

---

189   Rasche (1994), S. 182.
190   Vgl. Rasche (1994), S. 182 in Anlehnung an Fiol/Huff (1992), S. 276.
191   Jelinek und Schoonhoven (1990, S. 316) nennen als Beispiel den Bau einer Wafer-Fabrik,
       die mehrere Millionen kostet, die es entsprechend zu nutzen gilt.
192   Vgl. auch Jelinek/Schoonhoven (1990), S. 316.
193   Vgl. Twiss (1986), S. 221.
194   Vgl. Utterback (1994), S. 221: "Renewal of well-established products does not create new
       industries, however, nor will it save established firms from decline when their markets are
       invaded by radical innovations"; oder: "Doing only incremental innovations leaves the firm
       closer to the inevitable end of its business, but with no preparation for the future."
       (Utterback 1994, S. 224).
195   Vgl. Utterback (1994), Einleitung.

wiesen.[196] Schon Edison war der Meinung, daß ab und an eine "große" Innovation erforderlich ist. Er selbst strebte in seinem Labor "eine kleine Erfindung alle zehn Tage und eine große etwa alle sechs Monate"[197] an. Mansfield wies bereits 1963 auf Basis einer empirischen Untersuchung darauf hin, daß erfolgreichere Unternehmen nicht nur öfter, sondern auch radikaler innovieren.[198] Eine Weiterentwicklung der Kernkompetenzen scheint vor diesem Hintergrund unvermeidlich.[199] So empfiehlt Utterback zwar, aufbauend auf - wie auch immer geartete - Kernkompetenzen, in verschiedene Produktlinien zu diversifizieren, aber in jedem Fall auch neue Kernkompetenzen aufzubauen.[200]

Im Extremfall liegt die Kernkompetenz gerade darin, immer wieder neue Produkte, auch jenseits der Kernkompetenzen, hervorzubringen und gleichzeitig alte Kernkompetenzen weiterzuentwickeln. Derartige Kernkompetenzen, die sich darin äußern, bestehende Kernkompetenzen kreativ auf neue Aktivitäten respektive Innovationen anzuwenden und, darauf aufbauend, auch neue Kernkompetenzen aufzubauen, d.h. zu lernen, die wiederum eine Ausbeutung neuer Technologiefelder gestatten, nennt Rasche "Metakompetenzen"[201]. Im günstigsten Fall ergibt sich daraus ein Regelkreis der "Kompetenzakkumulation"[202].

Betrachtet man Kernkompetenzen als Metakompetenzen, löst sich der Widerspruch zwischen der Diversifikation in neue Aktivitäten und der Konzentration auf Kernkompetenzen quasi automatisch auf. Dennoch konstatieren Klein et al., daß der Aufbau neuer und die Nutzung alter Kompetenzen a priori in einem konfliktären Verhältnis zueinander stehen.[203] Denn während sich die Entwicklung neuer Kernkompetenzen einer Organisation am besten durch eine Aufsplittung in eigenständige Teileinheiten erhöhen läßt, erfordert eine Nutzung vorhandener Kernkom-

---

196   "Any firm that plans to win the race to commercial success by being either a steady plodding tortoise or a swift-footed hare will find itself outpaced by firms that have developed the virtues of both." (Utterback 1994, S. 134f.).
197   Josephson (1959), S. 133f.; Übersetzung durch M.M.
198   Vgl. Mansfield (1963) in Guth/Ginsberg (1990), S. 8.
199   Vgl. Leonard-Barton (1992), S. 112.
200   Vgl. Utterback (1994), S. 221.
201   Rasche (1994), S. 159 in Anlehnung an Klein et al. (1991), S. 4f., die von "metaskills" sprechen.
202   Rasche (1994), S. 163.
203   "An organization optimized for learning ist largely poorly structured for innovation." (Klein et al. 1991, S. 7 zitiert in Rasche 1994, S. 163).

petenzen insbesondere Integration bzw. Koordination. In der Wahrnehmung von
Klein et al. sind nur wenige Unternehmen imstande, dieses konfliktäre Verhältnis -
die Verfasser sprechen von einem Paradoxon - zu handhaben.[204]
Eine Möglichkeit der Handhabung dieses Paradoxons liegt in einer entsprechenden Organisation, die sowohl eine Nutzung von Kernkompetenzen als auch das
Hervorbringen von Innovationen jenseits dieser Kernkompetenzen und darauf
aufbauend deren Weiterentwicklung erlaubt.[205] Dabei sind allerdings - so die
These der vorliegenden Arbeit - für das Hervorbringen von Durchbruchinnovationen jenseits vorhandener Kernkompetenzen geeignete organisatorische Vorkehrungen vonnöten.[206] Fehlen solche organisatorischen Vorkehrungen, kann das entsprechende Potential nicht adäquat genutzt werden. Damit wären Durchbruchinnovationen - genauso wie die geschilderten Diversifikationsversuche - von vornherein zum Scheitern verurteilt.

I.3   Die Organisation von Innovationen

Als Fazit der Überlegungen von Kapitel I.2 ist festzuhalten, daß sowohl inkrementale als auch radikale Produktinnovationen von essentieller Bedeutung für die Unternehmensentwicklung sind. Die Zunahme der Bedeutung von Produktinnovationen wird auch empirisch bestätigt. Die Unternehmen sind in den letzten Jahren entschieden innovativer geworden, sie haben mehr Innovationen hervorgebracht.
Wichtiger ist noch: Die Quote mißlungener Innovationen ging in den vergangenen
Jahren merklich zurück.[207] Die Unternehmen haben mithin "gelernt" zu innovieren. Dennoch belegt die große Streuung um die durchschnittliche Mißerfolgsquote, daß einige Unternehmen "besser" in der Lage sind, neue Produkte hervorzubringen als andere.[208] Die Ursachen für diese Unterschiede sind unter anderem in
der Art und Weise der jeweiligen Organisation von Innovationen zu suchen. Denn

---

204   Vgl. Klein et al. (1991), S. 7 in Rasche (1994), S. 163.
205   Vgl. Doz (1993), S. 19. Doz ist der Meinung, daß eine Erneuerung vorhandener Kernkom-
       petenzen vor allem vom organisatorischen Umfeld beeinflußt wird.
206   Vgl. Teil II dieser Arbeit.
207   Vgl. Johne (1985), S. 1.
208   Vgl. Johne (1985), S. 1.

wie bereits in Abschnitt I.1.2 in Anbetracht der Zusammenhänge der einzelnen Innovationsarten dargestellt, kann es für Produktinnovationen vonnöten sein, die Organisationsstruktur zu "(re-) vitalisieren".[209] Die (unter Umständen selbst neue,
d.h. innovative) Organisationsstruktur wird so zum Vehikel oder zum Antrieb für
Produktinnovationen, denn Wettbewerbsvorteile durch Produktinnovationen lassen
sich langfristig nur absichern, wenn ein Unternehmen die Fähigkeit besitzt, immer
wieder Neuerungen zu produzieren. Es gibt zwar Beispiele dafür, daß Unternehmen durch vereinzelte zufällige Innovationen weitreichende Marktanteilsgewinne
verzeichnen konnten, diese währen - und das liegt in der Natur technologischer Paradigmen -[210] aber nicht ewig.[211] So erlangte Head durch die Einführung des Metallskis enorme Umsatzerfolge, mit der Ablösung des Metallskis durch den Kunst-
stoffski aber verlor das Unternehmen als Skihersteller wieder an Bedeutung.[212]

Es geht also um weitaus mehr als um den einmaligen Durchbruch, um die einzelne Innovation. Das bedeutet freilich nicht, daß ein Unternehmen in blindem
Innovationseifer permanent Neuerungen produzieren muß.[213] Es muß vielmehr
grundsätzlich in der Lage sein, Innovationen hervorzubringen.[214] Dies schließt
auch die Fähigkeit mit ein, Innovationen "kompetent zu unterlassen".

Um innovationsfähig zu sein, reicht es in der Regel nicht, die F&E-Ausgaben
zu erhöhen, obwohl dies oft die naheliegende Antwort für viele Unternehmen zu
sein scheint.[215] Genausowenig reicht es, möglichst viele qualifizierte Forscher und

---

209 Vgl. Kawai (1992), S. 36.
210 Vgl. dazu die Ausführungen in Abschnitt I.1.1, Punkt (1).
211 "Many firms can point to one or another product development that worked well, but only a
     few seem to achieve excellent development performance consistently." (Clark/Fujimoto
     1991, S. 6).
212 Vgl. Riekhof (1987), S. 14.
213 Vgl. Herzhoff (1991), S. 47.
214 Nach Riekhof (1987, S. 14) bedeutet Innovationsfähigkeit, daß "ein Unternehmen dazu in
     der Lage ist, hinsichtlich der Entwicklung und Umsetzung von Neuerungen einen dauerhaf-
     ten Vorsprung vor der Konkurrenz aufzubauen oder zu wahren".
215 Vgl. Clark/Fujimoto (1991), S. 7 oder auch Loch et al. (1996), S. 3: "[Y]ou can't buy a
     competitive advantage by pouring more money into R&D. Success comes from more
     efficient NPD [New Product Development], not simply outspending the competition." Vgl.
     auch von Braun (1994), S. 15. Die empirischen Untersuchungen zum Zusammenhang zwi-
     schen F&E-Ausgaben und innovativem Output konstatieren jedoch regelmäßig einen positi-
     ven Zusammenhang. So konstatieren Omta et al. (1994, S. 308) beispielsweise in ihrer em-
     pirischen Untersuchung eine positive Korrelation zwischen F&E-Ausgaben und der Patent-
     anzahl. Die Untersuchungen fallen jedoch unterschiedlich aus, was nicht zuletzt an der

kreative Techniker einzusetzen.[216] Innovationen sind nur dann zu erwarten, wenn
die Organisationsstruktur des Unternehmens auf die damit verbundenen besonderen Anforderungen zugeschnitten ist (I.3.2). Diese Sichtweise herrschte freilich
nicht immer vor. Es gab und gibt immer noch Autoren, die der Meinung sind, daß
Innovation und Organisation einen Widerspruch in sich darstellen (I.3.1).

I.3.1   Organisation versus Innovation

Organisation und Innovation sind in gewisser Weise tatsächlich ein Widerspruch
in sich. Denn während die Organisation von Aktivitäten darauf abzielt, diese Aktivitäten wiederholbar zu machen, versuchen Innovationen aus der Routine auszubrechen. Entsprechend wurde gefordert, innovative Unternehmen möglichst "strukturlos", im Sinne von organisationslos zu gestalten (1). Diese Sichtweise der Innovationsfähigkeit wurde später durch eine individualistische Perspektive, die als
Quelle erfolgreich hervorgebrachter Innovationen den Menschen sieht, untermauert (2).

(1)   Die Forderung nach Strukturlosigkeit

Während Organisationen darauf ausgerichtet sind, Aktivitäten zu routinisieren,
bestehen Innovationen in einem Ausbrechen aus der Routine. Die Ergebnisse von
zu entwickelnden Innovationen können - so die These von Mintzberg - niemals im
voraus bestimmt werden.[217] Sie erfordern Kreativität, und Kreativität erfordert
Inspiration, aber auch den glücklichen Zufall, der weder planbar noch routini-
sierbar ist.[218] Kreativität als Grundvoraussetzung für Innovationen hat ein Brechen
aller etablierten Regeln zum Ziel und kann nicht durch eine Etablierung von
Regeln gefördert werden.[219]

   Bestätigt wurden diese theoretischen Erkenntnisse durch die ersten empirischen
Analysen der Kontingenztheorie, die "strukturlose" Organisationsformen als be-

---

         unterschiedlichen Operationalisierung dieses Outputs liegt (vgl. zu dieser Problematik
         Roski/Dietz 1988, S. 929).
216   Vgl. Riekhof (1987), S. 15.
217   Vgl. Mintzberg (1992), S. 348.
218   Vgl. Pearson (1991), S. 20.
219   Vgl. Bailin (1994), S. 3.

sonders innovativ nachweisen konnten.[220] Entsprechend wird eine "Nicht-Organisation" gefordert, um eine Hervorbringung von Innovationen zu fördern bzw. nicht zu behindern.

(2)   Die These vom Menschen als Innovator

Individualistische Ansätze gehen davon aus, daß im Mittelpunkt jeder Innovationsaktivität der Mensch steht.[221] Die (innovativen) Handlungen der Menschen können - so die These - nicht von strukturellen Faktoren unterstützt, sondern lediglich behindert werden. Es wird davon ausgegangen, daß bestimmte Individuen über gewisse Eigenschaften verfügen, die sie für innovatives Verhalten geradezu prädestinieren. Im Mittelpunkt dieser Überlegungen steht der geniale Einzelerfinder, der Schumpeter'sche schöpferisch tätige Unternehmer oder der "Champion", der als Verfechter einer Idee die hemmenden Organisationsstrukturen überwindet, um so die Innovation hervorzubringen.[222] Organisationsstrukturen - so die These der Verfechter individualistischer Ansätze - würden den Innovator nur behindern. Lange Zeit herrschte die Auffassung vor, daß "die Entdeckung einzig das Kind der Imagination sei"[223] und daß "jedes Bemühen, die wissenschaftliche Arbeit zu rationalisieren, eine bürokratische Maßnahme sei, die nur die geistige Freiheit des Wissenschaftlers und folglich den Prozeß der Entwicklung selbst beeinträchtigen könne"[224].

Den individualistischen Ansätzen wurde allerdings die Annahme als realitätsfern zum Vorwurf gemacht, daß einzelne Personen, völlig unbeeinflußt von ihrer organisatorischen Umgebung, mehr oder weniger isoliert und auf sich selbst angewiesen, sogar komplexere und größere Innovationen hervorbringen können.[225] Außerdem werden individuelle Eigenschaften überbetont, wie Baldridge und Burnham in ihrer Studie zeigen konnten.[226]

---

220   Vgl. dazu auch die Ausführungen in Abschnitt II.1.1 dieser Arbeit.
221   Vgl. Slappendel (1996), S. 110ff.
222   Vgl. Howell/Higgins (1990), S. 317ff.
223   Krauch (1970), S. 17 zitiert in Bieber/Möll (1993), S. 81.
224   Krauch (1970), S. 17 zitiert in Bieber/Möll (1993), S. 81.
225   Vgl. Van de Ven et al. (1989), S. 17.
226   Vgl. Baldridge/Burnham (1975), S. 165ff.

Vor dem Hintergrund der Forderung nach Strukturlosigkeit und individualistischer Sichtweise scheinen Organisation und Innovation ein Widerspruch an sich
zu sein. Neue Ideen können danach nur als Störfaktor in Organisationen betrachtet
werden.[227] Laut Shepard kommen Innovationen aus diesem Grund lediglich in
Form sogenannter "lokaler Konspirationen"[228] zustande. Dabei handelt es sich um
die "inoffizielle" Beschäftigung einzelner oder mehrere Forscher mit einem Innovationsvorhaben, das sie für vielversprechend halten und aus Angst vor dem Widerstand im Unternehmen "heimlich" weiterverfolgen.[229] Hoffmann vermutet, daß
der Anteil solcherart angestoßener und verwirklichter Innovationen relativ hoch
und ihr letztlicher Erfolg überdurchschnittlich ist.[230] Insbesondere aber mit stei-
gender Komplexität von Innovationen finden diese "Bootlegging"[231]-Aktivitäten
ihre natürliche Grenze. Größere Innovationsvorhaben - und genau um diese geht es
im Rahmen der vorliegenden Ausführungen -, die einen hohen Ressourceneinsatz
erfordern, lassen sich auf diese Weise nicht bewältigen.

I.3.2   Innovation via Organisation

Innovation und Organisation müssen kein Widerspruch in sich sein. Im Gegenteil:
Unter Umständen sind Unternehmen sogar auf eine entsprechende Organisationsstruktur angewiesen, damit Innovationen hervorgebracht werden können (1). Der
Widerspruch zwischen Organisation und Innovation wird, wenn auch nicht aufgelöst, so doch abgeschwächt. Uneinigkeit herrscht allerdings bezüglich der konkreten Ausgestaltung der Organisationsstrukturen, denn die Organisation bewegt
sich zwangsläufig weiterhin im Spannungsfeld zwischen Stabilität und Wandel (2).

---

227   Vgl. Shepard (1970), S. 470.
228   Shepard (1970), S. 470; Übersetzung durch M.M.
229   Vgl. Hoffmann (1991), S. 16ff.
230   Vgl. Hoffmann (1991), S. 19.
231   Hoffmann (1991), S. 16. Der Begriff des "Bootlegging" stammt aus der Prohibitionszeit in
       den USA und bezieht sich auf den damaligen Alkoholschmuggel, der unter konspirativen
       Bedingungen sorgfältig geplant, arbeitsteilig organisiert und konsequent realisiert werden
       mußte.

(1)   Notwendigkeiten für eine Organisation der Innovation

Die Entstehung und Durchsetzung von Innovationen ist immer weniger das Werk heroischer Einzelpersonen, sondern zunehmend das Produkt kollektiver Anstrengung innerhalb einer Organisation.[232] Diese kollektive Anstrengung muß mit zunehmender Komplexität der Produkte und der Umwelt, aber auch der Basisorganisation organisiert werden.

Selbst "großartige" Ideen benötigen zu ihrer Umsetzung eine sorgfältige Planung und eine gezielte Gestaltung der Organisationsstruktur. Sie müssen mit den Ideen und der Fachkenntnis anderer Personen kontaktiert und angereichert werden.[233] Um von der Idee zum Design, zur Produktion und schließlich zum Markt zu gelangen, ist eine Vielzahl unterschiedlicher Ressourcen notwendig. Das Hervorbringen komplexer Innovationen beinhaltet Aktivitäten vieler Beteiligten, deren Beiträge je nach Bedarf zeitlich abgestimmt, inhaltlich koordiniert, unterstützt, geleitet und überwacht werden müssen. Unüberlegte kurzfristige Vorgehensweisen sind in der Regel nicht von Erfolg gekrönt.

Innovationen erfordern zu ihrer Verwirklichung viele Aufgaben und Aufgabenfolgen, die sich auch bei anderen Innovationsvorhaben wiederholen.[234] Eine auf Innovationen abgestellte Organisation ist laut Jelinek und Schoonhoven insbesondere in sich schnell wandelnden Umfeldern der Schlüssel zum Erfolg.[235] Das bedeutet freilich nicht, daß die kreativen Prozesse in vorgegebene Bahnen "gepreßt" werden müssen.[236] Es gibt auch Organisationsformen jenseits der in Verruf geratenen Bürokratie.[237] Außerdem sind Formalisierung und Standardisierung nicht a priori hinderlich. Innovationen stellen sich zwar jedesmal einmalig dar, haben aber, was Planung, Durchführung respektive Organisation betrifft, meist viele Gemeinsamkeiten.[238] Der Prozeß der Innovation ist im Gegensatz zu ihrem Inhalt also vorhersagbar, so daß beim Ablauf der sich prinzipiell wiederholenden Aufga-

---

232   Vgl. Bieber/Möll (1993), S. 81.
233   Vgl. Jelinek/Schoonhoven (1990), S. 253.
234   Vgl. auch Adler et al. (1996), S. 134.
235   Vgl. Jelinek/Schoonhoven (1990), S. 253 oder auch Wheelwright/Clark (1992), S. 134: "Like an outstanding factory, an outstanding development organization requires a coherent architecture and process that is well understood, highly capable, and in control."
236   Vgl. zu diesem Vorurteil Bleicher (1990), S. 118.
237   Bekanntester Bürokratiekritiker ist Crozier (1964), (1973).
238   Vgl. Hirzel (1992), S. 81.

ben bestimmte Regeln durchaus förderlich sein können. Dabei geht es vor allem
darum, den Rahmen für die Innovationsaktivitäten abzustecken, und nicht darum -
auch wenn in der Literatur dieses Vorurteil dominiert -[239], ein steifes "Regelungs-
korsett"[240] zu etablieren. Es sind nämlich Mittelwege zwischen den Extremen keiner und einer erdrückenden Regelung denkbar und sinnvoll. Organisation muß
nicht als deterministische Reglementierung der einzelnen Arbeitsschritte verstanden werden, sondern kann selbständige und originäre Leistungsbeiträge ermöglichen. Organisieren heißt nicht nur "Festlegen, Eingrenzen und Erzwingen", sondern auch "Anregen, Zulassen und Erleichtern". Im Mittelpunkt steht der Versuch,
das Innovieren zu lernen, und das Lernen von Innovationen ist - so Hunt - ein sy-
stematischer Prozeß.[241]

Vor diesem Hintergrund hat die Frage nach den für innovative Zwecke geeigneten Organisationsformen in der Praxis und in der Theorie an Bedeutung gewonnen.
Man ist sich weitgehend darüber einig, daß Organisationsstrukturen zu den maß-
geblichen Faktoren gehören, die die Innovationsfähigkeit von Organisationen unmittelbar beeinflussen.[242]

(2)   Organisation der Innovation zwischen Stabilität und Wandel

Die Organisation von Innovationen ist, so kann festgehalten werden, machbar und
sinnvoll, aber sie stellt erhebliche Anforderungen an das Unternehmen.
Letztendlich muß sie sowohl Stabilität als auch Wandel gleichzeitig ermöglichen.[243] Auf der einen Seite erfordert der zunehmende technologische Wandel
schnelle Änderungen. Auf der anderen Seite sind Unternehmen zur Bewältigung
dieses Wandels auf Planung und damit zusammenhängend auf Stabilität angewiesen.[244] Das Unternehmen befindet sich auf einer Gratwanderung zwischen Stabilität auf der einen und der Notwendigkeit von Änderungen bzw. Innovationen auf

---

[239]   Vgl. zu dieser Sichtweise u.a. Bleicher (1990), S. 118ff.
[240]   Bleicher (1990), S. 119.
[241]   Vgl. Hunt (1993), S. 237.
[242]   Vgl. Bieber/Möll (1993), S. 81.
[243]   Vgl. Bieber/Möll (1993), S. 81.
[244]   Vgl. Jelinek/Schoonhoven (1990), S. 57. Laut Jelinek und Schoonhoven sind dafür unter
         anderem entsprechend viele Reorganisationen in Kauf zu nehmen (vgl. Jelinek/Schoonho-
         ven 1990).

der anderen Seite.[245] Und die Gefahr, "zwischen den Stühlen" zu landen, ist groß.[246]

Die Organisationsstruktur soll nun dieses Dilemma überwinden helfen. Denn auch für Innovationen sind verläßliche und wiederholbare Methoden erforderlich, die gute Ideen vom Konzept zum Markt bringen - und zwar nicht einmal, sondern immer wieder. In diesem Sinne bemerkte schon Schumpeter, daß Innovation zunehmend die Aufgabe geschulter Spezialisten wird, die das herstellen, was von ihnen verlangt wird, und die dafür sorgen, daß es auf eine vorhersehbare und planbare Art und Weise funktionieren wird.[247]

Mit zunehmender Größe von Unternehmen - so die These von Wheelwright und Clark (1992) - steigt die Bedeutung der Organisationsstruktur für den Erfolg von Innovationsprojekten. Bei kleinen, insbesondere Gründerunternehmen ist in der Regel das ganze Unternehmen auf eine Innovation ausgerichtet, und das Projekt wird mit voller Aufmerksamkeit forciert. In Konzernen dagegen haben sich im Lauf der Zeit "eigensinnige"[248] Teileinheiten mit unter Umständen ebenso "eigensinnigen" Subteileinheiten etabliert. Die Aktivitäten in diesen Teileinheiten werden in der Regel vom laufenden Tagesgeschäft dominiert. Innovationen sind eher Ausnahme als Regel.

---

245   "They must both innovate and control, achieving both stability and repeated, often unpredictable change - and stability yet again, followed by still more change." (Jelinek/ Schoonhoven 1990, S. 57).

246   Sehr anschaulich beschreiben diese Gratwanderung Mintzberg und Mintzberg: "On one side, the internal operations seem to say: 'Give us a chance; define a nice set of clear, stable, integrated strategies that we can run with, and then leave us alone. We have machines to buy, programs to write, people to train.' On the other side, the external environment seems to say: 'Get with it; yesterday's strategies can't work in today's environment. Things are always changing. There are new problems to solve, new opportunities to exploit.' " (Mintzberg/Mintzberg 1988, S. 179f.).

247   Vgl. Schumpeter (1942), S. 132. Schumpeter spricht kritisch davon, daß Innovationen zur Routine degradiert werden würden.

248   Zum Begriff des Eigensinns vgl. Ringlstetter (1995a), S. 65ff. und die Ausführungen in Abschnitt I.4.2 unter Punkt (1) dieser Arbeit.

I.4   Innovationen im Konzern

In den vorherigen Ausführungen wurde gezeigt, daß Unternehmen dem Innovationsbedarf nur gerecht werden können, wenn ihre Organisationsstruktur auf die damit verbundenen Anforderungen zugeschnitten ist. Die bis zu diesem Punkt angestellten Überlegungen treffen gleichermaßen auf den Konzern als besondere Form betriebswirtschaftlicher Unternehmen zu:[249] Denn auch die langfristige Entwicklung des Konzerns wird durch Produkte bestimmt, die neu in das Produktprogramm aufgenommen werden;[250] auch der Konzern ist auf eine entsprechende Organisationsstruktur angewiesen, um Innovationen hervorbringen zu können. Beim Konzern handelt es sich jedoch in Anbetracht der Hervorbringung von Innovationen nicht nur um eine Unternehmensform unter vielen. Es handelt sich vielmehr um einen Spezialfall, der - wie zu zeigen sein wird - für das Hervorbringen von Innovationen besonders geeignet erscheint. Dennoch setzt man - wie in der Einführung dieser Arbeit bereits erwähnt - in Wirtschaft und Politik oft bevorzugt auf den Mittelstand und sogenannte Gründerunternehmen, die besonders geeignet sein sollen, Innovationen hervorzubringen.[251] So werden die Anfänge der Halbleiterindustrie meist mit dem Aufkommen von "dynamischen" Kleinunternehmen im Silicon Valley assoziiert, obwohl die "Wiege" der Chip-Produktion bei den spätestens seit der Jahrhundertwende etablierten Großunternehmen der Elektroindustrie stand.[252] Es waren sowohl in den USA als auch in Europa vor allem die großen Konzerne[253] der Branche, die Anfang der fünfziger Jahre ihre traditionellen Geschäfte um die Transistorenfertigung als Urform heutiger elektronischer High-Tech-Bauelemente erweiterten.

Die Eignung des Konzerns für das Hervorbringen von Innovationen resultiert aus seiner spezifischen Organisationsform. Deshalb möchte ich den Konzern im folgenden aus einer organisationstheoretischen Perspektive heraus in Anlehnung

---

249   Mehr noch: Gerade für den Konzern ist - glaubt man Bartlett und Ghoshal - die Innovationsfähigkeit "the primary source of its ability to compete successfully" (Bartlett/Ghoshal 1990, S. 216), die sich allerdings auf den internationalen Konzern beziehen.
250   Vgl. dazu Ringlstetter (1995a), S. 105.
251   Vgl. z.B. Ganter (1991).
252   Vgl. Voskamp/Wittke (1994), S. 218.
253   Von Bell/AT&T und RCA bis zu Siemens und Philips.

an Ringlstetter als "Organisation von Organisationen"[254] betrachten.[255] Dabei handelt es sich bei den im Konzern zusammengefaßten (Sub-) Organisationen um (in unterschiedlichem Ausmaß) eigenständige Teileinheiten, welche anhand der von ihnen zu erfüllenden Aufgaben näher charakterisiert werden können.[256] Vor diesem Hintergrund können Basisteileinheiten und Leitungsteileinheiten sowie Stabs- oder Serviceeinheiten unterschieden werden. *Basisteileinheiten* erfüllen Sachaufgaben für leistungswirtschaftliche Märkte. Für diese Erfüllung sind Funktionen wie Beschaffung, Produktion, Absatz, aber auch das Hervorbringen von Innovationen vonnöten. Die Basisteileinheiten sind in der Regel objektorientiert abgegrenzt, d.h. der Konzern ist per definitionem divisionalisiert und damit zusammenhängend auch diversifiziert, d.h. also auf mehrere Produkte bzw. Märkte fokussiert.[257] Williamson spricht vor diesem Hintergrund von der (multidivisionalen) "M-Form".[258] Die Konzernleitung ist im allgemeinen in einer zentralen Teileinheit bzw. der Zentrale angesiedelt ist. Die Zentrale kann verschiedene zentrale Teileinheiten umfassen. Diese können spezifizierte Leitungsfunktionen (*Leitungsteileinheiten*) oder Serviceaufgaben (*Stabs- oder Serviceeinheiten*) für andere Teileinheiten wahrnehmen. Unter Umständen gibt es zusätzlich Zwischeneinheiten, die zwischen Zentrale und Basisteileinheiten eingeschoben werden können. Konstitutiv für einen Konzern aus organisationstheoretischer Perspektive ist das Vorliegen einer Konzernleitung[259] und mindestens einer weiteren eigenständigen Basisteileinheit.[260]

Im Konzern gibt es verschiedene Ressourcen, die in unterschiedlichem Ausmaß Innovationspotentiale darstellen (Abschnitt I.4.1). Diese Ressourcenpotentiale finden sich genaugenommen jedoch nicht nur im Konzern, sondern eigentlich in allen Unternehmen. Die eigentlichen Innovationspotentiale des Konzerns liegen in

---

[254] Ringlstetter (1995a), S. 34. Konstituierendes Merkmal einer Organisation ist die Verfassung. "Verfassungen sind [...] logische 'Letztnormen', die zu einem einheitlichen Normensystem zusammengefaßt sind." (Ringlstetter 1995a, S. 35).

[255] Kritisch dazu vgl. von Werder (1995), S. 654ff.

[256] Vgl. Ringlstetter (1995a), S. 36f.

[257] Dabei herrscht die Ansicht vor, daß die (divisionale) Struktur der (Diversifikations-) Strategie folgt (vgl. Chandler 1962). Es gibt jedoch auch Verfechter der umgekehrten These.

[258] Vgl. Williamson (1990), S. 246 oder Chandler (1962), S. 382.

[259] Zu den verschieden Rollen, die die Konzernleitung bei der Führung der Teileinheiten einnehmen kann vgl. Ringlstetter/Obring (1992), S. 1307ff.

[260] Vgl. Ringlstetter (1995a), S. 37.

seiner spezifischen Organisationsform begründet, durch die die beschriebenen Ressourcenpotentiale nutzbar gemacht werden können. Die Organisation fungiert dabei als eine Art Katalysator (Abschnitt I.4.2).

I.4.1   Innovative Ressourcenpotentiale des Konzerns

Genauso wie alle anderen Unternehmen verfügt der Konzern über Ressourcen, die für das Hervorbringen von Innovationen genutzt werden können. Im Konzern liegen diese Ressourcenpotentiale jedoch erstens, aufgrund seiner spezifischen Organisationsform, sowohl auf Leitungs- als auch auf Teileinheitenebene und zweitens, aufgrund seiner Größe, in der Regel in höherem Umfang vor als in anderen Unternehmensformen. Letzteres mag auch der Grund dafür sein, daß der Anteil innovativer Unternehmen bei großen Betrieben mit mehr als 1000 Beschäftigten etwa doppelt so hoch ist wie bei Kleinbetrieben mit weniger als 50 Beschäftigten.[261] Die Ressourcenpotentiale liegen in materiellen (zum Beispiel Anlagen), immateriellen (Wissen und Kompetenzen bzw. die dahinterstehenden Humanressourcen) und finanziellen Ressourcen,[262] die jeweils anhand ihrer innovationsspezifischen Eigenschaften genauer charakterisiert werden können (1). Aus diesen Eigenschaften ergibt sich die Bedeutung der einzelnen Ressourcenarten als Innovationspotential (2).

(1)   Innovationsspezifische Ressourceneigenschaften

Dem Konzern stehen zum Hervorbringen von Innovationen verschiedene Ressourcen mit Innovationspotentialcharakter zur Verfügung. Der Begriff des Potentials verweist bereits darauf, daß es sich lediglich um die *Möglichkeit* handelt, Innovationen auf Basis dieser Ressourcen hervorzubringen.[263] Auf welche Weise bzw. in welchem Ausmaß die entsprechenden Ressourcen für Innovationen Potential-

---

261   Vgl. Draeger (1991), S. 150. Acs und Audretsch (1988, 1990, 1993) kommen in einer Reihe von Untersuchungen amerikanischer Innovationen zu dem Schluß, daß kleine Unternehmen in Branchen, in denen ein sehr hohes Qualifikationsniveau der Humanressourcen eine entscheidende Rolle spielt, einen systematischen innovativen Vorteil haben. Im Gegensatz dazu verfügen Konzerne (respektive "große Unternehmen) über innovative Vorteile, wenn es um kapitalintensive Industrien geht.

262   Vgl. Ringlstetter (1995a), S. 109 in Anlehnung an Chatterjee/Wernerfelt (1991), S. 37.

263   Vgl. Wolfrum (1993), S. 86f.

charakter erhalten, hängt zum einen von ihrer Verfügbarkeit (a), zum zweiten von ihrer Flexibilität (b) und zum dritten von ihrer Einzigartigkeit (c) ab.

(a) Verfügbarkeit von Ressourcen: Theoretisch stehen alle im Konzern vorhandenen Ressourcen für das Hervorbringen von Innovationen zur Verfügung. Da sie jedoch in der Regel auch für andere Zwecke eingesetzt werden bzw. eingesetzt werden können, stellt sich die Frage, inwieweit es (ökonomisch) sinnvoll ist, sie für das Hervorbringen von Innovationen zu verwenden. Diese Frage kann mit Hilfe eines Vergleichs inner- und außerbetrieblicher Opportunitäten, d.h. Verwendungsmöglichkeiten der Ressourcen inner- und außerhalb des Konzerns, beantwortet werden. Außerbetriebliche Opportunitäten können vielfach aufgrund hoher Transaktionskosten, die mit einem Verkauf der Ressourcen über den Markt einhergehen und ein "Marktversagen" im Sinne der Transaktionskostentheorie verursachen, vernachlässigt werden.[264] Aus Gründen der Vereinfachung möchte ich mich daher auf die Ressourcen konzentrieren, die wegen eines Marktversagens lediglich innerhalb des Konzerns genutzt werden können.

Innerhalb des Konzerns gibt es freie und unfreie Ressourcen, die dem Konzern prinzipiell zur Verfügung stehen. Unfreie Ressourcen finden bereits für andere Zwecke im Konzern Verwendung. Dennoch können sie prinzipiell von ihrem augenblicklichen Verwendungszweck abgezogen und für das Hervorbringen von Innovationen eingesetzt werden. Unter Umständen ist ihr innovationsspezifischer Einsatz insofern "opportun", als daß die Opportunitätskosten, die mit dem Einsatz für innovative Zwecke verbunden sind, geringer ausfallen als der damit verbundene "Gewinn". Insgesamt steigt der Verfügbarkeitsgrad von Ressourcen für Innovationsaktivitäten mit sinkenden Opportunitätskosten. Dabei ist die Frage nach dem optimalen Ort der Nutzung, d.h. dem Verwendungszweck der Ressourcen, besonders einfach zu beantworten, wenn es sich um freie Ressourcen handelt, d.h. keine (innerbetrieblichen) Opportunitätskosten der Nutzung existieren, die Ressource also nicht zu anderen Zwecken eingesetzt werden kann. Diese Ressourcen stehen für das Hervorbringen von Innovationen demnach frei zur Verfügung. Das

---

264 Vgl. Teece (1982), S. 39f. Dies ist der Fall bei besonders spezifischen unteilbaren materiellen Ressourcen und bei immateriellen Ressourcen.

ist der Fall bei öffentlichen und bei unteilbaren Gütern respektive Ressourcen.[265]
Baumol et al. definieren *öffentliche Ressourcen*[266] als Ressourcen, die für die Produktion eines Gutes einmal erworben wurden und für die Erstellung anderer Güter
im Unternehmen quasi umsonst zur Verfügung stehen. Öffentliche Ressourcen im
Sinne von Baumol et al. können als "Mautgüter" bzw. "Mautressourcen" bezeichnet werden, da innerhalb des Konzerns bezüglich dieser Ressourcen eine Nicht-
Rivalität in ihrer Nutzung vorliegt, andere Unternehmen, aber auch einzelne Teileinheiten innerhalb des Konzerns allerdings von ihrer Nutzung ausgeschlossen
werden können.[267] Solche "Mautressourcen" sammeln sich im Lauf der Zeit in
einem Konzern insbesondere in Form von immateriellen Ressourcen an und
können mehr oder weniger gratis genutzt werden.[268] Beispiele dafür sind spezifisches F&E-Know-how wie zum Beispiel eine "patentierte chemische Formel"[269]
oder bestimmte Managementkompetenzen.

Jenseits dieser öffentlichen Ressourcen stehen dem Konzern *unteilbare Ressourcen* zur Verfügung. Aufgrund ihrer Unteilbarkeit kommt es im Konzern zu
Leerkapazitäten. Leerkapazitäten sind nicht verwendete Ressourcen, die somit
"frei zur Verfügung" stehen. Panzar und Willig sprechen daher auch von "quasi-öf-
fentlichen Faktoren"[270]. Um diese Leerkapazitäten zu nutzen, werden zusätzliche
Ressourcen notwendig, die wiederum nur teilweise genutzt werden können.[271] Ein
sich selbst verstärkender Kreislauf entsteht.

---

[265]   Baumol et al. (1982, S. 71ff.) begründen durch diese beiden Einflußgrößen die Existenz von
"Economies of Scope", mit deren Hilfe sie erklären, warum Mehrproduktfirmen im Gegensatz zu spezialisierten Einproduktfirmen sinnvoll sein können. "Economies of Scope" liegen
vor, wenn die gemeinsame Erzeugung verschiedener Güter kostengünstiger ist als deren getrennte Erstellung. Vgl. zu einem prägnanten Überblick zu Knyphausen/Ringlstetter (1991),
S. 550ff.

[266]   Baumol et al. (1982, S. 76) sprechen von "öffentlichen Faktoren".

[267]   Vgl. zum Begriff der Mautgüter grundlegend Blankart (1994), S. 59ff.

[268]   Vgl. auch Chatterjee/Wernerfelt (1991), S. 35. Chatterjee und Wernerfelt sprechen freilich
nicht explizit von "Mautressourcen".

[269]   Chatterjee/Wernerfelt (1991), S. 35.

[270]   Panzar/Willig (1981), S. 269; Übersetzung durch M.M.

[271]   Laut Penrose entsteht daraus ein Wachstumsdruck: "As long as expansion can provide a
way of using the services of its resources more profitably than they are being used, a firm
has an incentive to expand." (Penrose 1959, S. 67). Ein Gleichgewichtszustand kann nach
Penrose aus drei Gründen nie erreicht werden: "*Those* arising from the familiar difficulties
posed by the undividibility of resources; *those* arising from the fact that the same resources
can be used differently under different circumstances and in particular, in a specialized
manner; and *those* because in the ordinary process of operation and expansion new

Penrose betont in diesem Zusammenhang insbesondere das Vorhandensein ungenutzter Managementkapazitäten, die einerseits nach Beendigung bestimmter Führungsaufgaben und andererseits durch die qualitätssteigernden Lernprozesse freigesetzt werden.[272] So erfordert die Planung neuer Produkte einen großen Umfang an Managementkapazität. Diese wird nach Beendigung des Planungsprozesses schrittweise freigesetzt und für neue Planungstätigkeiten verfügbar. Das gleiche gilt für die Weiter- bzw. Neuentwicklung von Produkten. Wenn der Entwicklungsprozeß eines Produktes abgeschlossen ist, sind die entsprechenden Manager, Forscher und Entwickler "arbeitslos" und daran interessiert, sich neue Betätigungsfelder zu suchen. Parallel dazu verläuft ein Lernprozeß, der zu einer weiteren Erhöhung der quantitativen und qualitativen Kapazitäten der Manager, Forscher, Entwickler und anderer involvierter Mitarbeiter führt.[273] Wenn der Konzern keine Innovationen hervorbringt, d.h. in den Worten von Penrose: nicht wächst, bleiben die freigesetzten und erweiterten Kapazitäten ungenutzt.[274] Es entsteht eine Art Innovationsdruck.[275]

(b) Flexibilität der Ressourcen: Die Verfügbarkeit von (freien oder unfreien) Ressourcen ist Voraussetzung für ihre Nutzung zur Hervorbringung von Innovationen. Sind Ressourcen im Konzern verfügbar, dann stellt sich darüber hinaus die Frage, ob sie flexibel genug sind, um für die spezifischen Innovationsaktivitäten genutzt zu werden.[276] Dazu müssen sie im Rahmen der Innovationsaktivitäten angewendet (Anwendbarkeit) und auf diese übertragen (Transferierbarkeit) oder, wenn sie nicht

---

productive services are continually being created." (Penrose 1959, S. 68; Hervorhebungen von M.M.).

272   Vgl. Penrose (1959), S. 49ff.

273   Vgl. Penrose (1959), S. 52.

274   Vgl. dazu auch mit explizitem Bezug auf die Notwendigkeit neuer Produkte bei ungenutzten Managementkapazitäten McLeod (1988), S. 37: "The best management will sell refrigerators to Eskimos: the worst will run short of coal in Newcastle. If management has effort to spare, it needs new products to use it on."

275   Penrose spricht nicht von einem Innovations-, sondern von einem Wachstumsdruck: "As long as expansion can provide a way of using the services of its resources more profitably than they are being used, a firm has an incentive to expand." (Penrose 1959, S. 67).

276   Zu einer ähnlichen Flexibilitätsdefinition vgl. Chatterjee/Wernerfelt (1991), die eine Ressource als um so flexibler bezeichnen, für je mehr Endprodukte sie genutzt werden kann.

anwendbar oder nicht transferierbar sind, in eine anwendbare und transferierbare Ressource transformiert (Transformierbarkeit) werden können.[277,278]

Die *Anwendbarkeit* im Konzern vorhandener, ungenutzter oder mehrfach nutzbarer Ressourcen für innovative Aktivitäten ist nicht ohne weiteres gegeben. Denn das Alte ist ex definitione anders als das Neue, und nicht alle "alten" Ressourcen sind auf das Neue anwendbar. Gerade bei radikalen Innovationen ergeben sich diesbezüglich Probleme. Chatterjee und Wernerfelt differenzieren vor diesem Hintergrund die einzelnen Ressourcentypen (materiell, immateriell und finanziell) danach, ob die jeweilige Ressourcenart nur in verwandten oder auch in unverwandten Betätigungsfeldern eingesetzt werden können. Die Einsatzoptionen wachsen von den materiellen über die immateriellen hin zu den finanziellen Ressourcen. Finanzielle Ressourcen können prinzipiell für alle neuen Betätigungsfelder angewendet werden. Sie können ohne Probleme auch für radikal neue Innovationen eingesetzt werden. Bei immateriellen Ressourcen ist dies schon schwieriger, aber durchaus noch denkbar. Voraussetzung ist, daß das zu transferierende Wissen relevant für die Innovation ist. Das setzt entweder eine entsprechende Verwandtschaft zwischen dem Neuen und dem Alten voraus - und dies ist lediglich bei Inkrementalinnovationen der Fall - oder ein übergreifendes Wissen bzw. eine übergreifende Kompetenz. Steidl nennt als Beispiel für derartige übergreifende Kompetenzen das Know-how des Konzerns Procter & Gamble auf dem Gebiet des Konsumgütermarketings.[279] Materielle Ressourcen sind, wie bereits angedeutet, in der Regel inflexibel und damit schwer auf das Neue anwendbar. So eignet sich beispielsweise eine Produktionsanlage zur Herstellung von Fließglas schwerlich zur Produktion von Medikamenten.

Nur wenn Ressourcen auf die Innovationsaktivitäten anwendbar sind, ist es sinnvoll, sie zu transferieren. *Transferierbarkeit* bedeutet die Möglichkeit, eine Ressource von einer Teileinheit in die andere zu reallokieren - dorthin, wo die

---

[277]   Auch Ringlstetter charakterisiert Ressourcen nach ihrer Flexibilität (vgl. Ringlstetter 1992, S. 174). Seine Definition von Flexibilität ist aber in Anlehnung an Chatterjee/Wernerfelt (1991) lediglich zweidimensional und umfaßt die Dimensionen Anwendbarkeit und Transformierbarkeit (vgl. auch Ringlstetter i.V.). In Anbetracht meines Fokus auf Innovationen empfehlen sich jedoch die drei Kategorien der Anwendbarkeit, Transferierbarkeit und Transformierbarkeit.

[278]   Vgl. Chatterjee/Wernerfelt (1991) in Ringlstetter (1992), S. 174.

[279]   Vgl. Steidl (1995), S. 21.

innovativen Aktivitäten stattfinden. Die Transferierbarkeit ist Voraussetzung für die Anwendung von Ressourcen, denn Innovationen entstehen zwar aus dem Alten, finden jedoch in der Regel in anderen organisatorischen Einheiten oder innerhalb einer organisatorischen Einheit an einem anderen Platz statt. Die vorhandenen Ressourcen müssen sozusagen von "alt" nach "neu" transferiert werden. Probleme der Transferierbarkeit liegen zum einen in Transport- und Implementierungskosten begründet. Zum anderen erschweren strategische Aspekte, wie Rivalitäten zwischen den Teileinheiten, einen Transfer von Ressourcen. Zum dritten dürfen bei der Frage der Transferierbarkeit von Ressourcen auch "Bottleneck-Faktoren" nicht außer acht gelassen werden, da Ressourcen oft an andere Ressourcen gebunden sind, die aber unter Umständen nicht oder nur schwer transferiert werden können. Steidl nennt als Beispiel den "Bottleneck" Mensch, der die Transferierbarkeit von an ihn gebundenen informationalen Ressourcen einschränkt.[280] So ist der Transfer immaterieller Ressourcen trotz der großen Möglichkeiten, die die neuen Informationstechnologien bieten, mit Schwierigkeiten verbunden.[281] Der Transfer finanzieller Ressourcen von einer zur anderen Teileinheit bzw. innerhalb von Teileinheiten gestaltet sich hingegen problemlos.

Die *Transformierbarkeit* einer Ressource hängt ab von ihrer Umwandlungsfähigkeit in eine andere Ressource. Falls die vorhandenen Ressourcen im beschriebenen Sinne nicht auf die innovativen Aktivitäten anwendbar oder nicht transferierbar sein sollten, bleibt die Möglichkeit einer Ressourcentransformation, d.h. einer Umwandlung der "unanwendbaren" oder "nicht-transferierbaren" in "anwendbare" und "transferierbare" Ressourcen. Die Transformierbarkeit in finanzielle Ressourcen ergibt sich daraus, daß sie über einen "Markt gehandelt werden können".[282] Die Optionen der Transformierbarkeit wachsen von den immateriellen über die materiellen hin zu den finanziellen Ressourcen. Finanzielle Ressourcen sind problemlos in beliebig andere materielle oder immaterielle Ressourcen transformierbar. Man kann sich dafür nahezu alles "kaufen". Nutzungsrechte an materiellen Ressourcen können ebenfalls - wenn auch mit etwas mehr Aufwand und mit Einschränkungen - verkauft werden. Bei großer Spezifität kann der Markt

---

280   Vgl. Steidl (1995), S. 8, Fußnote 22.
281   Vgl. Picot/Reichwald (1994), S. 547ff.
282   Vgl. Teece (1982), S. 39f.

allerdings eng werden. Immaterielle Ressourcen dagegen sind schwieriger transformierbar. Wissen läßt sich kaum in finanzielle oder materielle Ressourcen umwandeln.

Festgehalten werden kann (vgl. Abb. 7), daß materielle Ressourcen sich zwar durch eine prinzipielle, wenn auch eingeschränkte Transformierbarkeit auszeichnen, ihre konkrete Anwendbarkeit auf das Neue und ein entsprechender Transfer dürften aber mit Schwierigkeiten verbunden sein. Immaterielle Ressourcen sind zwar kaum in andere Ressourcen transformierbar, aber, soweit es sich um ein Wissen allgemeinerer Natur handelt, unter Umständen noch auf das Neue anwendbar und auch transferierbar. Finanzielle Ressourcen schließlich sind in dreierlei Hinsicht (Anwendbarkeit, Transferierbarkeit und Transformierbarkeit) durch hohe Flexibilität gekennzeichnet.

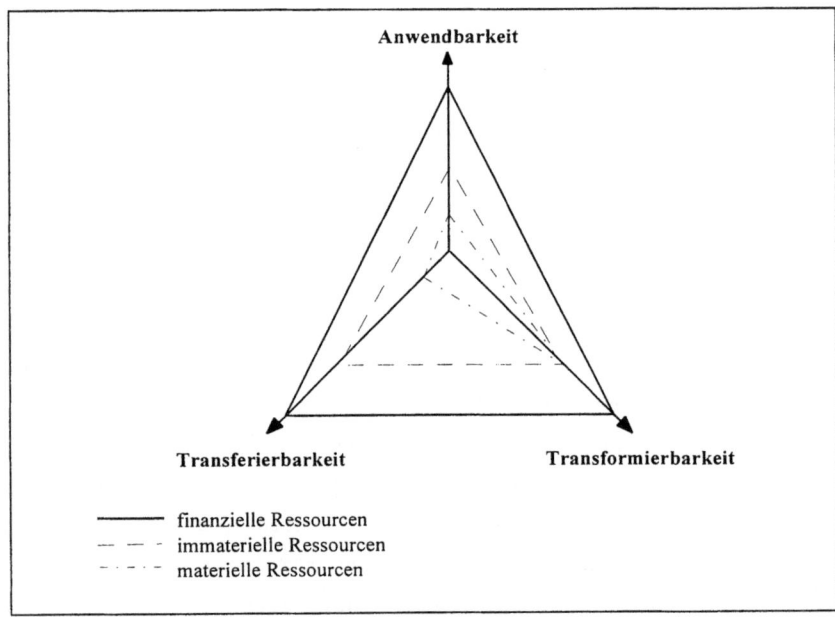

Abb. 7:   Drei Dimensionen der Flexibilität von Ressourcen

(c) Einzigartigkeit von Ressourcen: Neben der Flexibilität von Ressourcen ist deren Einzigartigkeit von Relevanz für die innovationsspezifische Bedeutung einer Ressource. In diesem Sinne charakterisiert Ringlstetter die Bedeutung von Ressourcen für die Weiterentwicklung des Konzernportfolios auch anhand ihrer Imi-

tierbarkeit, d.h. ihrer Nicht-Einzigartigkeit.[283] Diese Einzigartigkeit spielt insbesondere beim Hervorbringen von Innovationen eine Rolle. So differenziert
Williamson Innovationen danach, wie leicht sie von anderen Unternehmen zu imitieren sind, d.h. "Innovationsrenten"[284] angeeignet werden können.[285] Innovationen, die auf nicht-spezifischen Ressourcen basieren, können für gewöhnlich leichter nachgeahmt werden. Vor diesem Hintergrund erscheint es zur Einschätzung der
innovationsspezifischen Bedeutung von (verfügbaren) Ressourcenpotentialen
ratsam, zusätzlich zur Dimension der Flexibilität die Einzigartigkeit dieser Ressourcen heranzuziehen (vgl. Abb. 8).

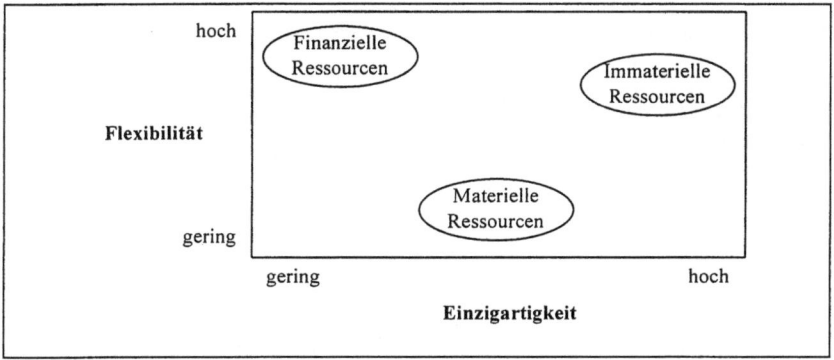

Abb. 8:   *Die innovationsspezifische Bedeutung von Ressourcenpotentialen im Konzern*

Durch die abgebildete Matrix wird nochmals die innovationsspezifische Bedeutung immaterieller Ressourcen illustriert, die sich nicht nur durch eine relativ hohe
Flexibilität, sondern auch durch eine große Einzigartigkeit auszeichnen.

(2)   Konzernspezifische Ressourcenpotentiale für Innovationen

Die Ausführungen im vorangegangenen Punkt haben gezeigt, daß die innovationsspezifische Bedeutung der Ressourcenpotentiale auf der Grundlage ihrer prinzipiellen Verfügbarkeit von ihrer Flexibilität und ihrer Einzigartigkeit abhängt. Im

---

283   Vgl. Ringlstetter (1995a), S. 115 in Anlehnung an Barney (1991), S. 107ff.
284   Dabei wird unter der Innovationsrente die Differenz zwischen dem Ertrag verstanden, der
       beim Hervorbringen einer Innovation erzielt werden kann, und dem Ertrag, der erzielt wird,
       wenn die Ressourcen der nächstbesten Verwendung zugeführt werden.
285   Vgl. Williamson (1990), S. 163.

Konzern finden sich die einzelnen Potentialtypen sowohl auf Konzern- als auch auf Teileinheitenebene. Es sind - wie bereits erläutert - materielle (a), immaterielle (b) und finanzielle (c) Ressourcen zu unterscheiden. Die unterschiedlichen Ressourcenarten spielen auf den unterschiedlichen Ebenen des Konzerns ungleiche Rollen. Auf Teileinheitenebene stehen insbesondere immaterielle, aber auch materielle Ressourcen, auf Leitungsebene finanzielle Ressourcenpotentiale im Mittelpunkt der Betrachtung (vgl. zu den Beispielen der folgenden Argumentation Abb. 9).

(a) Materielle Ressourcenpotentiale im Konzern: Trotz ihrer in Punkt (1) dargestellten Inflexibilität können auch materielle Ressourcen des Konzerns Quelle von Innovationen sein. Relevant wird diese Art der Innovationspotentiale vorwiegend auf Ebene der Teileinheiten und nur in Ausnahmefällen auf Konzernebene.[286]

Materielle Innovationspotentiale stehen immer dann zur freien Verfügung, wenn sie unteilbar und unausgelastet sind, d.h. es sich um quasi-öffentliche Ressourcen handelt. Beispiele sind vorhandene unausgelastete Anlagen, ungenutzte Lagerräume oder andere ungenutzte materielle Ressourcen, die zur Hervorbringung von Innovationen genutzt werden können.

Jedoch können auch unfreie materielle Ressourcen beim Hervorbringen von Innovationen hilfreich sein. So kommen Clark und Fujimoto in ihrer empirischen Untersuchung der Automobilindustrie zu dem Schluß, daß vorhandene Produktionskapazitäten sehr nützlich für das Hervorbringen von Innovationen sind.[287] Sie begründen ihre Feststellung mit den vielen "versteckten Produktionsaktivitäten", die im Entwicklungsprozeß anfallen, wie beispielsweise Prototypherstellung oder Pilotproduktion.[288] Die vorhandenen Produktionsanlagen haben auf diese Art und Weise einen nicht zu unterschätzenden Einfluß auf die Qualität, die Kosten und die

---

[286]   Ob materielle Innovationspotentiale auch auf Konzernebene vorhanden sind, hängt davon ab, ob es sich um einen Stammhauskonzern handelt, bei dem die Zentrale jenseits ihrer Leitungsfunktionen auch Leistungsfunktionen innehat, oder um einen Holdingkonzern, bei dem dies nicht der Fall ist und daher auch keine entsprechenden materiellen Ressourcen auf Konzernebene vorhanden sind.

[287]   Vgl. Clark/Fujimoto (1991), S. 173f. und 194ff.

[288]   "Outstanding performance in manufacturing and product development not only share common roots, but excellence in critical manufacturing activities is also an important ingredient in the success of product development." (Clark/Fujimoto 1991, S. 203).

Zeit der Neuproduktentwicklung.[289] In meiner Wahrnehmung liegt der Urheber für diese von Clark und Fujimoto konstatierten Qualitäts-, Kosten- und Zeitvorteile von Innovationen aber weniger in der materiellen Ressource, d.h. der spezifischen Anlage, sondern eher in der immateriellen Ressource Know-how in Form von Erfahrung mit den entsprechenden Produktionsaktivitäten.

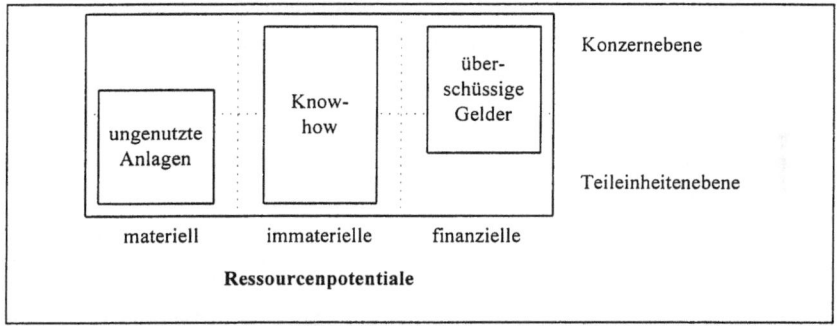

Abb. 9:   *Ressourcenpotentiale auf Konzern- und Teileinheitenebene im Konzern (Beispiele)*

(b) Immaterielle Ressourcenpotentiale im Konzern: Eine wesentliche Rolle beim Hervorbringen von Innovationen spielen immaterielle Ressourcen. So setzt laut Dosi das Hervorbringen von Innovationen eine "Wissensbasis"[290] in Form von Informationen, Wissen und Fähigkeiten voraus, auf die bei der Suche nach innovativen Lösungen zurückgegriffen werden kann.[291]

Die bloße Verfügbarkeit des Know-hows ist jedoch von eher sekundärer Bedeutung; es kommt vielmehr auf die Anwendbarkeit und Transferierbarkeit und somit auf die Flexibilität des Know-hows an.[292] Voraussetzung für die Anwendbarkeit, aber auch die Transferierbarkeit von Wissen ist zunächst seine prinzipielle Artikulierbarkeit; zweitens sollte Einigkeit im Konzern über die Nützlichkeit des

---

289   Vgl. Clark/Fujimoto (1991), S. 195.
290   Dosi (1988a, S. 1126) spricht von "knowledge base".
291   Vgl. auch Bierly/Chakrabarti (1996, S. 115ff.), die in einer Studie in der Pharmabranche zu dem Ergebnis kommen, daß sich mit größerer Wissensbasis des Unternehmens die Entwicklungszeit verkürzt.
292   Vgl. Rasche (1994), S. 184 in Anlehnung an Duncan/Weiss (1979), S. 86. Rasche spricht von "Zugriffs- und Nutzungsmöglichkeiten".

Wissens bestehen; und zum dritten sollte es eine gewisse Kompatibilität aufweisen, damit sich die einzelnen Wissensbausteine miteinander verknüpfen lassen.[293]

Die Artikulierbarkeit ist insbesondere bei "stillem Wissen" problematisch. Stilles Wissen respektive "Tacit Knowledge"[294] bezieht sich auf Wissenselemente, die schlecht definiert und nicht in Worte faßbar sind.[295] Falls stilles Wissen an eine Person gebunden ist, handelt es sich zwar um eine Mautressource, aber die hohen Transaktionskosten der Artikulation schränken die Transferierbarkeit und Transformierbarkeit stark ein. Stilles Wissen kann aber auch an mehrere Personen gebunden sein. In diesem Fall stellt das stille Wissen einen wesentlichen Unterbau für das Hervorbringen von Innovationen dar. In Konzernen findet sich derartiges Wissen sowohl auf Teileinheiten- als auch auf Konzernebene,.[296]

Es stellt sich die Frage, auf welche Weise das innerhalb des Konzerns vorhandene und prinzipiell transferierbare Wissen tatsächlich auf potentiell neue Geschäfte transferiert werden kann.[297] Eine Möglichkeit dazu nennen Beglinger et al. mit der sogenannten "Multiplikation"[298] von Know-how. Multiplikation heißt, daß neue Geschäfte in Analogie zu den bisherigen aufgebaut werden, so daß die Erfahrungen mit den bisherigen Methoden, zum Beispiel der Markterschließung, sowie den bewährten Strukturen, Abläufen und Verfahren im Sinne einer "best practice" genutzt werden können.[299] Relevant werden vor diesem Hintergrund auch die in Abschnitt I.2.2 genannten "Metakompetenzen", die sich insbesondere darin äußern,

---

293   Vgl. Rasche (1994), S. 184 in Anlehnung an Duncan/Weiss (1979), S. 86f.

294   Dieser Begriff geht auf Polanyi (1967) zurück (zitiert in Dosi 1988a, S. 1126). Laut Badaracco (1991, S. 99) hat bereits von Hayek auf die Bedeutung des durch Erfahrung in Menschen gespeicherten, nicht artikulierbaren Wissens hingewiesen: "[E]very individual has some advantage over all others in that he possesses unique information of which beneficial use might be made but of which use can be made only if the decisions depending on it are left to him or are made with his active cooperation." (von Hayek 1945, S. 521f.).

295   Typischerweise wird Wissen anhand seiner Universalität ("universality versus tacitness" (Dosi 1988a, S. 1126)) charakterisiert.

296   Vgl. dazu auch die Ausführungen zu Kern- und Metakompetenzen in Abschnitt I.2.2 dieser Arbeit.

297   Dabei wird beim Know-how-*Transfer* lediglich bereits akkumuliertes Wissen verbreitet und nicht - im Gegensatz zu Innovationsprozessen - neues Wissen generiert.

298   Vgl. Beglinger et al. (1992), S. 153ff. Beglinger et al. nennen insgesamt drei Verfahren der Multiplikation von Know-how: Diffusion, Expansion und Erfahrungsakkumulation. Dabei bezieht sich aber lediglich der Spezialfall der Expansion auf den Wissenstransfer in *neue* Geschäfte.

299   Vgl. Beglinger et al. (1992), S. 157.

bestehende Kernkompetenzen kreativ auf neue Aktivitäten respektive Innovationen anzuwenden. Denkbare Vehikel für die Multiplikation sind der Austausch von Know-how-Trägern und die Erstellung von Dokumentationen zu multiplizierbarem Know-how.[300] Sind die Dokumente der Multiplikation erst einmal erarbeitet, können sie mehrfach angewandt werden, denn jede weitere Übertragung ist nur mit unwesentlichen Zusatzkosten verbunden.[301] Somit kann man neben dem eigentlichen Know-how auch das Multiplikations-Know-how als Mautressource identifizieren.

(c) Finanzielle Ressourcenpotentiale im Konzern: Finanzielle Innovationspotentiale sind prinzipiell sowohl auf Konzern- als auch auf Teileinheitenebene vorhanden. So können die Teileinheiten unter Umständen ihre überschüssigen Gelder zum Beispiel in die Entwicklung neuer Produkte investieren. Die eigentliche Nutzungsmöglichkeit finanzieller Ressourcen liegt jedoch in der Organisationsform des Konzerns begründet. Gerade wegen der extremen Flexibilität und Imitierbarkeit werden finanzielle Ressourcen erst zu einem Konzernspezifikum, wenn sie durch organisatorische Maßnahmen "katalysiert" werden. Das Konzernspezifische liegt dann nicht in der Ressource selbst, sondern in der Organisationsform des Konzerns.

I.4.2   Innovative Organisationspotentiale des Konzerns

Wie bereits erwähnt, finden sich die in Abschnitt I.4.1 geschilderten Ressourcenpotentiale nicht nur im Konzern, sondern prinzipiell in allen Unternehmen. Konzernspezifisch ist nur, daß die Ressourcen sowohl auf Leitungs- als auch auf Teileinheitenebene und vermutlich in einer größeren Breite vorliegen als in anderen Organisationsformen. D.h. beim Hervorbringen von Innovationen vergrößert sich die Chance, daß einerseits unfreie und freie Ressourcen verfügbar sind, die andererseits auch auf die spezifischen innovativen Aktivitäten anwendbar und transferierbar oder transformierbar sind.

---

300   Vgl. Beglinger et al. (1992), S. 160.
301   Vgl. Beglinger et al. (1992), S. 161.

Die eigentlichen Potentiale des Konzerns liegen in seiner spezifischen Organisationsform begründet, durch die die beschriebenen Ressourcenpotentiale fruchtbar gemacht, d.h. katalysiert werden können. Diese organisatorischen Potentiale des Konzerns liegen zunächst in seiner "kulturellen Anregungsdichte", die sich aus dem gleichzeitigen Vorhandensein mehrerer eigenständiger Teileinheiten ergibt (1). Darüber hinaus verfügt die Konzernleitung über die Möglichkeit Kapitalmarktfunktionen zu übernehmen (2). Schließlich können Konzerne im Gegensatz zu anderen Unternehmensformen ihre Aktivitäten relativ einfach verlagern und sich auf diese Weise mehrere "Standbeine" sichern (3).

(1)   "Kulturelle Anregungsdichte"

Spezifisches Charakteristikum des Konzerns ist die Existenz mehrerer eigenständiger Teileinheiten. Diese Eigenständigkeit äußert sich in einem ersten Zugriff im eigensinnigen Verhalten der Teileinheiten.[302] Das Phänomen des Eigensinns läßt sich genauer spezifizieren durch die Kategorien Eigenlogik[303] und Eigeninteresse[304]. Die Eigenlogik bzw. die Inkommensurabilität von Teileinheiten kann durchaus förderlich für das Hervorbringen von Innovationen sein. Es ist in der Regel nämlich von Vorteil, einen Sachverhalt aus unterschiedlichen Blickwinkeln zu betrachten. Prinzipiell ist davon auszugehen, daß nur Ideen vom Konzern aufgegriffen werden, die von den Mitgliedern der jeweiligen Teileinheiten "verstanden" bzw. überhaupt als neue, sinnvolle Ideen erkannt werden. Mit zunehmender Eigenlogik werden aber zunehmend unterschiedliche Ideen "verstanden" und unter Umständen aus dem Umfeld aufgegriffen.

---

302   Vgl. Ringlstetter (1995a), 61ff.

303   Die Eigenlogik als eine Kompenente des Eigensinns liegt nach Ringlstetter (1995a, S. 61ff.) in den spezifischen Eigenlogiken ihrer organisatorischen Lebenswelten, d.h. ihrer Unternehmenskulturen, die unter Umständen wechselseitig inkommensurabel (vgl. zu diesem Begriff ausführlich Kirsch 1992, S. 9ff.) und damit unvereinbar sind. Die Kommunikation zwischen inkommensurablen Teileinheiten ist nun nicht so ohne weiteres möglich. Notwendig ist vielmehr ein oft mühsamer kreativer Akt des Übersetzens.

304   Das Eigeninteresse spiegelt die Ziele der Teileinheiten wider (vgl. Ringlstetter 1995a, S. 61ff.). Die Eigeninteressen können von den Teileinheiten sowohl in offener als auch in verdeckter Form verfolgt werden. Im letztgenannten Fall sind für die Konzernleitung oder die anderen Teileinheiten die Konsequenzen zwar unter Umständen spürbar, aber es ist nicht ohne weiteres möglich, die dahinterstehenden Interessen zu erkennen und entsprechend zu reagieren.

Aus diesen Überlegungen kann der Schluß gezogen werden, daß mit zunehmender Inkommensurabilität bzw. Eigenlogik in den einzelnen Teileinheiten zunehmend unterschiedliche immaterielle Ressourcen angesammelt werden. Dieses Wissen kann nun nicht nur - wie bereits erläutert - mehrmals genutzt werden, ohne entwertet zu werden, sondern es kann sich bei einer Zusammenführung positiv zu etwas Neuem ergänzen.[305] Daraus resultiert die Möglichkeit eines "konzernweiten Lernens", die sich aus der Eigenständigkeit der Teileinheiten und der daraus resultierenden "kulturellen Anregungsdichte"[306] des Konzerns ergibt. Denn aus Unterschieden kann man lernen.[307] Jedoch ist die Inkommensurabilität der Teileinheiten auch mit Nachteilen verbunden, denn sie erschwert den Wissenstransfer zwischen den Teileinheiten.[308] Der Eigensinn darf also eine gewisse Grenze nicht überschreiten.

(2)   Der Konzern als interner Kapitalmarkt

Die Konzernleitung verfügt aufgrund der Eigenständigkeit der Teileinheiten über Mobilisierungsmöglichkeiten, die in anderen Unternehmsformen so nicht existieren.[309] Sie hat nämlich die Möglichkeit, finanzielle Ressourcen gezielt in den jeweiligen Teileinheiten einzusetzen. Auf diese Weise können mit den finanziellen Ressourcen im Konzern Geschäfte aufgebaut werden, die in einem anderen Umfeld kaum eine Chance hätten. Dies liegt in einem ersten Zugriff in den Risikostreuungsmöglichkeiten eines Konzerns begründet. Wie bereits in Abschnitt I.2.2 erläutert, kann der Konzern in spezifischer Form - unter dem Schlagwort Diversifikation bekannt gewordenes - risikoorientiertes Portfoliomanagement betreiben. Dabei ergeben sich - bezugnehmend auf die Portfoliotheorie[310] - durch Risikostreuungsmöglichkeiten positive Effekte. Dies gilt insbesondere für solche Innovationen, die in keiner Weise mit dem bestehenden Konzerngeschäft in Beziehung

---

305   Vgl. Ringlstetter (1992), S. 133, der auf diese Weise das Phänomen "komplementärer Synergien" erklärt.
306   Bartlett/Ghoshal (1987) zitiert in Ringlstetter (1992), S. 133.
307   Vgl. Herriot/Pemberton (1995).
308   Vgl. dazu die Ausführungen zur Schnittstellenproblematik in Abschnitt II.2.2 dieser Arbeit.
309   Als Vergleichssituationen seien in Anlehnung an Ringlstetter (1995a, S. 83) einerseits das große Einheitsunternehmen und andererseits mehrere unverbundene kleinere Unternehmen genannt.
310   Zurückgehend auf Markowitz (1952).

stehen. Dabei geht es in erster Linie um eine Diversifikation des sogenannten un-systematischen Risikos, da dem systematischen Risiko prinzipiell alle Teilein-heiten in gleicher Richtung, wenn auch in unterschiedlicher Intensität, ausgesetzt sind und ein diesbezüglicher Ausgleich kaum möglich wäre.[311]

Insbesondere die Finanztheoretiker beurteilen den Transfer der ursprünglich fi-nanztheoretischen Überlegungen auf Realinvestitionen jedoch skeptisch, da die Anteilseigner - so die These - das unsystematische Risiko wesentlich einfacher, schneller und preiswerter durch individuelle Portfoliogestaltung reduzieren können als ein diversifizierter Konzern.[312] Denn Innovationen gelten als aufwendige, eher langfristige Investitionen, die mit sehr hohen Koordinations- und Inflexibilitätsko-sten einhergehen. Rein finanztheoretisch müßte als Fazit gezogen werden, daß Di-versifikation im Sinne einer Risikominimierung nicht Ziel der Manager, sondern der Eigenkapitalgeber ist.[313]

Dieses Fazit verliert bei der Aufgabe der Prämisse eines vollkommenen Kapi-talmarktes seine Grundlage. Denn in der Regel stehen dem individuellen Anleger weder wesentliche Informationsquellen (zum Beispiel "Insider"-Informationen), noch bestimmte Anlagemöglichkeiten (zum Beispiel nicht börsennotierte Unter-nehmen) zur Verfügung.[314] Die Zentrale ist dagegen in der Lage, das vorhandene Kapital nach Rentabilitäts- und Risikoüberlegungen auf die einzelnen Divisionen zu verteilen und Effektivität und Effizienz durch entsprechende Kontrollsysteme zu überprüfen. Williamson, der den Konzern als "M-Form" bezeichnet, spricht in diesem Zusammenhang von der Internalisierung des Kapitalmarktes.[315] Nach Williamson ist der Konzern ein Kapitalmarktsubstitut, das in seinen Kontrollwir-kungen effektiver ist als der (unvollkommene) Kapitalmarkt und daher reibungslo-seren Kapitaltransfer bietet.

---

311 Vgl. Kirchner (1991), S. 142. Zur Unterscheidung zwischen systematischem und unsystematischem Risiko vgl. Eilenberger (1990), S. 83 oder Mullins (1982), S. 107: "[W]e can divide a security's total risk into unsystematic risk, the portion peculiar to the company that can be diversified away, and systematic risk, the nondiversifiable portion that is related to the movement of the stock market and is therefore unavoidable."

312 Vgl. hier und im folgenden Kirchner (1991), S. 142ff.

313 "[D]iversification, or the reduction of unsystematic risk, should not in itself be a goal of management. It is easier and less costly for an investor to diversify by buying a portfolio of companies." (Aaker/Jacobson 1987, S. 280).

314 Vgl. Kirchner (1991), S. 144.

315 Vgl. Williamson (1990), S. 246.

Die Kapitalmärkte sind aber nicht nur uninformierter, sondern unter Umständen auch "ungeduldiger" als der Konzern. Bei Innovationen kann die "Payback-Periode" unter Umständen sehr lang sein, d.h. es vergeht relativ viel Zeit, bis die ersten Rückflüsse der Investitionen für die entsprechende Innovation eintreffen. Der Konzern verfügt über die prinzipielle Möglichkeit, Finanzmittel längerfristiger als der Kapitalmarkt zur Verfügung zu stellen. Diese Möglichkeit ergibt sich in erster Linie aus konzerninterner "Subventionierung". Diese Subventionierung setzt die Allokationseffizienz des Kapitalmarktes - bewußt oder unbewußt[316] - außer Kraft. Aus dieser Perspektive liegt das eigentliche Innovationspotential auf Konzernebene in der Unvollkommenheit der Kapitalmärkte bzw. in der organisatorischen Möglichkeit des Konzerns, Kapitalmarktfunktionen zu substituieren bzw. zu internalisieren.

(3)   Verlagerung der Konzernaktivitäten

Unterstellt man, wie bereits in Abschnitt I.2.1 dieser Arbeit erläutert, daß auch gesamte Branchen Lebenszyklen unterliegen, die zwar nicht mit einem "Tod" der Branche enden müssen, jedoch unter Umständen zu einer Stagnation führen, empfiehlt sich ein Ausweichen von "absterbenden" bzw. stagnierenden auf neue Geschäfte bzw. Branchen.[317]

Der Wechsel in eine andere Branche ist aber - folgt man Hannan und Freeman als Vertreter des deterministischen "Population Ecology Ansatzes" - nicht so ohne weiteres möglich.[318] Die beiden Autoren gehen nämlich davon aus, daß Unternehmen aufgrund ihrer "strukturellen Trägheit" in ihren "Nischen" festsitzen. Aus einer Produkt-/Markt-Perspektive betrachtet, bedeutet dies, daß die Unternehmen nicht in der Lage sind zu innovieren, da sie ihre (Produkt-/Markt-) Nische nicht verlassen können. Als Gründe für diese strukturelle Trägheit nennen Hannan und

---

316 Insbesondere wenn die Konzernführung nicht imstande ist, die "Subventionsempfänger" zu identifizieren, werden einzelne Geschäftseinheiten auch unbeabsichtigt subventioniert (vgl. Edwards 1955, S. 350f. in Kirchner 1991, S. 179).

317 Vgl. Ringlstetter (1992), S. 181f. und (1995a), S. 110, Fußnote 112. Ringlstetter nennt in Anlehnung an Dunst (1983) als Beispiel Landmaschinen, etwa Melkmaschinen oder Mähdrescher, oder aber die Stahlindustrie, deren umfassende Bedeutung als Grundstoffindustrie bereits früh durch die Erfindung des Kunststoffs und gegenwärtig durch die Keramiktechnologie immer wieder eingeschränkt wird.

318 Vgl. Hannan/Freeman (1977). Vgl. zu einem ausführlichen Überblick über den Population-Ecology-Ansatz Weinzierl (1991), S. 23ff.

Freeman bereits getätigte Investitionen in die vorhandenen Geschäfte ("sunk costs"), politische Konstellationen, die Neues verhindern, und die Gewohnheit des Alten. Darüber hinaus hindern gesetzliche Austritts- und Eintrittsbarrieren die Unternehmen daran, ihre alten Nischen zu verlassen bzw. neue zu besetzen.

Die Organisationsform des Konzerns ist nun in der Lage, diese strukturelle Trägheit zu überwinden und durch eine Veränderung des Konzernportfolios relativ einfach seine Aktivitäten von unattraktiven in attraktive Branchen zu verlegen.[319] Denn durch seine Struktur beispielsweise in Form einer Holding mit mehreren "Standbeinen" in Form von Teileinheiten und einer Zentrale als "flexiblem Kopf" kann der Konzern Geschäfte in mehreren Nischen aufbauen bzw. alte Nischen problemlos verlassen. Typisches Beispiel - wenn auch nicht gerade von Erfolg gekrönt - ist der Daimler-Konzern, der sukzessive ein Standbein nach dem anderen aufbaute.

I.5   Zwischenbilanz: Produktinnovationen, Organisationsstrukturen und Konzernpotentiale

In Teil I wurden die einzelnen Bestandteile der Thematik dieser Arbeit - Innovation, Organisation und Konzern - vorgestellt. Diese Zwischenbilanz soll nun die Ergebnisse von Teil I zunächst zusammenfassen (1), darauf aufbauend kommentieren und vor diesem Hintergrund die weitere Vorgehensweise skizzieren (2).

(1)   Zusammenfassung der (Teil-) Ergebnisse

Zunächst galt es, in Kapitel I.1 den Innovationsbegriff darzulegen und abzugrenzen, denn unterschiedliche Innovationen stellen verschiedene Anforderungen an die Organisationsstruktur. Als wesentliche Dimensionen zur Charakterisierung des Innovationsbegriffes wurden der Komplexitäts- und Neuigkeitsgrad sowie die Art der Innovation herausgearbeitet. Für die weitere Argumentation habe ich den diesbezüglichen Extremfall *komplexer radikaler Produkt*innovationen zugrunde gelegt. Die Überlegungen zu diesem Spezialfall können freilich ebenfalls auf das

---

319   Vgl. Ringlstetter (1995a), S. 105f.

Hervorbringen andersartiger, weniger komplexer und weniger radikaler Innovationen - entsprechend modifiziert - übertragen werden.

In Anschluß an diese Begriffsabgrenzungen habe ich in Kapitel I.2 versucht, die Frage nach der Bedeutung von Produktinnovationen für Unternehmen zu beantworten. Die vermehrt konstatierte Notwendigkeit von Innovationen läßt sich grundsätzlich durch technologische und marktliche Aspekte der gestiegenen Umfelddynamik erklären, die sich letztendlich in kürzeren Produktlebenszyklen niederschlägt. Aus Perspektive der Unternehmen äußert sich diese Innovationsnotwendigkeit unter Umständen in (akuten oder latenten) Krisen, die das Unternehmen aufnahmebereiter für neue Ideen und damit auch zugänglicher für Innovationen machen. Eine besondere Bedeutung für das langfristige Überleben von Unternehmen besitzen Durchbruchinnovationen, denn nur Durchbruchinnovationen können langfristig neue Märkte schaffen. Für das Hervorbringen von Durchbruchinnovationen müssen Unternehmen vorhandene Kernkompetenzen transzendieren und unter Umständen neue entwickeln. Im Extremfall liegt die Kernkompetenz respektive "Metakompetenz" von Unternehmen gerade darin, immer wieder neue Innovationen, auch jenseits ihrer Kernkompetenzen hervorzubringen. Die neu aufgebauten Kernkompetenzen können anschließend für inkrementale Innovationen genutzt werden.

Für das Hervorbringen von radikalen, komplexen Produktinnovationen sind geeignete organisatorische Vorkehrungen vonnöten. Vor diesem Hintergrund habe ich in Kapitel I.3 herausgearbeitet, daß Organisationsstrukturen kein Hindernis für Innovationen sein müssen, sie stellen vielmehr für die effiziente und effektive Hervorbringung von Innovationen eine wesentliche Voraussetzung dar.

Die Bedeutung adäquater Organisationsstrukturen bei der Hervorbringung von Innovationen wird beim eigentlichen Gegenstand dieser Arbeit, beim Konzern, besonders deutlich. Konzerne bestehen, entsprechend der in Kapitel I.4 aufgezeigten, Konzerncharakteristika aus mehreren objektorientierten Teileinheiten; sie sind also divisionalisiert. Aus diesen allgemein gehaltenen Überlegungen läßt sich ableiten, daß es sich bei Konzernen gemeinhin um größere Unternehmen handelt.[320]

---

[320] An dieser Stelle sei angemerkt, daß Konzerne nicht nur Großunternehmen, sondern auch mittelständische Unternehmen umfassen können, denn die Definition bezieht sich nicht explizit auf die Größe. Dennoch ist eine gewisse (mittlere) Größe Voraussetzung für die Existenz mehrerer Teileinheiten.

Großen Unternehmen wird von der einschlägigen Literatur a priori ein besonders großer Widerstand gegen Innovationen zugeschrieben.[321] Dennoch weist der Konzern hohe Innovationspotentiale auf, die ihn für das Hervorbringen von Innovationen gewissermaßen prädestinieren. Diese Innovationspotentiale liegen zum einen in den im Konzern vorhandenen Ressourcen, zum anderen in seiner Organisationsform begründet.

(2)   Organisationsstrukturen zur Nutzung der Innovationspotentiale des Konzerns

Eine gezielte Gestaltung der Organisationsstruktur des Konzerns kann dazu beitragen, Organisationsstrukturen zu schaffen, die nicht nur Innovationen erlauben, sondern Innovationen fördern. Welche Anforderungen an die Gestaltung derartiger Organisationsstrukturen gestellt werden, soll in Teil II dieser Arbeit herausgearbeitet werden. Zur Darlegung dieser Gestaltungsanforderungen möchte ich einen Bezugsrahmen skizzieren, der auf Überlegungen der einschlägigen Innovationsliteratur basiert bzw. letztere erweitert. Diese Skizze eines erweiterten Bezugsrahmens zu den Anforderungen an die Gestaltung innovativer Konzernstrukturen bezieht sich nicht nur auf den Spezialfall des Konzerns, sondern auch auf andere Unternehmensformen.

In Teil III werden die Bausteine einer Organisation der Innovation des reformulierten Bezugsrahmens in ihrer Bedeutung für den Konzern spezifiziert. Dabei wird wiederum an der eingangs dargestellten Ausgangssituation angeschlossen, daß Konzerne zwar einerseits inhärente Innovationswiderstände aufweisen, andererseits aber auch Innovationspotentiale bieten, die vor allem in ihrer Organisationsform begründet liegen. Durch eine gezielte Implementierung der aus dem skizzierten Bezugsrahmen abgeleiteten Innovativen Bausteine kann die Organisationsstruktur des Konzerns einen Beitrag leisten, die vorhandenen Innovationspotentiale trotz der eventuell vorhandenen Widerstände nutzbar zu machen.

---

[321]   Vgl. Mintzberg (1992), S. 171.

TEIL II: ANFORDERUNGEN AN DIE GESTALTUNG INNOVATIVER KONZERNSTRUKTUREN

Als Fazit von Teil I ist festzuhalten, daß der Konzern über spezifische Potentiale verfügt, die ihn - trotz inhärenter Innovationswiderstände - für das Hervorbringen von (komplexen und radikalen) Produktinnovationen geradezu prädestinieren. Die Grundlage für die Nutzung dieser spezifischen Potentiale liegt in einer entsprechenden Gestaltung der Organisationsstruktur. Vor diesem Hintergrund taucht die Frage auf, wie denn die Organisationsstruktur des Konzerns aussehen sollte, um Produktinnovationen hervorzubringen. Zur Beantwortung dieser Frage soll im folgenden zuerst ein Blick in die vielfältige Literatur über die sogenannte innovative Organisation geworfen werden. Dabei wird deutlich, daß sich der Großteil der Innovationsliteratur vor allem der sechziger, der siebziger, zum Teil der achtziger und vereinzelt auch noch der neunziger Jahre in einem "klassischen" Bezugsrahmen bewegt, der in Kapitel II.1 dargestellt wird. Dieser Bezugsrahmen betrachtet die Problematik der Organisation der Innovation aus einer Perspektive, die - wie zu zeigen sein wird - zwar auf den ersten Blick durchaus sinnvoll erscheint, aber bei genauerer Betrachtung vor dem Hintergrund heutiger Rahmenbedingungen gewisse Schwachstellen aufweist. So erscheint die aus diesem Bezugsrahmen abgeleitete Forderung der Organisationstheorie, die Ideengenerierung organisch und die Ideenrealisierung mechanistisch zu organisieren, einleuchtend. Bei genauerer Betrachtung weist der klassische Bezugsrahmen in seiner Einfachheit in mehrerlei Hinsicht jedoch Inkonsistenzen auf. Diese Inkonsistenzen werden als Schwachstellen des Bezugsrahmens aufgezeigt und unter anderem mit Hilfe von neuen Lösungsoptionen aus der Praxis gehandhabt. Aufbauend auf diesen Handhabungsvorschlägen, kann der klassische Bezugsrahmen erweitert werden, so daß er den Anforderungen an die Gestaltung innovativer Organisationsstrukturen entspricht (Kapitel II.2). Aufgrund dieser Anforderungen an die Gestaltung innovativer Organisationsstrukturen lassen sich vier generische Bausteine einer Organisation der Innovation skizzieren (Kapitel II.3). In der Zwischenbilanz werden die Ergebnisse dieses Teils nochmals zusammengefaßt und überblicksartig dargestellt, wie eine Synthese der vier generischen Bausteine im Ganzen aussehen könnte (Kapitel II.4).

II.1   Der "klassische" Bezugsrahmen einer Organisation der Innovation

Erste Überlegungen zur innovativen Gestaltung von Organisationen münden in einer Forderung nach sogenannten organischen, d.h. tendenziell unstrukturierten Organisationsformen, die als besonders innovationsfähig gelten (Abschnitt II.1.1). Die damit zusammenhängenden Überlegungen der einschlägigen Literatur sind als Vorläufer des "klassischen" Bezugsrahmens einer Organisation der Innovation zu bezeichnen. Die zunächst pauschale Forderung nach unstrukturierten Organisationsformen wird der Problematik jedoch nicht gerecht. Vor dem Hintergrund dieser Erkenntnis hat man den Prozeßcharakter einer Innovation in den Mittelpunkt der Betrachtung gerückt und zwei Phasen dieses Prozesses mit unterschiedlichen Anforderungen an die Organisationsstruktur identifiziert (Abschnitt II.1.2). Darauf aufbauend wurde für jede Phase eine andere Struktur gefordert. Diese Forderung nach phasenspezifischen Strukturen gilt als Quintessenz des "klassischen" Bezugsrahmens einer Organisation der Innovation.

II.1.1   Die Forderung nach einer "organischen" Organisationsstruktur

Die meisten der vielfältigen theoretischen Abhandlungen und praktischen Studien über die Organisation von Innovationen basieren auf der empirischen Untersuchung von Burns und Stalker (1).[322] Die beiden Autoren fordern eine "organische", d.h. eine im Prinzip "strukturlose" Organisation für innovative Unternehmen. Dieser Meinung haben sich mehrere Autoren angeschlossen.[323] Ähnlich argumentiert auch - 20 Jahre später - Mintzberg, der die Adhokratie als "innovativste" Organisationsform propagiert (2). Diese Forderungen nach weitgehend unstrukturierten Organisationen sind aber nicht unproblematisch (3).

---

[322]   Vgl. Burns/Stalker (1961).
[323]   So differenziert beispielsweise Riekhoff zwischen "operativen" und "innovativen Organisationen". Letztere entsprechen von ihrer Struktur her der organischen Form (vgl. Riekhof 1987, S. 15). Ein weiteres Beispiel für die Forderung nach organischen Formen ist die von Hedberg favorisierte Zeltorganisation (vgl. Hedberg et al. 1976, S. 41-65). Vgl. aber auch Johne (1984). Vgl. auch Bahrami/Evans (1987, S. 51ff.), die die innovativen Unternehmen aus dem Silicon Valley als "Stratocracies" beschreiben.

(1)   Burns/Stalker: Organische versus mechanistische Organisationen

Burns und Stalker führten Anfang der sechziger Jahre eine empirische Untersuchung über die Innovationsfähigkeit von Organisationen in der als innovativ angenommenen Elektronikindustrie durch. Infolge der empirisch gewonnenen Einsichten wiesen die beiden Kontingenztheoretiker darauf hin, daß Produktinnovationen Organisationsformen voraussetzen, die eine Anpassung an veränderte Bedingungskonstellationen ermöglichen.[324] Auf der Grundlage von empirischen Analysen identifizierten sie zwei alternative Organisationstypen - den mechanistischen und den organischen Typ. Der mechanistische korrespondiert mit dem Bürokratiemodell von Weber und zeichnet sich insbesondere durch eine steile, rigide Hierarchie, d.h. viele Führungsebenen und starke Zentralisation aus, während der organische Typ den Gegenpol verkörpert. Burns und Stalker beschreiben organische Strukturen und Systeme als geeignet für unzerlegbare und nicht hierachisch gliederbare Aufgaben, die kontinuierlich neu definiert werden müssen, d.h. also insbesondere auch für Innovationsaufgaben. Die Kommunikation zwischen den Mitarbeitern unterschiedlicher Hierarchiestufen gleicht in einer organischen Organisation eher "lateraler Konsultation"[325] als "vertikalen Befehlen"[326]. Burns und Stalker wollen das organische und das mechanistische Organisationsmodell als Endpunkte eines Kontinuums von Strukturierungsmöglichkeiten verstanden wissen.

Laut den Ergebnissen von Burns und Stalker sind in Umfeldern mit hoher Dynamik Organisationen mit einer organischen Struktur erfolgreicher, da sich die weitgehende Dezentralisation der Entscheidungen und eine dezentrale Koordination besonders innovationsfördernd auswirken. Dagegen scheinen den beiden Forschern bei stabilen Umweltverhältnissen - entgegen der oft falsch übernommenen Aussage, daß die mechanistische Form hier geeigneter sei -[327] beide Strukturtypen geeignet.

---

324   Vgl. hier und im folgenden Burns/Stalker (1977), insbesondere S. 119-122; (1. Auflage: 1961).

325   Burns/Stalker (1961), S. 6; Übersetzung durch M.M.

326   Burns/Stalker (1961), S. 6; Übersetzung durch M.M.

327   Vgl. beispielsweise zu Knyphausen-Aufseß (1995), S. 201.

(2)   Mintzberg: Adhokratie

Auch nach Meinung von Mintzberg können Innovationen nur von organischen und dezentralen Strukturen entwickelt werden.[328] Er nennt *die* "innovative Organisation", welche in der Lage ist, hochentwickelte Innovationen hervorzubringen, in Anlehnung an die von Toffler propagierte "Ad-hoc"-Organisationsform "Adhokratie".[329] Dabei bezieht er sich implizit[330] auf die organische Organisationsform, wie sie auch von Burns und Stalker eingeführt wurde.

Die Adhokratie ist komplex und nicht standardisiert. Zu ihrem Funktionieren bedarf es - so Mintzberg - professioneller Experten.[331] Jedoch geht es nicht um eine Koordination in Form von Standardisierung durch Qualifikation, denn für eine Adhokratie sind die vorhandenen Kenntnisse und Qualifikationen der Mitarbeiter lediglich die Grundlage zur Entwicklung neuer Potentiale; "[g]efragt sind innovative Problemlösungen, nicht standardisierte Arbeitsergebnisse"[332]. Angestrebt wird eine Koordination durch die Experten selbst, denn Innovation bedeutet für Mintzberg ein "Ausbrechen aus überkommenen Strukturen"[333] und damit auch aus jeglicher Standardisierung. Die innovative Organisation müsse alle Gefahren der bürokratischen Struktur, d.h. vor allem starke Arbeitsteilung oder Unterteilung in Einheiten sowie in hohem Maße formalisierte Verhaltensweisen und betonte Planungs- und Kontrollsysteme vermeiden, um flexibel zu bleiben.[334]

---

[328]   Vgl. Mintzberg (1992), S. 335ff. Mintzberg hat fünf (in späteren Arbeiten sechs) idealtypische Organisationsformen gebildet, die in wesentlich detaillierterer und operationaler Weise eine Charakterisierung realer Organisationen gestatten als das Begriffspaar organisch und mechanistisch.

[329]   Vgl. Mintzberg (1992), S. 336f. in Anlehnung an Toffler (1970). Toffler favorisiert die Adhokratie in seinem Buch "Future Shock". Der Begriff der Adhokratie leitet sich aus dem Wörtchen "ad hoc" ab und wird durch die deutsche Übersetzung (vgl. Mintzberg 1992) verfälscht.

[330]   Vgl. Mintzberg (1992), S. 337. Mintzberg bezieht sich nicht direkt auf Burns/Stalker (1961), sondern auf Lawrence/Lorsch (1967), die sich wiederum auf Burns/Stalker (1961) berufen.

[331]   Vgl. Mintzberg (1992), S. 338. Diese Experten haben laut Mintzberg ihre Qualifikationen und Kenntnisse bereits vorab in formalen Ausbildungsprogrammen erworben.

[332]   Mintzberg (1992), S. 339.

[333]   Mintzberg (1992), S. 337.

[334]   Vgl. Mintzberg (1992), S. 337f.

In der Mintzberg'schen Adhokratie gibt es weder einen beständigen Output noch eine klare Kompetenzabgrenzung oder gar klar vorgegebene Strategien. Es handelt sich um eine einfache organische Struktur, die "im höchsten Maße fließt".

(3)   Relativierende Anmerkungen

Zusammenfassend müßte der Schluß gezogen werden, daß die "organische, unstrukturierte, amorphe Adhokratie" die ideale Organisationsform für Innovationen ist. Auf den ersten Blick erscheint diese Vorstellung durchaus plausibel, denn das Festhalten an mechanistisch-bürokratischen Strukturen in dynamischen Umwelten kann als zentrales Problem bei der Implementierung von Veränderungs- und damit auch Innovationsprozessen interpretiert werden. Auf den zweiten Blick und in Anbetracht der Ausführungen in Kapitel I.3 wird deutlich, daß Innovation und Organisation kein Widerspruch sein müssen bzw. Innovationen in gewisser Hinsicht auf - wie auch immer geartete - Organisationsstrukturen angewiesen sind.

Schon Toffler - als Verfechter der Adhokratie - erkennt in den sogenannten innovativen Organisationsformen Probleme.[335] Der ständige Wechsel von Aufgabenbereichen und Arbeitsplätzen konfrontiert den Einzelnen extrem häufig mit andersartigen Problemen, einem neuen Gruppenklima und der Notwendigkeit, sich neu zu orientieren. Während zwar die Fähigkeit zur Interaktion infolge der steigenden Anforderungen an die Kooperation steigt, nimmt gleichzeitig der innere Zusammenhalt der Gruppen ab, dauerhafte Arbeits- und Sozialkontakte gehen verloren, der Einzelne wird unter Umständen orientierungslos. Kono verweist vor diesem Hintergrund auf die Tatsache, daß gerade die lange Zeit sehr innovativen Unternehmen wie IBM, Sony, Hitachi oder Canon zwar ihren Mitarbeitern gewisse Freiräume gewähren, aber dennoch klare Zielsetzungen für die Handhabung von Innovationen generieren.[336]

Folgt man Jelinek und Schoonhoven, ist eine organische Organisation absolut unbrauchbar für die Koordination, Kontrolle und Effizienz von Innovationsprozessen sowie die in diesem Zusammenhang notwendigen, zum Teil kompromißlosen Entscheidungen.[337] Ihrer Meinung nach kann nur eine eindeutige Organisations-

---

335   Vgl. Toffler (1970), S. 350.
336   Vgl. Kono (1988), S. 123.
337   Vgl. Jelinek/Schoonhoven (1990), S. 260ff. Vgl. dazu auch die Ausführungen in Kapitel I.3 dieser Arbeit.

struktur der Schlüssel zum Innovationserfolg sein. Der Grund für diese Annahme ist, daß gerade in komplexen Organisationen - also auch in Konzernen -, die sich in einem schnell wandelnden Umfeld bewegen und sich notgedrungen selbst permanent weiterentwickeln müssen, eine gewisse Stabilität bzw. Berechenbarkeit notwendig ist.[338] Die von komplexen Organisationen wahrgenommenen Aufgaben können lediglich durch ein großes Aufgebot von erfahrenen und vielseitigen Experten gemeistert werden, unterstützt von Ressourcen in Form von hochkomplizierter Ausstattung, Geld und Know-how. So belaufen sich beispielsweise die Kosten für den Aufbau einer Wafer-Produktion auf dreistellige Millionenbeträge. Ohne sorgfältige Koordination und Kontrolle können diese Prozesse nicht erfolgreich sein.[339]

Die Dynamik der Umwelt stellt also kein Argument gegen, sondern im Gegenteil für eine, allerdings adäquate Organisation dar. Nur durch Organisationsstrukturen kann eine Differenz zwischen Umfeldkomplexität[340] und (geringerer) Systemkomplexität geschaffen werden, wie sie auch die Systemtheorie Luhmann'scher Prägung fordert.[341] Ohne ein Komplexitätsgefälle zur Umwelt könnte eine Organisation als soziales System überhaupt nicht bestehen, geschweige denn sinnvoll oder gar wirksam handeln.[342] Soziale Systeme entstehen vielmehr erst, um Komplexität zu reduzieren. Sie dienen der Vermittlung zwischen "der äußersten Komplexität der Welt und der sehr geringen, kaum veränderbaren Fähigkeit des Menschen zu bewußter Erlebnisverarbeitung"[343]. Mit den Worten von Ansoff liefert eine rein organische Organisationsstruktur die Unternehmen "schutzlos" den zunehmenden Diskontinuitäten der Umwelt aus, so daß sie dort hilflos "umherirren" -

---

[338] Jelinek und Schoonhoven betonen, daß trotz der klaren Strukturen die Organisation nicht automatisch träge sein muß. Im Gegenteil: Die von ihnen untersuchten Konzerne passen sich durch häufige Reorganisationen an die geänderte Umwelt mit geänderten Problemen an (vgl. Jelinek/Schoonhoven 1990, S. 263).

[339] Vgl. Jelinek/Schoonhoven (1990), S. 260.

[340] Die Umfelddynamik stellt lediglich eine Dimension der Umfeldkomplexität dar. Vgl. dazu die Ausführungen in Abschnitt I.2.1 dieser Arbeit.

[341] Vgl. Willke (1987), S. 252.

[342] Vgl. Luhmann (1988), S. 249ff.

[343] Luhmann (1967), S. 619. Luhmann spricht in diesem Zusammenhang von Systemen als "Inseln geringerer Komplexität in der Welt" (Luhmann 1967, S. 621).

"wie ein Eichhörnchen im Käfig, das versucht seinen eigenen Schwanz zu fangen"[344].

II.1.2   Das Paradigma des organisatorischen Dilemmas

Ihre Einfachheit hat den holistischen Konzepte à la Burns und Stalker oder Mintzberg zwar zu einem hohen Verbreitungs- und Bekanntheitsgrad verholfen. Ihre pauschale Betrachtungsweise der Beziehung zwischen Organisationsstruktur und Innovationsfreundlichkeit ist der Problematik aber nicht angemessen.[345] Vielmehr muß man sich zunächst der spezifischen Charakteristika einer Innovation an sich bewußt werden, um dann spezifische innovationsfreundliche Organisationsmodule zu identifizieren. Es sollte insbesondere versucht werden, den Prozeßcharakter einer Innovation zu analysieren und hervorzuheben, denn Innovation ist kein punktuelles Geschehen, sondern ein Prozeß. Dieser Prozeß bzw. sein Modell soll im folgenden skizziert werden (1). Durch die unterschiedlichen, zum Teil gegensätzlichen Anforderungen der einzelnen Prozeßphasen an die organisatorischen Rahmenbedingungen ergibt sich ein organisatorisches Dilemma (2). Aufbauend auf diesem Dilemma, forderte die Organisationstheorie zunehmend eine organische Struktur in der Phase der Ideengenerierung und eine mechanistische Struktur in der Phase der Ideenrealisierung (3).

(1)   Der Prozeßcharakter der Innovation

Um den Innovationsprozeß in seinem Ablauf faßbar zu machen, wurden in der Literatur zahlreiche Schemata vorgeschlagen, die den Prozeß - teilweise eher deskriptiv, teilweise eher normativ - in Phasen unterteilen.[346] Derartige Phasenmodelle werden in allen sozialwissenschaftlichen Teildisziplinen genutzt, um Prozesse (gedanklich) zu strukturieren und die einzelnen Teilaufgaben eines Prozesses zu

---

344   Ansoff (1984), S. 98; Übersetzung durch M.M.

345   Es erscheint "empirisch bedenklich, eine Funktionalbeziehung zwischen Merkmalen der Gesamtorganisation [...] und etwa der Anzahl der Produktinnovationen messen zu wollen. Die Wenn- und die Dann-Komponente sind in dieser Operationalisierung so weit voneinander entfernt, daß zwischen ihnen die verschiedensten intervenierenden Variablen sein können." (Witte 1973a, S. 19).

346   Vgl. beispielsweise die Aufzählung der einzelnen Phasenmodelle bei Herzhoff (1991), S. 21ff. Vgl. auch Slappendel (1996), S. 107.

verdeutlichen. So findet sich beispielsweise schon bei Dewey eine Aufteilung des Denkaktes in fünf Phasen.[347] Seine Phasen (1. Begegnung mit einer Schwierigkeit; 2. Abgrenzung der Schwierigkeit; 3. Ansatz einer möglichen Lösung; 4. Rationale Durcharbeitung der Idee und 5. Bestätigung und endgültige Annahme der Idee) wiederholen sich in ähnlicher Form auch bei der Strukturierung des Innovations-prozesses. Die "klassischen" Phasenmodelle des Innovationsprozesses umfassen in der Regel lediglich zwei Phasen und damit zwei wesentliche Aufgabenkomplexe der Innovation:[348]

■   Ideengenerierung (Sammlung und Erzeugung von Ideen, Auswertung von Informationen etc.);

■   Ideenrealisierung (Produkt- und Markttests, Markteinführung etc.).

Zwischen die beiden Phasen ist oft noch die Ideenbewertung (Grobauswahl, Wirt-schaftlichkeitsanalyse etc.) geschaltet.[349] Es gibt aber auch umfangreichere Pha-seneinteilungen.[350] Einen Extremfall stellt sicherlich die Einteilung nach Gisser dar, der 67 Schritte anführt.[351]

Die Differenzierung in die zwei genannten Phasen bzw. Teilaufgaben ist unmittelbar anschlußfähig an das in Kapitel I.1 eingeführte Begriffspaar Invention und Innovation. Die Invention als Output der Ideengenerierung wird vor allem an

---

[347]   Vgl. Dewey (1951), S. 75ff.

[348]   Ein sehr frühes Zwei-Phasenmodell ist bei Knight (1967, S. 480) zu finden. Vgl. aber auch Meffert (1976), S. 78, Kasper (1982), S. 63 oder Gebert (1979), S. 283.

[349]   Das wohl am häufigsten zitierte Drei-Phasenmodell ist das von Thom (1980), S. 52. Vgl. aber beispielsweise auch Strebel (1983), S. 60.

[350]   Ein Beispiel für Vier-Phasenmodelle ist das Phasenschema von Montgomery und Urban (1969, S. 294) für den Entscheidungsprozeß bei der Neuprodukteinführung mit der Eintei-lung in eine Such-, eine Vorselektions- und eine Selektions- sowie eine Realisationsphase. Daneben finden sich noch beispielsweise bei Uhlmann (1978, S. 104ff.), Pessemier (1977, S. 13f.) und De Pay (1989a) Modelle mit einer Vier-Phaseneinteilung. Ein Sechs-Phasen-modell wurde von dem Beratungsunternehmen Booz-Allen & Hamilton entwickelt (vgl. Booz-Allen & Hamilton 1982, S. 3), das von vielen Autoren (vgl. beispielsweise Offermann 1985, S. 62), teilweise auf fünf Phasen verkürzt (vgl. Trommsdorff 1990, S. 8), übernom-men wurde. Acht-Phasenmodelle finden sich unter anderem bei Sabisch (1991, S. 16). Ein Beispiel für Neun-Phasenmodelle ist das Modell von Cooper (1983, S. 5). Bei vielen Auto-ren finden sich genaueste Modelle des Innovationsprozesses, die praktisch ohne jegliche Abstraktion den exakten Verlauf darstellen. Dies findet zumeist in Form von Fluß- oder Netzdiagrammen statt. Ein Beispiel für ein sehr detailliertes Flußdiagramm findet sich bei Klompmaker et al. (1976, S. 132f.), die den Innovationsprozeß für ein Konsumgut auf 27 Einzelschritte herunterbrechen.

[351]   Vgl. Gisser (1965) in Tebbe (1990), S. 18.

technischen Kriterien bewertet, die Innovation dagegen als Output der Ideenrealisierung vorwiegend an ökonomischen Kriterien.[352]

(2) Das organisatorische Dilemma

Gegen den Ansatz, Organisationen als monolithischen Block zu begreifen, wenden sich bereits 1967 Lawrence und Lorsch, die in ihrer empirischen Untersuchung sowohl die Umwelt als auch die Organisation nicht nur global, sondern desgleichen sektoral, d.h. im Hinblick auf die einzelnen Subsysteme betrachteten.[353] Sie weisen darauf hin, daß innovative Unternehmen die "Aufgabe der Innovationshandhabung" speziellen Teileinheiten - nämlich F&E-Abteilungen - übertragen. Diese besitzen dann im Vergleich zu den anderen Abteilungen, wie zum Beispiel Absatz und Produktion, eine geringere formale Strukturierung.

Den ersten und einen der wenigen Versuche überhaupt, durch ein geschlossenes theoretisches Konzept die unterschiedliche Wirkung von Organisationsstrukturen auf den Innovationserfolg in den einzelnen Prozeßphasen zu begründen, unternimmt Wilson.[354] Er kommt zu dem Schluß, daß je nach der Phase, d.h. also nach der jeweils zu erfüllenden Teilaufgabe des Innovationsprozesses unterschiedliche Organisationsformen geeigneter sind. Was für die Ideengenerierung von Vorteil ist, ist nicht unbedingt für die Ideenrealisierung nutzbringend. Hier kommt es zu einem regelrechten Dilemma, da genau entgegengesetzte Strukturtypen für die einzelnen Phasen förderlich sind. So wirkt sich nach Wilson ein hoher Grad an "organizational diversity"[355] respektive ein hoher Differenzierungsgrad zwar

---

352 Vgl. Burgelman/Sayles (1986), S. 10.

353 Vgl. Lawrence/Lorsch (1967).

354 Vgl. zu diesem Ansatz Wilson (1966), S. 193ff.

355 Wilson (1972), S. 246. Nach Wilson hängt die organisatorische Diversität vor allem von der Komplexität der Aufgabenstruktur und des Anreizsystems ab. Eine Erhöhung der Komplexität der Aufgabenstruktur bedeutet die Bildung neuer Subsysteme. Diese Differenzierung bringt laut Wilson eine Steigerung der "Subsystemloyalität" mit sich, da die Subsysteme - so seine These - mit zunehmender Selbständigkeit mehr Anreize (Gehalt, Beförderung, Stellenwechsel) verteilen. Aufgrund dieser Subsystemloyalität ist wahrscheinlich, daß das einzelne Organisationsmitglied als (potentieller) Ideengenerator in seinem Subsystem moralische Unterstützung findet, selbst wenn sein Ideenvorschlag Gefahr läuft, von der Gesamtorganisation abgelehnt zu werden. Auf der anderen Seite wird es mit zunehmender Diversität aufgrund der unterschiedlichen Interessenlagen schwieriger für das Management, diese Ideenvorschläge zu realisieren. Diese Überlegungen Wilsons und seine damit verbundenen Folgerungen gelten jedoch lediglich für die Ideengenerierung bzw. -implementierung, die die Gesamtorganisation betreffen, und dies gilt es, vor allem in Hinblick auf die hier in-

positiv auf die Generierung, hingegen aber hemmend auf die Implementierung dieser Ideen aus.

Wesentlich in bezug auf die vorausgegangene Diskussion der richtigen Form für die "innovative Organisation" ist die Erkenntnis, daß die Anforderungen an die Gestaltung des Innovationsprozesses mit den Phasen bzw. Aufgaben variieren.[356] Weder eine nur organische noch eine nur mechanistische Organisationsform kann demnach innovationsfördernd sein. *Eine* organisatorische Form kann für die unterschiedlichen Anforderungen, die der Innovationsprozeß in seinen einzelnen Phasen bzw. Teilaufgaben stellt, kein Allheilmittel sein. Notwendig sind vielmehr unterschiedliche organisatorische Lösungen für die unterschiedlichen Phasen bzw. Teilaufgaben.

(3)   Phasenspezifische Organisation der Innovation

Beeinflußt von der Wilson'schen Erkenntnis, wurde in der Literatur versucht, das organisatorische Dilemma mit der Differenzierung von mechanistischen und organischen Organisationsformen nach Burns und Stalker zu verbinden. Die prinzipiell einleuchtende Schlußfolgerung vieler Autoren lautet, daß organische Struktureigenschaften die Ideengenerierung und mechanistische Struktureigenschaften die Ideenimplementierung unterstützen.[357] Sie begründen ihre Annahme wie folgt:

> "So werden, um Widerstände und Koordinierungsprobleme zu vermeiden, Implementierungsprozesse zweckmäßigerweise innerhalb einer hierarchisch strukturierten, durch formalisierte Arbeitsanweisungen, Verhaltensregelungen und Informationsbeziehungen geprägten Organisation erfolgen. Dagegen wird die Generierung von Innovationsideen durch eine Organisationsstruktur, die Entscheidungsdezentralisation und -partizipation aufweist, begünstigt." (Gaitanides/Wicher 1986, S. 386)

Für eine entsprechende Organisation der Innovation bedeutet dies, daß für jede Phase ein anderes organisatorisches Arrangement erforderlich ist, in dem dann

---

teressierende Konzernproblematik zu berücksichtigen. Beziehen sich die Ideen nämlich nur auf Veränderungen in einem Subsystem, dann erweist sich die Diversität des Gesamtsystems für die Annahmequote von Ideen sogar als irrelevant. Es kommt dann vielmehr auf die jeweilige Struktur dieses Subsystems an.

356   Vgl. dazu auch Tebbe (1990), S. 28ff. Tebbe differenziert bei den Anforderungen an die organisatorische Gestaltung von Produktinnovationsprozessen phasenspezifische, situative und generelle Anforderungen.

357   Vgl. unter anderem Zaltman et al. (1973), S. 155, Lorsch (1982), S. 481, Gaitanides/Wicher (1986), S. 386, Tsifidaris (1994), S. 122, Galbraith (1982), S. 5ff.

jeweils die Ideengenerierung und die Ideenrealisierung separat forciert werden können. In der Literatur werden vor diesem Hintergrund verschiedene Modelle diskutiert, die sich nach Gaitanides und Wicher in zwei grundsätzliche Strategiearten - die Integrations- und die Segregationsstrategie - einteilen lassen. Bei der sogenannten Integrationsstrategie werden die beiden verschiedenen organisatorischen Arrangements innerhalb der gegebenen Organisation verwirklicht, indem die Organisationsstruktur entsprechend differenziert wird,[358] während bei der "Segregationsstrategie" eine Phase des Innovationsprozesses aus der ursprünglichen Organisation ausgelagert wird.[359] Die Begriffswahl von Gaitanides und Wicher ist allerdings irreführend. Denn auch bei der Integrationsstrategie findet eine Segregation statt, d.h. eine Trennung der Ideengenerierung und Ideenrealisierung in einen organischen und einen mechanistischen Bereich. Bei der Integrationsstrategie findet diese Trennung jedoch innerhalb der Organisation statt, d.h. beide Teilaufgaben werden in der Organisation vollzogen, während bei der Segregation eine Teilaufgabe nach außen verlagert wird.

In der Praxis spiegelt sich die Forderung einer organisatorischen Trennung der Ideengenerierung und Ideenrealisierung in der separaten Organisation einer F&E-Abteilung wider. Vor allem Großunternehmen, denen vorgeworfen wird, zu bürokratisch zu sein, führten bereits relativ früh F&E-Abteilungen ein. Die vorhandene Struktur gilt dann - ganz im Sinne des Paradigmas vom organisatorischen Dilemma - als mechanistisch und dient der Ideenrealisierung, während versucht wird, die F&E-Abteilung bewußt organisch zu gestalten. Dabei wird argumentiert,[360] daß die Essenz effektiven Produktionsmanagements Stabilität, Effizienz, Disziplin und strikte Kontrolle sei, während effektives F&E-Management Dynamik, Flexibilität, Kreativität und lockere Kontrolle erfordere. Die beiden Funktionen müssen also durch vollkommen andere Prinzipien gehandhabt werden. Entsprechend werden

---

358   Gaitanides und Wicher (1986) fassen als Integrationsstrategien die "substitutive Organisation" nach Shepard (1970), die "ambidextre Organisation" nach Duncan (1976), die "Dualbereichsorganisation" nach Daft (1978) und die "differenziert-integrative Organisation" nach Lawrence/Lorsch (1967) zusammen. Vgl. auch Wicher (1989), S. 135ff.

359   Als Segregationsstrategien bezeichnen Gaitanides und Wicher (1986) die "kollaterale Organisation" nach Zand (1974), die "duale Organisation" nach Szyperski/Winand (1979), die "innovativ-operative Organisation" nach Radosevich (1976) und das Venture-Management (vgl. dazu die Ausführungen in Abschnitt III.3.1 dieser Arbeit).

360   Vgl. kritisch zu dieser Argumentation Clark/Fujimoto (1991), S. 168.

F&E-Abteilungen vom Rest der Organisation getrennt;[361] es herrscht eine eigene "ideenfreundliche" Kultur.

II.2 Auf dem Weg zu einem erweiterten Bezugsrahmen

Innerhalb des in Kapitel II.1 dargestellten "klassischen" Bezugsrahmen einer Organisation der Innovation wurden, basierend auf den Überlegungen zum organisatorischen Dilemma, verschiedenartige Strukturen für Idengenerierung und -realisierung gefordert: Die Ideengenerierung sollte organisch und die Ideenrealisierung mechanistisch organisiert werden. Aus heutiger Sicht sind einige Schwächen des ehedem plausiblen Denkschemas zu konstatieren. Das mag unter anderem damit zusammenhängen, daß sich die Rahmenbedingungen im Lauf der Zeit geändert haben.[362] In der Praxis hat man bereits - wenn auch nur vereinzelt - erkannt, daß die Realität in gewisser Hinsicht anders aussieht, als es der dargestellte "klassische" Bezugsrahmen fordert, und entsprechend auch anders zu handhaben ist als empfohlen. Dort sind Module einer Organisation der Innovation zu finden, die mit den Lösungsoptionen des klassischen Bezugsrahmens nicht erklärt werden können. Im folgenden soll versucht werden, die Schwachstellen des klassischen Bezugsrahmens zu identifizieren und Vorschläge zu ihrer Handhabung aufzuzeigen bzw. den Bezugsrahmen im Hinblick auf neuere Einsichten und Möglichkeiten zu erweitern (vgl. zur Vorgehensweise in Kapitel I.2 Abb. 10).

Der klassische Bezugsrahmen baut auf der strikten Einteilung des Innovationsprozesses in die Phasen der Ideengenerierung und der -realisierung auf. Derartige Phaseneinteilungen stellen jedoch nur eine künstliche, mehr oder weniger willkürliche Abgrenzung dar. Diese Abgrenzung muß daher letztlich in Frage gestellt werden, auch wenn sie sich - in einer relativierten Sichtweise - durchaus als Grobraster und Denkschema für die weiteren Ausführungen eignet (Abschnitt II.2.1).

---

361 Vgl. Amara (1990), S. 144.
362 "Today's competitve situations require a more sophisticated, less dichotomous approach to stability and change than in the past." (Jelinek/Schoonhoven 1990, S. 56).

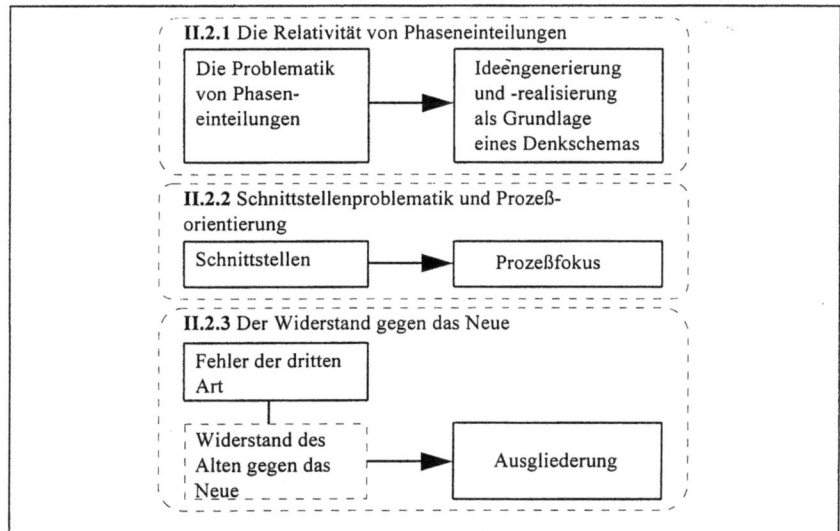

Abb. 10: *Schwachstellen des klassischen Bezugsrahmens und ihre Handhabung*

Zwischen den einzelnen - wie auch immer abgegrenzten - Phasen ergeben sich geradezu zwangsweise Schnittstellen. Diese Schnittstellen führen zu Verzögerungen und unter Umständen zu Fehlern. Sie müssen überbrückt bzw. vermieden werden, wenn alle Teilaufgaben reibungslos ablaufen sollen. Die Schnittstellenproblematik wurde in der Praxis relativ früh erkannt und dadurch gehandhabt, daß der Prozeß in den Mittelpunkt der Betrachtung gestellt wurde (Abschnitt II.2.2). Der klassische Bezugsrahmen fordert für die Ideengenerierung eine andere Form der Organisationsstruktur als für die Ideenrealisierung. Damit verfehlt er jedoch das eigentliche Problem. Das zentrale Problem liegt nicht darin, die Ideengenerierung *anders* als die -realisierung zu organisieren, sondern das Neue - unabhängig davon in welcher Phase - organisatorisch vom Alten zu trennen. Denn nur so kann man das Neue vor dem Widerstand des Alten abschirmen (Abschnitt II.2.3).

II.2.1   Die Relativität von Phaseneinteilungen

Phasenmodelle sollen - wie in Abschnitt II.1.2 unter Punkt (1) dargestellt - den Ablauf des Innovationsprozesses strukturieren und die einzelnen Teilaufgaben des Prozesses verdeutlichen. Diese Strukturierung findet in logischer, in zeitlicher und in organisatorischer Hinsicht statt (1). Dabei handelt es sich um eine Vereinfachung eines in der Realität komplexeren Tätigkeitszusammenhangs. Phasenmodelle geben eine logische Reihenfolge von Aufgaben vor, die in der Realität so nicht vorliegt, und der immer eine gewisse Willkür vorgeworfen werden kann (2). Dennoch kann - solange man sich dieser Willkürlichkeit bewußt ist - die einfache Einteilung in die Kernaufgaben Ideengenerierung und Ideenrealisierung als grobes Denkschema dienen (3).

**(1)	Logische, zeitliche und organisatorische Struktur des Innovations-prozesses**

Die Phasenschemata des Innovationsprozesses spiegeln eine Zerlegung der Gesamtaufgabe "Innovation" in mehrere Teilaufgaben wider. Dabei handelt es sich in einem ersten Zugriff um eine logische Strukturierung der Gesamtaufgabe "Innovation" in mehrere Teilaufgaben, die es erleichtern soll, diesen Prozeß bzw. die Innovationsaufgabe verständlich zu machen (a). Aus der logischen Untergliederung der Innovationsaufgabe folgt in der Regel auch eine zeitliche. Die einzelnen Teilaufgaben können zeitlich hintereinander oder parallel angeordnet (b). Werden die logisch abgegrenzten Teilaufgaben verschiedenen Organisationseinheiten zugeordnet, d.h. institutionalisiert, entsteht eine organisatorische Untergliederung der Gesamtaufgabe Innovation (c).

(a) Logische Strukurierung des Innovationsprozesses: Phaseneinteilungen sind dabei zunächst lediglich eine logische Denkstruktur. Derartige Denkstrukturen werden in der Kognitionspsychologie als "kognitive Scripts"[363] bezeichnet. Kognitive Scipts sind das gespeicherte Wissen über Sequenzen aufeinanderfolgender spezifischer Ereignisse und Handlungen.[364] Wie das Drehbuch eines Stückes skizziert ein kognitives Script die "richtige" Abfolge der in gegebenem Rahmen erwarteten Handlungen und Reaktionen. Es handelt sich gewissermaßen um eine Stereotypisierung des Innovationsprozesses, die eine schnelle Einordnung der Situation ermöglicht. Da der Mensch dazu neigt, Informationen seinem Stereotyp entsprechend zu strukturieren, führt diese Stereotypisierung leicht zu Fehlern.[365] Das

---

363	Zimbardo (1992), S. 313.
364	Vgl. Zimbardo (1992), S. 313.
365	Vgl. auch Nisbett/Ross (1980).

menschliche Gehirn ist - so auch die Grundthese des Radikalen Konstruktivismus[366] - nicht in der Lage, objektiv die Realität zu erkennen oder abzubilden.
Vielmehr werden Konstrukte der Realität angefertigt, die für den Menschen *seine*
subjektive Wirklichkeit formen und die reale Welt repräsentieren. Deswegen ist
die jeweilige Phaseneinteilung immer auch abhängig vom jeweiligen Beobachter.[367]

(b) Zeitliche Strukturierung des Innovationsprozesses: Die logische Anordnung der
einzelnen Innovationsaufgaben geht in der Regel mit einer zeitlichen Strukturierung dieser Aufgaben einher. Das bedeutet, daß die abgegrenzten Teilaufgaben
ihrer logischen Struktur entsprechend auch zeitlich angeordnet werden können.
Durch diese zeitliche Anordnung werden die Teilaufgaben strenggenommen erst
zu Phasen, denn der Begriff der Phase impliziert per se eine zeitliche Abfolge der
Teilaufgaben. In der einschlägigen Literatur wird die Unterscheidung zwischen logischer und zeitlicher Strukturierung des Innovationsprozesses vernachlässigt. In
der Regel wird implizit davon ausgegangen, daß logische und zeitliche Untergli-
derung des Innovationsprozesses miteinander übereinstimmen.

Die logische Untergliederung in Teilaufgaben muß sich jedoch nicht immer mit
der zeitlichen Untergliederung in Phasen decken. Abweichungen treten insbesondere bei solchen Teilaufgaben auf, die während ihres zeitlichen Ablaufes die Erle-
digung einer anderen Teilaufgabe benötigen und somit für den Zeitraum der Erle-
digung dieser anderen Teilaufgabe zeitlich unterbrochen werden. Es gibt auch
Teilaufgaben, die nicht zeitlich hintereinander ablaufen müssen, sondern gleichzeitig oder in umgekehrter Reihenfolge ausgeführt werden können oder sogar sollten.
Darüber hinaus sind zeitliche Rückkopplungen zwischen den Teilaufgaben möglich bzw. sinnvoll. Im Extremfall ist ein zeitlich linearer Prozeß im ursprünglichen
Sinne mit einzelnen Phasen gar nicht erkennbar.[368]

---

366 Vgl. von Glaserfeld (1985), S. 16ff.
367 Allein daran, daß die verschiedenen Phasenmodelle den Innovationsprozeß in un-
     terschiedlichster Weise mit den verschiedensten Phasen beschreiben, wird deutlich, daß
     diese Modelle die Realität nicht auf authentische Art und Weise abbilden. Eine authentische
     Wiedergabe der Realität ist aber auch nicht Sinn und Zweck von Modellen, die ja im
     Grunde genommen immer die Realität vereinfachen wollen.
368 In diesem Sinne wird der Innovationsprozeß als interaktiv, unvorhersehbar, geradezu chao-
     tisch und unsicher bis zum letzten Moment bezeichnet. Quinn legt diese Bezeichnungen für
     innovative Prozesse einem Forscher in den Mund (vgl. Quinn 1986 in Pearson 1991, S. 20).

(c) Organisatorische Strukturierung des Innovationsprozesses: Die logisch bzw. zeitlich abgegrenzten Teilaufgaben können nun verschiedenen Organisationseinheiten zugeordnet werden. Dabei wird festgelegt, wer welche Teilaufgaben des Prozesses mit wem zusammen wo erfüllen muß.[369]

Die organisatorische Untergliederung des Innovationsprozesses orientiert sich an der logischen und zeitlichen Strukturierung. So findet Souder in seiner umfangreichen empirischen Untersuchung Innovationsprozesse, die strikt nach dem Muster eines einfachen respektive "klassischen" Phasenmodelles mit fünf bis acht Phasen angelegt bzw. organisiert werden und dementsprechend ablaufen.[370] Eine derartige Institutionalisierung der Teilaufgaben kann durchaus sinnvoll sein, hängt aber zum einen von der jeweiligen logischen bzw. zeitlichen Struktur des Innovationsprozesses ab[371] und zum anderen von den internen und externen Rahmenbedingungen der Innovation. Wird beispielsweise der Innovationsprozeß logisch oder zeitlich sehr stark untergliedert, etwa in 67 Phasen respektive Teilaufgaben wie beim Phasenmodell von Gisser,[372] wäre es übertrieben ebenso 67 organisatorische Einheiten zu institutionalisieren. Unter derartigen Umständen empfiehlt es sich vielmehr, einzelne logisch abgegrenzte Teilaufgaben organisatorisch zusammenzufassen. Aber auch die internen und externen Rahmenbedingungen wirken sich auf die Art der organisatorischen Strukturierung des Innovationsprozesses aus. So kann die analoge Organisation von Innovationsprozessen nach der logischen Strukturierung in Ideengenerierung und Ideenrealisierung bei einem relativ stabilen, sicheren Umfeld, wohldefinierten Aufgaben und Innovationszielen, bekannten Märkten und bekannten Technologien durchaus sinnvoll sein.[373]

---

369 Vgl. Cooper/Kleinschmidt (1986), S. 74. Cooper und Kleinschmidt kommen in einer ihrer Untersuchungen zu dem Schluß, daß nach präzisen Schemata organisierte Innovationsprozesse erfolgreicher sind als unstrukturierte. Grund dafür ist die genauere Planung und Durchführung des Prozesses, die gewährleistet, daß jede einzelne Teilaufgabe tatsächlich durchgeführt - auf keinen Fall "vergessen" - wird.

370 Vgl. Souder (1987), S. 220ff.

371 Man denke an das Phasenmodell von Gisser mit 67 Phasen, das entsprechend 67 organisatorische Einheiten erfordern würde.

372 Vgl. dazu die Ausführungen in Abschnitt II.1.2 unter Punkt (1) dieser Arbeit.

373 Vgl. Souder (1987), S. 235.

(2) Die Problematik von Phaseneinteilungen

Wie bereits in Punkt (1) angeklungen, ist die logische Strukturierung des Innovationsprozesses in Phasen bzw. Teilaufgaben ein Konstrukt der Realität, das - mehr oder weniger authentisch - die reale Welt repräsentieren soll. Phasenmodelle haben zum Ziel, den komplexen Innovationsprozeß gedanklich zu strukturieren bzw. zu vereinfachen und nicht die Realität authentisch abzubilden. Diese (logische) Vereinfachung der Realität wird aber problematisch, sobald zeitliche und vor allem organisatorische Strukturierungen des Prozesses direkt an dem logischen Konstrukt ausgerichtet werden. Eine derart direkte Ausrichtung der Organisationsstruktur wird vom klassischen Bezugsrahmen propagiert, wenn gefordert wird, die Aufgabe der Ideengenerierung organisch und die Aufgabe der Ideenrealisierung mechanistisch, d.h. also in jeweils einer organisatorischen Einheit zu institutionalisieren.[374] Eine solche, vom klassischen Bezugsrahmen geforderte, Organisation von Innovationsprozessen kann bei wohldefinierten Aufgaben und Innovationszielen in einem relativ stabilen, sicheren Umfeld mit bekannten Märkten und bekannten Technologien durchaus sinnvoll sein.[375] Das klassische Phasenmodell verliert jedoch seine Relevanz bei der Organisation von radikalen, komplexeren Innovationen in einem sich stark verändernden Umfeld,[376] denn dann sind die Innovationsziele ungewiß, und die Innovationen in der Regel durch unbekannte Technologien und Märkte gekennzeichnet. Wenn die Komplexität der Innovationsaufgabe steigt, ist eine Organisation nach dem klassischen Phasenmodell zu grob, zu linear oder in irgendeiner anderen Weise zu realitätsfern, so daß das entsprechende Modell - im Sinne des Radikalen Konstruktivismus - nicht mehr "funktioniert" und Probleme auftauchen.[377]

---

374 "Traditional [...] product design and development has been characterized by separate functional units (such as product design and manufacturing production) that pass their new products 'over the wall' to the next isolated functional area in the development and production process. Communication among functional units is very formal, and interdepartmental boundaries limit effective communication. Each functional group sees the new product design only after the preceding group is finished with its own functional efforts." (Hunt 1993, S. 8f.).

375 Vgl. Souder (1987), S. 235.

376 Laut Hunt (1993, S. 8f.) wird der traditionelle sequentielle Produktentwicklungsprozeß zunehmend ineffizienter, je stärker Produktkomplexität, Organisationskomplexität und Globalität der Marktnachfrage steigen.

377 Vgl. Hunt 1993, S. 9.

Nach Gaitanides sind nicht nur besonders komplexe, sondern alle Produktentwicklungsprozesse durch netzwerkartige Interdependenzen gekennzeichnet, die nicht in lineare Sequenzen zu bringen sind.[378] In seinen Augen entstehen bei dem Versuch einer organisatorischen Linearisierung von Entwicklungsprozessen zwangsweise Ineffizienzen. Denn eine derartige Linearisierung kann dazu führen, daß der Innovationsprozeß "vergewaltigt" bzw. seine Komplexität "geleugnet"[379] wird, indem das komplexe Problem als ein triviales behandelt wird.[380] Ursache dieser "Vergewaltigung" bzw. "Leugnung" ist die Unkenntnis der Komplexität des Innovationsprozesses.[381]

Dies alles soll nicht bedeuten, daß der Einsatz von Phasenmodellen überflüssig oder gar falsch ist. Die Konstrukte der Realität sind nicht unabhängig von der realen Welt.[382] Sie können "funktionieren"; das Handeln auf ihrer Grundlage ist nicht notwendig zum Scheitern des Handelnden in der realen Welt verurteilt. Prinzipiell zeigen Phasenmodelle auf, welche Aufgaben im Innovationsprozeß irgendwie und irgendwann erfüllt werden müssen, um - auf "rationale" Art und Weise - eine Innovation hervorzubringen.[383]

(3)   Ideengenerierung und -realisierung als Grundlage eines Denkschemas

Die von der (klassischen) Organisationstheorie gewählte grobe Einteilung des Prozesses in Ideengenerierungs- und Ideenrealisierungsphasen bezieht sich zunächst lediglich auf die logische Unterteilung des Innovationsprozesses in Teilaufgaben. Wie bereits erwähnt, weist der von der einschlägigen Literatur gewählte Begriff der "Phase" darauf hin, daß parallel zur logischen Unterteilung eine zeitliche Unterteilung getroffen wird. Aufbauend auf der logischen und zeitlichen Unterteilung

---

378   Vgl. Gaitanides (1995), S. 73f.
379   Kirsch (1990), S. 146. Geschieht diese "Vergewaltigung" unbewußt, spricht Kirsch nicht mehr von "Vergewaltigung", sondern von einer "Leugnung" der Problemkomplexität.
380   Vgl. dazu auch Adler et al. (1996), S. 134.
381   Obwohl Jelinek und Schoonhoven unterstellen, daß eigentlich jeder Manager, der einmal an einem Innovationsvorhaben beteiligt war, sofort erkennen müßte, daß es sich bei den traditionellen sequentiellen Modellen um eine extreme Vereinfachung handelt (vgl. Jelinek/Schoonhoven 1990, S. 175f.).
382   Vgl. auch Obring (1992), S. 30.
383   So ist beispielsweise die Aufstellung eines konsistenten Konzeptes als eine der ersten Stufen bzw. Aufgaben Voraussetzung für die gesamte weitere erfolgreiche Entwicklung eines Produktes (vgl. Clark/Fujimoto 1991, S. 106).

wird dann eine organisatorische Strukturierung gefordert. Dieser "Dreischritt" (von der logischen über die zeitliche zur organisatorischen Strukturierung des Innovationsprozesses) erscheint zwar durchaus plausibel, in Punkt (1) wurde jedoch bereits darauf hingewiesen, daß die drei Strukturierungsarten sich zwar entsprechen können, aber nicht müssen. Unter Umständen ist es eben gerade nicht sinnvoll oder möglich, den logisch abgegrenzten Teilaufgaben zeitlich und vor allem organisatorisch jeweils eine Teileinheit zuzuordnen.

Bereits die Annahme, daß in einer zeitlich vorgelagerten Phase alle Ideengenerierungs- und darauffolgend alle Ideenrealisierungsaufgaben stattfinden, erscheint geradezu naiv. Es sind vielmehr bereits am Anfang des Prozesses ebenfalls Realisierungsaufgaben zu erfüllen, während beispielsweise die Prototyperstellung als typische Realisierungsaufgabe immer noch Kreativität und damit weitere Ideengenerierung erfordert. Die vom klassischen Bezugsrahmen rigoros geforderte logische und zeitliche Zweiteilung muß also relativiert werden. Es wird eben gerade nicht zuerst die eine Aufgabe und dann die andere Aufgabe erfüllt. Es handelt sich beim Innovationsprozeß um eine Art Kontinuum an dessen Anfang vermehrt Ideengenerierungsaufgaben und an dessen Ende vermehrt Ideenrealisierungsaufgaben durchgeführt werden (vgl. Abb. 11). Die einzelnen Aufgaben und Phasen des Innovationsprozesses sind je nach den Charakteristika der hervorzubringenden Innovation unterschiedlich abgrenzbar. In der Abbildung wurden beispielhaft die typischen Teilaufgaben eines Innovationsprozesses in der Automobilindustrie gewählt.[384]

---

384 Vgl. Clark/Fujimoto (1991), S. 78ff. In der ersten Phase wird das *Konzept* des zu entwickelnden Produktes aus Kundensicht beschrieben. In der sich anschließenden Phase der *Produktplanung* werden Styling, Layout, Kosten- und Investitionsziele sowie grundsätzliche technische Vorgaben festgelegt. In der *Vorentwicklungsphase* werden die Innovationsschwerpunkte des neuen Produktes vorangetrieben. Neue konstruktive oder produktionstechnische Lösungsansätze werden verfolgt, die von bisherigen Lösungen abweichen und deren Umsetzung Risiken beinhalten. In der Phase der *Hauptentwicklung* werden die Vorgaben der Produktplanung durch Konstrukteure zunächst in detaillierte Konstruktionspläne und dann in Prototypen umgesetzt. In der Phase der *Prozeßentwicklung* werden die zur Produktherstellung benötigten Fertigungsprozesse konstruiert und umgesetzt. Der Prozeßentwicklung folgt die Phase der *Pilotserienfertigung*. Parallel zum Start der Serienproduktion beginnt die *Markteinführung*.

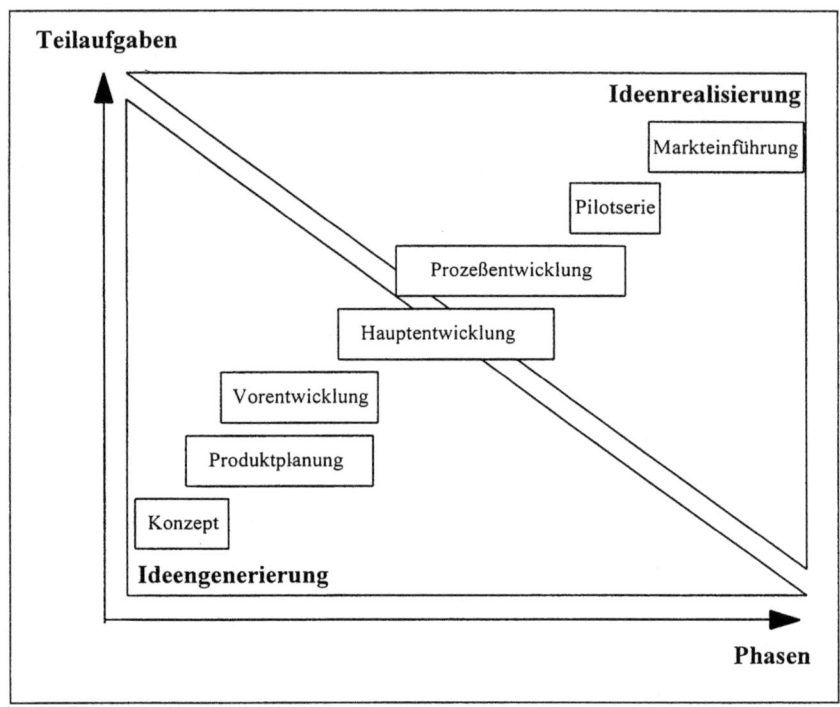

Abb. 11:   *Grobschema des Innovationsprozesses*

Die Frage nach einer adäquaten organisatorischen Strukturierung des Prozesses, d.h. einer Zuordnung der Teilaufgaben zu organisatorischen Einheiten bleibt damit noch offen. Die einzelnen Etappen des Innovationsprozesses sind je nach den Charakteristika der hervorzubringenden Innovation unterschiedlich organisatorisch strukturierbar. Wird man sich der Dreidimensionalität und Relativität von Phaseneinteilungen bewußt, können sie durchaus ein wertvolles Hilfsmittel bieten, um den Prozeß analytisch zu durchdringen und darauf aufbauend auch entsprechend zu organisieren.

II.2.2   Schnittstellenproblematik und Prozeßorientierung

Wird die Innovationsaufgabe in Teilaufgaben, Phasen oder organisatorische Einheiten aufgespalten, ergeben sich Schnittstellen. Entsprechend der in Abschnitt II.2.1 unter Punkt (1) eingeführten Unterscheidung von logischer, zeitlicher und organisatorischer Strukturierung des Innovationsprozesses, lassen sich analog logische, zeitliche und organisatorische Schnittstellen unterscheiden. Von besonders großer Relevanz sind die organisatorischen Schnittstellen, da sie real existent sind bzw. die logischen und zeitlichen Schnittstellenkonstrukte zu real existierenden Schnittstellen werden lassen. In der einschlägigen Literatur ist freilich lediglich von organisatorischen Schnittstellen die Rede. Letztere scheinen auch von besonders großer Relevanz, da sie am schwierigsten zu überwinden sind. Aus diesem Grunde möchte auch ich mich dem Problem organisatorischer Schnittstellen widmen (1). Diese Schnittstellen müssen überbrückt, am besten ganz vermieden werden (2).

(1)   Schnittstellenproblematik

Der "klassische" Bezugsrahmen, der den Innovationsprozeß lediglich grob in die beiden Aufgaben bzw. Phasen der Ideengenerierung und -realisierung einteilt, fordert, daß diese beiden Teilaufgaben in verschiedenen organisatorischen Bereichen stattfinden, die, auf ihren jeweiligen Teilaspekt spezialisiert, organisatorisch voneinander getrennt arbeiten. Institutionalisiert man die beiden Kernaufgaben der Ideengenerierung und der Ideenrealisierung in zwei getrennte organisatorische Bereiche, wie es in der Praxis beispielsweise durch die Auslagerung der Ideengenerierungsaktivitäten in eine F&E-Abteilung geschieht, entstehen logische, zeitliche und insbesondere organisatorische Schnittstellen, die überbrückt werden müssen.[385] Die Differenzen zwischen den Einheiten sind jedoch nicht nur auf die künstlich geschaffenen Einheiten, basierend auf den künstlich abgegrenzten Aufgaben bzw. Phasen zurückzuführen, sondern ebenfalls auf den "Eigensinn" der Bereiche, die für Ideengenerierung und -realisierung zuständig sind (a). Untergliedert man den Innovationsprozeß in mehr als die genannten zwei Phasen, ergeben sich zwar mehr Schnittstellen, die einzelnen Differenzen zwischen den Bereichen werden aber kleiner und sind damit leichter zu überwinden (b). Auch die einschlägige Literatur hat Vorschläge für die Schnittstellenprobleme gegeben (c).

---

[385] "Unhappily there is antagonism between these camps [those that generate ideas and those that adapt]. Without trust and mutual support few can operate across the multiple Berlin Walls of the professions." (Henry/Walker 1991, S. 4).

(a) Eigensinnproblematik: Eigensinn bedeutet zum einen, daß eine organisatorische Einheit über eine eigene Logik verfügt, d.h. inkommensurabel ist.[386] Übertragen auf die Institutionalisierung der Ideengenerierungs- und Ideenrealisierungsaufgaben bedeutet dies, daß sich die Sichtweisen der "Welt der Forschung" und der "Welt des Managements und Marketings" gegenüberstehen.[387] So stellt Brockhoff in seiner empirischen Untersuchung fest, daß selbst hinsichtlich so bedeutender Grunddaten wie der Identifikation der drei wichtigsten Wettbewerber keine Übereinstimmung zwischen diesen Bereichen zu erzielen war.[388] Aus dieser Inkommensurabilität folgt, daß die Erwartungen der einen Einheit an die andere Einheit von letzterer als unrealistisch oder gar unmöglich empfunden werden. In der Inkommensurabilität müssen allerdings nicht nur Nachteile liegen. Es kann vielmehr von Vorteil sein, die Dinge aus unterschiedlichen Blickwinkeln zu betrachten. Nützlich wird ein derartiger Kontextpluralismus aber nur dort, wo alternative Meinungen und Kontexte zugelassen werden und Übersetzungen zwischen den verschiedenen Sprachen gelingen.[389] Da jedoch oft das "qualvolle" Übersetzen die volle Tiefe der Kontexte nicht mit übernehmen kann, setzt erfolgreiche Kommunikation zwischen den Bereichen eine Vertrauensbasis zwischen den Beteiligten voraus. Das erweist sich in der Praxis als äußerst problematisch. So stellt Souder in seiner empirischen Studie fest, daß gerade die schwerwiegendsten Schnittstellenprobleme aus lange zurückliegenden Vertrauenskrisen resultieren und die Geschichte des ursprünglichen Anlasses unter Umständen über Jahre hinweg im jeweiligen Bereich als Mythos weiterlebte.[390]

Eigensinn bedeutet zum zweiten, daß die beiden Bereiche ihre eigenen Interessen verfolgen. Der Forscher - um bei meinem Beispiel zu bleiben - wünscht sich insbesondere Anerkennung seiner wissenschaftlichen Leistungen, der Manager oder Marketier mehr Gewinn oder Umsatz. Empirische Untersuchungen konnten diese oft postulierten Interessenunterschiede allerdings nicht signifikant nachweisen. So können Gupta et al. in einer Umfrage nur einen einzigen Unterschied zwischen Forschern und Marketing- bzw. Vertriebsmitarbeitern belegen. Dieser Un-

---

386   Vgl. dazu auch die Ausführungen in Abschnitt I.4.2, Punkt (1) dieser Arbeit.
387   Vgl. Servatius (1986), S. 102.
388   Vgl. Brockhoff (1989), S. 44f. und 84f.
389   Vgl. Kirsch (1992), S. 488f.
390   Vgl. Souder (1981), S. 67ff.

terschied liegt in der eher langfristigen Sichtweise der Arbeit von Forschern im Gegensatz zur kurzfristigen Orientierung ihrer Kollegen in Marketing und Vertrieb.[391] Dieser schwache empirische Befund mag darauf zurückzuführen sein, daß sich die Probleme häufig auf einer eher subtilen irrationalen und emotionalen Ebene abspielen. Beispielsweise herrscht im naturwissenschaftlich-technischen Bereich oft ein Elitedenken: "It's easier for [a technologist] to learn about finance or law than it is for a lawyer to learn about microprocessors"[392]. Gleichzeitig löst die häufig anzutreffende Praxis, Produkterfolge vor allem dem Marketing zuzurechnen, bei der F&E Neid- und Konkurrenzgefühle aus. Der Vorschlag, beide an einen Tisch zu holen, reicht zur Lösung derartiger Probleme nicht aus.

(b) Erhöhung der Phasenanzahl: Wird der Innovationsprozeß organisatorisch in mehr als die zwei klassischen Bereiche untergliedert, bedeutet das in einem ersten Zugriff mehrere zu überwindende organisatorische Schnittstellen respektive Probleme. Denn für jede Schnittstelle treten "Schnittstellenüberwindungskosten", d.h. Abstimmungskosten zwischen den organisatorischen Bereichen auf. Auf der anderen Seite können durch die Zwischenschaltung mehrerer organisatorischer Einheiten die Differenzen des Eigensinns zwischen den aufeinanderfolgenden Einheiten reduziert werden, d.h. der Eigensinn wird sukzessive verringert. Eine Erhöhung der organisatorischen Einheiten erhöht dann zwar die Schnittstellen, verringert aber die jeweiligen Schnittstellenprobleme an den einzelnen Transferpunkten. Letzteres führt zu einer "Kostenersparnis", die mit zunehmender Anzahl von organisatorischen Einheiten geringer wird. Durch (subtraktive) Gegenüberstellung der beiden Effekte die optimale Schnittstellenzahl ermitteln zu wollen, wäre voreilig, da sie lediglich einen Ausschnitt des gesamten Schnittstellenproblems erfassen.[393]

(c) Handhabungsversuche der Schnittstellenproblematik: Die einschlägige Literatur hat auf die mit den Schnittstellen verbundene Problematik des öfteren hingewiesen und vereinzelt versucht, Handhabungshinweise zu geben.[394] So wird bei-

---

391   Vgl. Gupta et al. (1986), S. 21f. Diese Ergebnisse decken sich mit den Studien von Harrison (1980), S. 77 und Twiss (1986), S. 201ff.

392   George Fisher, CEO Motorola zitiert in Avishai/Taylor (1989), S. 110.

393   Insbesondere die Abstimmungskosten stellen lediglich einen Teil der Gesamtkosten des Schnittstellentransfers dar.

394   Vgl. beispielsweise Souder (1987), S. 221.

spielsweise empfohlen, die Übergabe einer Technologie an einer organisatorischen Schnittstelle formal durch Unterschrift zu bestätigen. Die übergebende Stelle befreit sich damit von aller weiterer Verantwortung für die Innovation, und die entgegennehmende Stelle übernimmt alle weitere Verantwortung dafür. Die Verantwortlichkeiten sind sowohl in ihrem Umfang als auch zeitlich inklusive Übergabemodalitäten klar definiert.

Das Problem dieser Vorgehensweise ist, daß das Gefühl der Verantwortung für das Ganze auf der Strecke bleibt. In diesem Sinne vergleicht Hunt die isolierten Beiträge der einzelnen Einheiten zum Innovationsvorhaben mit dem Musizieren eines Orchesters ohne Dirigenten.[395] Die einzelnen Musiker mögen ihr Instrument noch so virtuos beherrschen, solange sie sich nicht alle auf das gemeinsam zu spielende Musikstück konzentrieren, wird die Symphonie zu wünschen übriglassen. Die phasenübergreifende Zusammenarbeit zwischen den Bereichen funktioniert jedoch nicht automatisch. So ist für Teilnehmer am klassischen Phasenmodell von zentraler Bedeutung, ob ein Arbeitsschritt in ihren Verantwortungsbereich fällt oder in einen anderen.[396] Die Konsequenz dieser Art der Organisation des Innovationsprozesses ist - so Souder - das Ende des "emotional commitment and the sense of responsibility for the future"[397]. Dieses emotionale Commitment und die entsprechende Verantwortung werden in die einzelnen Phasen verbannt. So etwas wie Feedback oder Rückfragen oder gar eine nochmalige Bearbeitung sind in der Regel nicht vorgesehen.[398]

(2)   Schnittstellenüberbrückung und -vermeidung durch Prozeßfokus

Tatsächlich verlief der Produktinnovationsprozeß in der Praxis früher in den meisten Unternehmen in einzelnen aufeinanderfolgenden Phasen - wie ein "4x400-Meter-Lauf"[399]. Diese Praxis resultierte daraus, daß die zeitliche Strukturierung der logischen folgte und auf der zeitlichen wiederum die organisatorische aufbaute. In den achtziger Jahren wurde inbesondere von hochtechnologischen Unternehmen

---

395   Vgl. Hunt (1993), S. XVII.
396   Vgl. Souder (1987), S. 221.
397   Souder (1987), S. 221.
398   "Once transferred, a technology is not expected to ever return to a prior phase or to a prior organizational entity." (Souder 1987, S. 221).
399   Crawford (1992), S. 298.

jedoch erkannt, daß der gesamte Ablauf zum einen sehr lange dauert, wenn alle Tätigkeiten des Innovationsprozesses (zeitlich) aufgeteilt in einzelne Phasen hintereinander ablaufen, und zum anderen ergaben sich die genannten (organisatorischen) Schnittstellenprobleme. Diese Schnittstellenprobleme verlangsamen den Prozeß zusätzlich und gefährden sowohl Qualität als auch die spätere Möglichkeit einer kostengünstigen Herstellung, da die Produktion viel zu spät in den Entwicklungsprozeß involviert wurde - von den verpaßten Chancen durch den verspäteten Markteintritt ganz zu schweigen.[400] Die Antwort der Praxis auf diese Probleme lautete schon früh: "Simultaneous Engineering" (a). Ein ähnlicher Prozeßfokus findet sich auch im "Reengineering-Ansatz" (b).

(a) "Simultaneous Engineering": Beim "Simultaneous Engineering" arbeiten die verschiedenen Funktionsbereiche von Anfang an zusammen und bringen ihr spezielles Wissen jeweils parallel in den Ablauf des Innovationsprozesses ein.[401] Zunächst handelt es sich lediglich um die gleichzeitige Entwicklung von Produkt und Produktionsprozeß. Dadurch, daß noch während der Produktentwicklung die dazugehörigen Produktionsanlagen und Werkzeuge entwickelt wurden, versuchte man, den Innovationsprozeß zu verkürzen und Fehler bei der Entwicklung aufgrund mangelnder Abstimmung mit der Produktion zu vermeiden.[402] Wesentliche Fortschritte der Prozeßverbesserung resultieren aus den modernen Informations- und Kommunikationstechnologien, ohne die eine prozeßorientierte Organisation nicht zu verwirklichen wäre.[403] Im Lauf der Zeit entwickelte sich Simultaneous Engineering von einer Methode zur "Philosophie", die auf allen Stufen des Innovationsprozesses unter Einbezug aller Beteiligten systematisch zu besseren und schnelleren Innovationen führte.

---

[400]   Vgl. Brockhoff (1994), S. 33.
[401]   Arbeiten alle Funktionsbereiche, wie Marketing, Produktion und F&E, während des ganzen Prozesses zusammen, spricht Schmidt-Tiedemann vom "Konkomitanzmodell" (Schmidt-Tiedemann 1988, S. 19). Vgl. auch Schmidt-Tiedemann (1992).
[402]   Vgl. Gerpott (1990), S. 3.
[403]   So bezeichnen Kaplan/Murdock (1991, S. 29) moderne Informations- und Kommunikationstechnologien auch als "key enabler" prozeßorientierter Reorganisationen. Vgl. zur Rolle moderner Informationstechnologien bei der Neugestaltung von Geschäftsprozessen auch Hammer/Champy (1994, S. 112ff.) In letzter Zeit wird die Rolle moderner Technologien in Reengineering-Prozessen allerdings eher zurückhaltend beurteilt (vgl. Dixon et al. 1995, S. 106 und 112f.).

Insgesamt lassen sich aus der unübersichtlichen Literaturbasis, die zum großen Teil auf Praktikerbeiträgen beruht,[404] vier - eng verknüpfte - Aussagen des Simultaneous Engineering herauskristallisieren:[405] Hauptprinzip ist die Parallelisierung von Aktivitäten, die eine - und das ist das zweite Prinzip - Vorverlagerung von Erkenntnisprozessen vom Ende an den Anfang des Innovationsprozesses und (drittens) eine entsprechende Integration der Aktivitäten erfordert. Ziel ist (viertens) eine Beschleunigung des gesamten Prozesses.

■   Bei sequentieller Vorgehensweise verrichtet jede auf die jeweilige Phase spezialisierte Teileinheit bzw. Abteilung ihre Arbeit und gibt in letzter Konsequenz ihr endgültiges Ergebnis an die nächste Teileinheit weiter. Beim Simultaneous Engineering dagegen werden - vor dem Hintergrund des Prinzips einer *Parallelisierung von Aktivitäten* - alle von den Folgen der Entwicklung Betroffenen möglichst früh integriert. Takeuchi und Nonaka nennen als Beispiel die "Sashimi-Methode" von Fuji-Xerox. Sashimi sind Scheiben von rohem Fisch, die so angerichtet sind, daß sie sich gegenseitig überlappen.[406] Im Extremfall laufen alle Innovationsaktivitäten parallel.[407]

■   Durch die Parallelisierung der Aktivitäten findet beim Simultaneous Engineering eine *Vorverlagerung von Erkenntnisprozessen* vom Ende an den Anfang des Innovationsprozesses statt. Bei der sequentiellen Vorgehensweise steigt der Erkenntnisgewinn zum Ende an; erst bei der Erstellung des Prototypen oder einer Nullserie treten Erkenntnisse in Form von Problemen und Fehlkonstruktionen zutage. Bedenkt man, daß der Verlauf bzw. der Output

---

404   Vgl. z.B. Ford (1989), Schuppar (1991).
405   Vgl. hierzu und im folgenden Castiglioni (1994), S. 15 in Anlehnung an Wildemann (1992), S. 20ff. Castiglioni nennt allerdings fünf Leitprinzipien. Das fünfte Prinzip erscheint in meiner Wahrnehmung an dieser Stelle weniger wichtig und soll deshalb vernachlässigt werden. Es handelt sich um den Versuch, den planbaren Anteil am Innovationsprozeß zu erhöhen. Durch den Zeitgewinn verbessert sich nämlich - so die Verfechter des Simultaneous Engineering-Ansatzes - bei sinkenden Risiken die Planbarkeit des Innovationsvorhabens. Auf der anderen Seite steigen mit der Parallelisierung der Aktivitäten die Risiken, da bereits von Anfang an alle Aktivitäten eingeleitet werden, die dann zumindest teilweise unter Umständen später zu korrigieren oder gar überflüssig sind.
406   Vgl. Takeuchi/Nonaka (1986).
407   Teece spricht in diesem Zusammenhang vom "parallel model" (Teece 1989, S. 36).

einer Innovation insbesondere am Anfang durch das Management noch beeinflußt werden kann, wird die damit verbundene Problematik deutlich.[408]

■ Die zeitgleiche Abwicklung kann zwar den Innovationsprozeß verkürzen, aber solange die Produktentwickler weiterhin ihre Pläne nur "über die Mauer" zu den Prozeßingenieuren werfen, die ihre Arbeit bereits mehr oder weniger blind begannen,[409] ist damit noch nicht viel gewonnen. Die Parallelisierung der einzelnen Innovationsaktivitäten erfordert eine neue, bessere Art der Kommunikation bzw. *Integration der Aktivitäten*. Erst dadurch können Störungen im Innovationsprozeß abgefangen werden. Um einer Fragmentierung des Wissens entgegenzuwirken, muß eine enge funktionsübergreifende Zusammenarbeit so frühzeitig wie möglich beginnen.[410] Dabei geht es um die zeitliche Abstimmung der Beteiligten und um die Kommunikation zwischen ihnen.[411] Clark und Fujimoto kommen zu dem Schluß, daß zum (erfolgreichen) Hervorbringen von Innovationen eine Kommunikation in Form "integrierten Problemlösens"[412] notwendig ist.[413] Idealtypisch beschreiben sie diese Art der Kommunikation zwischen den Beteiligten als "face-to-face", "piece-by-piece" und "bilateral"[414]. Realisiert wird das Simultaneous Engineering durch die interdisziplinäre Zusammenarbeit von Entwicklern, Fertigungsingenieuren, Produktionsmittelherstellern, Wartungstechnikern usw., die in sogenannten Simultaneous-Engineering-Teams zusammenarbeiten.[415] Durch diese Teams sollen die Schnittstellen zwischen den Funktionen reduziert bzw. von Anfang an vermieden werden. Weitere Ausführungen dazu finden sich in Abschnitt II.3.1 dieser Arbeit.

■ Als wesentliches Ziel des Simultaneous Engineering wird die *Beschleunigung des Prozesses* genannt. Der Anteil der tatsächlichen Bearbeitungszeit an der Gesamtdurchlaufzeit in traditionellen sukzessiven Innovationspro

---

408 Vgl. Wheelwright/Clark (1992), S. 33.
409 Vgl. Clark/Fujimoto (1991), S. 215f.
410 Vgl. auch Heine (1995), S. 186ff.
411 Vgl. Clark/Fujimoto (1991), S. 206.
412 Clark/Fujimoto (1991), S. 206; Übersetzung durch M.M.
413 Vgl. Clark/Fujimoto (1991), S. 206.
414 Clark/Fujimoto (1991), S. 211.
415 Vgl. Schmelzer (1992), S. 40f.

zessen liegt bei etwa zehn Prozent und besteht vor allem aus den Tätigkeiten Entwerfen, Lesen, Verdichten, Detaillieren, Umformen usw.[416] Die restlichen 90 Prozent gehen auf "nicht wertschöpfende" Tätigkeiten zurück, wie das Warten auf fehlende Informationen, das Bearbeiten anderer Vorgänge, Rückfragen, das Beheben mangelnder Sachmittelverfügbarkeit und Kapazitätsengpässe, Übertragungszeiten usw. Durch die Integration aller Beteiligten beim Simultaneous Engineering können die Liege- und Bearbeitungszeiten stark verkürzt bzw. der gesamte Prozeß beschleunigt werden.[417]

(b) "Reengineering-Ansatz": Die Idee, Prozesse in den Mittelpunkt der Betrachtung zu stellen, ist keineswegs neu. So wurde bereits 1934 von Nordsieck systematisch das Denken in Prozessen behandelt.[418] 60 Jahre später wurde der Prozeßgedanke vom Reengineering-Ansatz wieder aufgegriffen, mit Hilfe der Unternehmensberater propagiert[419] und von vielen, vor allem amerikanischen Unternehmen wie Motorola, UPS, Xerox[420] - allerdings nicht immer mit dem erhofften Erfolg -[421] implementiert.[422]

In der Literatur zum Reengineering wird die organisatorische Strukturierung (nicht nur) des Innovationsprozesses nach Teilaufgaben in dreifacher Hinsicht kritisiert.[423,424] Zum einen unterbreche sie Arbeitszusammenhänge künstlich, zum

---

416   Vgl. hierzu Castiglioni (1994), S. 13 in Anlehnung an Zangl (1990), S. 9 und Augustin (1990), S. 54.

417   Diese Art der "holistischen Entwicklung" gestattet eine drastische Verkürzung der Entwicklungszeiten (vgl. Takeuchi/Nonaka 1986).

418   Vgl. Nordsieck (1934).

419   Laut Kutschker (1995b, S. 3) haben Beratungsunternehmen mit diesem Konzept bereits Milliardenbeträge verdient.

420   Vgl. Hunt (1993), S. 5.

421   Vgl. beispielsweise den Überblick bei Hall et al. (1994).

422   Vgl. dazu Hammer/Champy (1993), Hammer/Champy (1994), Champy (1995), Davenport (1993), Davenport/Short (1990).

423   Vgl. zur konkreten Anwendung der Reengineeringgedanken auf den Produktentwicklungsprozeß beispielsweise Hunt (1993), S. 6 oder Scholz/Müffelmann (1995), S. 80ff.

424   Als Zielsetzung des Reengineering-Konzeptes bei der Produktentwicklung wird pauschal eine "deutliche Verbesserung der Prozeßqualität mit entsprechender Kunden- und Kostenwirkung" (Scholz/Müffelmann 1995, S. 81) genannt. Der Produktentwicklungsprozeß wird funktionsübergreifend auf seine originäre Leistung, d.h. die Erstellung eines Produktes ausgerichtet. Dazu wurden alle Funktionen, die vollständig oder teilweise der Produktentwicklung zugeordnet werden konnten, im neugestalteten Produktentwicklungsprozeß zusammengefaßt. Scholz/Müffelmann (1995, S. 81) differenzieren zwischen drei Funktionen: *Erstens*, Funktionen, die vollständig der Produktentwicklung zugeordnet werden können (z.B. Kon-

zweiten rufe sie (organisatorische) Schnittstellen hervor, und zum dritten behindere sie die Durchführung kompletter Unternehmensprozesse.[425] Diese drei Kritikpunkte sind unmittelbar anschlußfähig an die unter Punkt (1) genannten Schnittstellenprobleme vor dem Hintergrund des "klassischen" Bezugsrahmens. Als Allheilmittel wird von den Verfechtern des Reengineering-Ansatzes - ähnlich wie vom Simultaneous Engineering - nun eine Prozeßorganisation vorgeschlagen. Dabei sind unterschiedliche Ausprägungen denkbar.[426] Im Extremfall werden alle Tätigkeiten anhand betrieblicher Prozesse definiert. Dazu werden sogenannte "Prozeß-" oder "Caseteams" gebildet, die zusammen einen gesamten Geschäftsprozeß bewältigen. Innerhalb des Caseteams kann durchaus die klassische verrichtungsorientierte Arbeitsteilung beibehalten werden. Die Abstimmung der Leistungsverflechtungen innerhalb des Teams wird aber als wesentlich einfacher eingeschätzt als eine bereichsübergreifende Koordination. Diesen Arbeitsgruppen sind sämtliche sie selbst betreffende Entscheidungen und Verantwortungen überlassen.[427]

II.2.3 Fokusverschiebung: "Organisch und mechanistisch" oder "alt gegen neu"

Der Lösungsansatz der Organisationstheorie, aufbauend auf der logischen Unterteilung des Innovationsprozesses in die Teilaufgaben der Ideengenerierung und der Ideenrealisierung und der darauf basierenden zeitlichen Unterteilung, eine organisch strukturierte Teileinheit für die Ideengenerierung und eine mechanistisch strukturierte Teileinheit für die Ideenrealisierung zu organisieren, scheint zunächst plausibel und einfach. Bei genauerer Betrachtung weist diese Einfachheit jedoch

---

struktionsabteilung), *zweitens*, Funktionen, die zwar auf die Produktentwicklung ausgerichtet waren (z.B. Zukaufsabteilung für Fertiggeräte), aber auch Tätigkeiten für andere Prozesse ausüben (z.B. Ersatzteilbeschaffung für Fertiggeräte), und *drittens*, Funktionen, die vor allem in anderen Prozessen arbeiten, aber auch die Produktentwicklung beeinflussen (z.B. Arbeitsvorbereitung in der Produktion).

425   Vgl. Gaitanides (1995), S. 71.

426   So lassen sich bereits nach Hammer und Champy (1993, S. 32ff.) drei Ausprägungen des Wandels unterscheiden: fundamentaler, radikaler und dramatischer Wandel. Gaitanides (1995, S. 69ff.) differenziert zwischen einem Verbesserungs- und einem tiefgreifenden Veränderungskonzept.

427   Vgl. McGill/Slocum (1996), S. 98.

Probleme auf. Diese Probleme wurden bis jetzt einerseits mit der Relativität bzw. Willkür der Phaseneinteilungen und andererseits mit der damit verbundenen Schnittstellenproblematik begründet. Diese zwei Gründe und die daraus resultierenden Probleme können einerseits durch das Bewußtsein dieser Willkür und andererseits durch einen Prozeßfokus behoben werden. Es ergibt sich jedoch ein weiteres Problem, das vor dem Hintergrund des klassischen Bezugsrahmens nicht gehandhabt werden kann, denn es liegt "quer" zu diesem Bezusgrahmen und wird daher nicht von ihm erfaßt. Das eigentliche Problem der Organisation der Innovation liegt nämlich nicht darin, daß die Ideengenerierung *anders* als die Ideenrealisierung organisiert werden muß. Es handelt sich also gewissermaßen um einen Fehler der dritten Art[428] (1). Es geht vielmehr darum, das Neue - egal in welcher (ohnehin künstlich abgegrenzten) Phase - vor dem Widerstand des Alten, des Etablierten abzuschirmen (2). Die auf den Vollzug der laufenden Geschäftstätigkeit ausgerichtete Organisationsstruktur ist mit der Hervorbringung von Durchbruchinnovationen überfordert, denn der Widerstand gegen das Neue ist sehr hoch. Es werden fünf Probleme genannt, die diesen Widerstand verursachen und verstärken. All diese Gründe sprechen dafür, den gesamten Innovationsprozeß zu separieren - ebenso wie man sich Jahrzehnte vorher dazu entschieden hat, die Ideengenerierung in Form von F&E-Abteilungen auszugliedern und mit einer entsprechenden Eigenständigkeit auszustatten. Die organisatorische Eigenständigkeit kann durch die Begriffe der Autonomie und Autarkie charakterisiert werden (3).

(1)　Fehler der dritten Art

Eine fließende, dezentrale und partizipative Organisationsstruktur für die Ideengenerierung auf der einen und eine hierarchische, formalisierte Organisationsstruktur für die Ideenrealisierung auf der anderen Seite erscheint - zumindest auf den ersten Blick - plausibel. Diese Sichtweise stellt sich jedoch als zu einfach heraus.

Zum einen ist eine organische Organisation nicht ausreichend für die Ideengenerierung, da vom ersten Moment an Widerstände im Rahmen des Innovationspro-

---

428　Während bei einem Fehler der 1. Art ein Zusammenhang zwischen Variablen angenommen wird, obwohl er nicht existiert und bei einem Fehler der 2. Art dieser Zusammenhang existiert, aber verworfen wird (vgl. Friedrichs 1990, S. 389), wird bei einem Fehler der 3. Art der falsche Zusammenhang behandelt bzw. eine falsche Hypothese formuliert (vgl. Kimball 1957, S. 133ff.).

zesses überwunden werden müssen. Strebel nennt als Beispiel schon in der F&E-Abteilung verworfene Ideen, die allein aufgrund der innovationsspezifischen Unsicherheit über den Eintritt zukünftiger Erfolge bereits von den Forschern selbst verworfen und nicht einmal in der F&E-Abteilung bekannt werden.[429] Ausreichend für die Offenlegung dieser Ideen ist eine organische "Adhoc-Organisation" nicht. So fanden Jelinek und Schoonhoven im F&E-Bereich der von ihnen untersuchten innovativen Konzerne in der Halbleiterindustrie weniger organische, sondern vielmehr straff durchorganisierte Einheiten mit deutlichen Berichtssystemen und klaren hierarchischen Regeln.[430] Auch die Ideengenerierung muß effektiv und effizient koordiniert und kontrolliert werden.[431] So kommen Paoillo und Brown in einer empirischen Untersuchung von F&E-Abteilungen zu dem Schluß, daß die relativ "innovativeren" F&E-Abteilungen besser gemanagt werden.[432] Gerade in den F&E-Abteilungen sind klare Ziele erforderlich sowie knappe Ressourcen zu allokieren. Die Forscher müssen den prozessualen Ablauf einer Innovation kennen und entsprechende Ansprechpartner haben. So wird laut Clark und Fujimoto die effektive Organisation der Innovation der Gegenwart nicht nur durch Kreativität und Freiräume charakterisiert, sondern zu allererst durch Disziplin und Kontrolle der Zeiteinhaltung, Ressourcennutzung und der Produktqualität.[433]

Zum anderen sind für die Ideenrealisierung lange Entscheidungswege, verkrustete Strukturen à la mechanistischen Organisationen nach Burns und Stalker nicht von Vorteil. Gerade der Aufbau neuer Geschäfte erfordert flexible Anreizsysteme und Strukturen.[434] So kann Seidel bereits 1978 die Annahme der Überlegenheit autoritärer Führung und formalisierter Systeme auf Grundlage seiner Literaturauswertung nicht bestätigt finden.[435]

---

429 Vgl. Strebel (1990), S. 171.
430 "Far from unstructured adhocracies, we found universally explicit reporting relationships and clear hierachies. Executives, managers, and engineers knew and told us who their bosses were, who their bosses' bosses were, who their reporting subordinates were, and who their organizational peers were at equivalent hierachical levels in relevant other units. There was simply no evidence of amorphous reporting, unclear hierarchy, or fuzzy job responsibilities." (Jelinek/Schoonhoven 1990, S. 256).
431 Vgl. Dougherty (1992, S. 89), die darauf hinweist, daß beispielsweise in den Projektgruppen der F&E klare Ziele vonnöten sind.
432 Vgl. Paolillo/Brown (1978), S. 14 und Maidique/Zirger (1985), S. 300.
433 Vgl. Clark/Fujimoto (1991), S. 169.
434 Vgl. beispielsweise Doz et al. (1986), S. 15.
435 Vgl. Seidel (1978), S. 264.

Zusammenfassend kann gesagt werden, daß zwar - wie oben erörtert - je nach Teilaufgabe bzw. Phase des Innovationsprozesses andere Anforderungen an die Organisationsstruktur gestellt werden und damit jeweils unterschiedliche organisatorische Arrangements sinnvoll erscheinen, daß aber die pauschale Zuordnung der beiden Organisationsformen von Burns und Stalker zu den einzelnen Phasen dem eigentlichen Problem nicht gerecht wird. Die Aufgliederung in organische und mechanistische Bereiche zur Generierung und Realisierung von Ideen trifft nicht das eigentliche Problem der Organisation von Innovationen. Dieses liegt vielmehr im Widerstand des Alten gegen das Neue.

(2)   Widerstand des Alten gegen das Neue

Das Neue stößt auf Widerstand, denn es ist per se anders als das Alte, auch wenn es sich ursprünglich aus letzterem ableitet.[436] In den Augen von Heintel und Krainz liegt das Problem der Produktentwicklung weniger in der komplexen Aufgabenstellung, sondern vielmehr in der "ständigen Bekämpfung"[437] von allen Veränderungen durch die etablierte Organisation. In Unternehmen, in denen ein oder mehrere Hauptprodukte dominieren, scheint es nahezu unmöglich, Neuentwicklungen zu forcieren.[438] Die "Kreativität" wird durch das Tagesgeschäft verdrängt. Unternehmen müssen die laufenden Aktivitäten aufrechterhalten, während zukünftige Geschäfte aufgebaut werden.[439] Da das Neue aber ganz andere Bedürfnisse und Anforderungen stellt als der "Mainstream"[440], wird diese Gratwanderung zum Problem.[441]

---

[436]   Vgl. dazu die Ausführungen in I.1.1, Abschnitt (1) dieser Arbeit.

[437]   Heintel/Krainz (1994), S. 37.

[438]   Vgl. Heintel/Krainz (1994), S. 37.

[439]   "While caught up in the mainstream, they must also generate 'newstreams'." (Kanter 1989, S. 45). Oder ausführlicher: "Mainstreams have momentum. Their path is established, the business flow already developed. They have the prestige and legitimacy of the already-established and already-understood. A variety of commitments have been made to keep the mainstream flowing, and these commitments - from budgets to schedules to job definitions to expectations - push along the people swimming in the mainstream. The same momentum that gives mainstream their power also makes it hard for them to change." (Kanter 1989, S. 45).

[440]   Kanter (1989), S. 45.

[441]   "Newstreams have needs and requirements different from those of mainstreams. The operating logic of a newstream often conflicts with that of the mainstream. Mainstreams and newstreams differ in performance criteria, predictability, and the need to shed burden of the past." (Kanter 1989, S. 50).

Laut Utterback ist der Anreiz in einer auf Effektivität ausgerichteten, d.h. - in seinen Augen - konservativen Organisation, bereits vorhandene Technologien, Produkte und Prozesse auszuschöpfen, wesentlich größer, als etwas Neues zu wagen und damit "die Welt auf den Kopf zu stellen"[442]. Aus diesem Grund gelten radikale Innovationen als störend und risikoreich, inkrementale Innovationen dagegen als schnell durchführbar und zuverlässig vorhersagbar. Utterback bezeichnet es als Ironie, daß viele Konzerne auf der einen Seite ihr Vermögen aus Durchbruchinnovationen der Vergangenheit verdienen, aber auf der anderen Seite nun Barrieren gegen diese Art der Innovation errichten.[443]

Mit zunehmendem Innovationsgrad scheint es besonders wichtig, Innovationen separat zu organisieren; dies gilt für beide, sowohl für die Aufgaben der Ideengenerierung als auch der Ideenrealisierung. Im folgenden sollen die Probleme angesprochen werden, die vor allem in Großunternehmen das Hervorbringen von Innovationen, insbesondere von Durchbruchinnovationen lähmen. Es handelt sich in erster Linie um Kultur- (a), Aufmerksamkeits- (b) und Kompetenzprobleme (c), Probleme der Risikoaversion (d), Anreiz- (e) und Toleranzprobleme (f). Die Ausgliederung der einzelnen Teilaufgaben der Innovation ist - wie angedeutet - in der Lage, die jeweiligen Probleme zu umgehen.

(a) Kulturproblem: Gerade in Konzernen, die ex definitione aus mehreren organisatorischen Teileinheiten bestehen, taucht ein Problem auf, das Kanter "segmentalism"[444], d.h. "Zersplitterung", nennt. Darunter versteht sie abteilungs- bzw. stellenbezogenes Denken und Handeln mit einer isolierten Betrachtung der einzelnen Probleme.[445] Unternehmen mit derartig "zersplitterten" Strukturen neigen - so Kanter - zu besonders innovationsfeindlichen Kulturen.[446] In diesem Sinne gleicht die Kultur von Konzernen oft der Kultur von "Wühlmäusen":

> "Wie bei Wühlmäusen ist das Terrain der einzelnen Sachbearbeiter exakt abgegrenzt, der Blick nach außen wird gar nicht erst gewagt. Die Dicke der Erdschicht zwischen der Oberflächenrealität und dem eigenen Standort wächst von Tag zu Tag. Die Wühlmäuse halten sich für sehr erfolgreich.

---

442   Utterback (1994), S. 224; Übersetzung durch M.M.
443   Vgl. Utterback (1994), S. 224.
444   Kanter (1983), S. 28.
445   Vgl. Kanter (1983), S. 28.
446   Vgl. Kanter (1983), S. 28.

Konflikte sind selten. Quertreiber verlassen bald die Organisation oder werden erst gar nicht eingestellt. Die Wahrnehmung von Überraschungen scheitert oftmals am dicken Fell." (Streich/Einsiedler 1984 zit. in Servatius 1988, S. 127)

Mit dieser Einstellung sind im Hinblick auf Durchbruchinnovationen Probleme vorprogrammiert. Die einschlägige Literatur empfiehlt ein Kulturmanagement zur gezielten Änderung der Kultur.[447] Doch Kulturen sind nicht ohne weiteres veränderbar. Denn Kultur fungiert als eine Art Interpretationshintergrund,[448] der als Sprach- und Lebensform wahrgenommen wird, die nicht einfach so "gemacht" werden kann.[449] Sie - Kirsch spricht in Anlehnung an Habermas vom umfassenderen Begriff der "Lebenswelt"[450] - äußert sich nicht in formulierten, sondern in formierten Strategien, die sich im Lauf der Zeit herausbilden. So gibt es formierte Strategien der Unternehmensspitze, die dafür sorgen, daß Innovationen sehr kritisch gesehen werden. Innovationen werden dann entsprechend wenig unterstützt.

Ein Ausweg wäre eine organisatorische Ausgliederung des Neuen aus der etablierten Organisation. Dann wird durch das Neue per definitionem ein neues, vom Alten unabhängiges Leistungsziel verfolgt, dem innovatives Verhalten quasi automatisch entspringt. Die neue Kultur gibt den Akteuren ein Gefühl von Sicherheit und ermutigt zu selbständigem Handeln und Experimentieren.[451] Innovation steht im Mittelpunkt; die Innovationsorientierung wird zum Grundelement der neu entstehenden Kultur.[452]

(b) Aufmerksamkeitsproblem: Wie bereits in Abschnitt I.3.1 dieser Arbeit ausgeführt, sind Innovationen in Organisationen in gewisser Weise ein Widerspruch in sich. Die Organisation von Aktivitäten zielt darauf ab, diese Aktivitäten wiederholbar zu machen, die Innovation versucht dagegen aus dieser Routine auszubrechen.

---

447   Vgl. beispielsweise Nahavandi/Malekzadeh (1988, S. 82f.), die vier Modi der Akkulturation von akquirierten Unternehmen nennen, oder auch Scholz (1988, S. 37ff.), der prinzipiell eine Änderung von Kulturen für möglich hält.

448   Vgl. Smircich (1983), S. 64.

449   Vgl. Kirsch (1990), S. 22ff.

450   Vgl. Kirsch (1992), S. 58ff. in Anlehnung an Habermas (1984b).

451   Vgl. Martin/Meyerson (1988), S. 120 oder auch Weick (1985), S. 125.

452   "[T]wo structures and associated cultures; one for established, reasonably routinized technologies, and one for just-born and about-to-be-born new products and technologies." (Burgelman/Sayles 1986, S. 125).

Das Prinzip der Organisation klassifiziert die Innovation zunächst als "störendes Element"[453] und nicht als beachtenswertes zukünfiges Geschäftspotential. Nach Sternhufvud und Wolff haben Führungskräfte zwar Visionen von derartigen Potentialen, aber die Routine des täglichen Geschäftes läßt ihnen keinen Raum für eine systematische Umsetzung.[454] Die Inanspruchnahme durch das Tagesgeschäft erlaubt kein Aufmerksamkeitspotential für Innovationen und deren systematische Umsetzung.[455]

> "Wir sind bis jetzt immer gescheitert, wenn wir einem schon bestehenden Geschäftsbereich eine neue, unternehmerische Aufgabe übertragen haben. [...] Ein Grund [...] liegt darin, daß das schon Bestehende immer viel Zeit- und Arbeitsaufwand von den Verantwortlichen fordert und diese Priorität auch verdient. Das Neue sieht neben der Realität der Masse der laufenden Geschäfte immer sehr unscheinbar und wenig aussichtsreich aus. [...] Die für das laufende Geschäft Verantwortlichen werden daher meistens versucht sein, Entscheidungen, in denen es um das Neue, Unternehmerische, Innovative geht, immer wieder aufzuschieben, bis es zu spät ist. [...] [W]ir haben feststellen müssen, daß laufende Geschäftsbereiche nur das schon Bestehende ausweiten, modifizieren oder anpassen können. (Drucker 1986, S. 236)

Das "laufende Geschäft" profitiert von seiner "Vergangenheit"; man kann es anhand seiner Historie und der damit verbundenen Erfahrungswerte in die Zukunft extrapolieren.[456] Radikal neue Geschäfte haben diese Basis nicht.[457] Darüber hinaus beinhalten etablierte Geschäfte gewisse "Altlasten" in Form von "sunk costs", also bereits getätigten Investitionen, die vermeintlich noch mit zukünftiger Rendite gedeckt werden müssen.[458] Auch diese "Altlasten" behindern die Konzentration auf das Neue.

Trennt man das neue Geschäft vom alten, sind die dem Neuen zugeordneten Führungskräfte von der operativen Tagesarbeit befreit. Sie können - und sollen - dem Neuen ihre ganze Aufmerksamkeit widmen.

---

453 Hauschildt (1986), S. 65.
454 "Managements do have visions and ideas about new opportunities and potential openings. But the routines of everyday business life are major obstacle that prevent management from trying out such ideas or testing their value to the transformed into concrete marketing concepts." (Sternhufvud/Wolff 1986, S. 235).
455 Vgl. Bart (1988a), S. 34.
456 Vgl. Kanter (1989).
457 Vgl. dazu auch die Ausführungen zu technologischen Paradigmen, die jeweils mit eigenen Problemlösungsansätzen verbunden sind, in Abschnitt I.1.1 dieser Arbeit.
458 Vgl. Kanter (1989).

(c) Kompetenzproblem: Die hier als Kompetenzproblem bezeichnete Ursache des Widerstandes wird in der einschlägigen Literatur "Barriere des Nicht-Wissens"[459] genannt und resultiert daraus, daß sich die Aufgaben beim Hervorbringen von Innovationen von Routinetätigkeiten unterscheiden.[460] Gerade bei Durchbruchinnovationen sind völlig andere Denkstrukturen erforderlich; es werden andere Abläufe, Technologien, Vertriebsstrukturen etc. notwendig, die grundsätzlich andere Schwerpunktsetzungen erfordern. Oft fehlt dazu wegen der Fremdheit des Geschäfts die erforderliche Kompetenz und die Fähigkeit, bisheriges Wissen, langgeübte Verhaltensweisen, mühevoll erworbene Erfahrungen etc. aufgeben zu können.[461] Sie sind unfähig, das Neue zu handhaben. Es empfiehlt sich daher, eine neue Einheit zu gründen, für die Führungskräfte - vor allem extern - rekrutiert werden, für die das Neue nicht ganz so neu ist wie für die etablierte Organisation.

(d) Risikoaversion: Das Hervorbringen von Innovationen erfordert die Bereitschaft, das mit Innovationen verbundene Risiko auf sich zu nehmen. Diese Bereitschaft existiert jedoch kaum im üblichen Tagesgeschäft von Unternehmen.[462] Oftmals herrscht ein Führungskräftetyp vor, der gelernt hat, sich regelkonform zu verhalten, d.h zu funktionieren, und dessen Leistung danach beurteilt wird, wie gut er in der Lage ist, solide Pläne zu entwerfen und einzuhalten.[463]

Dieser Aspekt hängt eng mit dem unter (a) geschilderten Kulturproblem zusammen. Beim Ausgliedern des Neuen löst sich das Problem mangelnder Risikobereitschaft in der Regel von selbst - durch Selbstselektion: Der konforme, angepaßte, risikofeindliche Manager wird sich kaum auf das Management von Innovationsvorhaben einlassen. Es handelt sich vielmehr um den risikobereiten Typ, der als "gunfighter"[464], "problem solver"[465] oder "entrepreneur"[466] bezeichnet wird.

---

459   Hauschildt (1993), S. 95.
460   Vgl. Tebbe (1990), S. 283.
461   Vgl. Hauschildt (1993), S. 95.
462   Vgl. bspw. Dougherty/Hardy (1996), S. 1142.
463   "The average quality of the managers in the divisions seemed to be high, within a fairly narrow range. Managers who had survived there were likely to have developed corporatist orientations and to be rule-oriented in their work behaviour. They expected to be appraised in terms of the solidity and reliability of their performance and the capability to develop and meet plans." (Burgelman 1985, S. 43).
464   Burgelman (1985), S. 44.
465   Burgelman (1985), S. 44.
466   Burgelman (1985), S. 44.

(e) Anreizproblem: Eng mit dem Risikoproblem verbunden ist das Anreizproblem. Insbesondere die persönlichen Karriererisiken, die mit neuen Produkten einhergehen, stehen häufig nicht im Gleichgewicht mit potentiellen Belohnungen. Der Gehaltsrahmen ist auf das vergleichsweise geringe Risiko des Alten zugeschnitten und bietet keine Prämie für das von Managern zu tragende höhere Risiko des Neuen.[467] Darüber hinaus orientieren sich Tantiemen und Beförderungen in der Regel am Quartals- oder Jahresergebnis, so daß der kurzfristige Erfolg im Tagesgeschäft stärker prämiert wird als der langfristige (potentielle) Erfolg von Innovationen.[468]

Eine organisatorische Ausgliederung bietet nun die prinzipielle Möglichkeit, die Anreizsysteme entsprechend differenziert zu gestalten.[469] Äußerst wichtig ist es, den Innovationsbereich von der üblichen Gehaltsstruktur im Unternehmen abzukoppeln. Denn die übliche Gehaltsregelung läßt - mit den Worten von Drucker - "dem 'Kind' gar keine Überlebenschance"[470]. Drucker meint damit die in amerikanischen Konzernen häufig anzutreffende Gehaltsfindung in Abhängigkeit von der Kapitalrendite. So werden erst langfristig rentable Innovationsprojekte von vornherein abgeblockt.

(f) Toleranzproblem: Nach Drucker gibt es noch einen weiteren Grund, der für die getrennte Handhabung von Innovationen spricht.[471] Man muß ihnen Belastungen ersparen, die sie noch nicht aushalten können. Denn von einem nicht voll ausgereiften Produkt zu verlangen, die gleichen "Lasten" zu tragen wie etablierte Bereiche, bedeutet in seinen Augen dasselbe, wie von einem "Sechsjährigen" zu verlangen, einen "sechzig Pfund schweren Rucksack zu schleppen"[472]. So wurde beispielsweise dadurch, daß neuen Geschäften bereits dann ein Anteil der Konzerngemeinkosten zugerechnet wird, wenn die angebotenen Dienstleistungen noch gar nicht genutzt werden, schon so manches Innovationsprojekt "totgerechnet".

---

467   Vgl. Bart (1988a), S. 34.
468   Vgl. Hauschildt (1993), S. 101.
469   "Increasing rewards (to bring them in line with high personal risks) or reducing punishments (to reflect more modest rewards) helps to ensure that individuals are motivated." (Bart 1988a, S. 35).
470   Drucker (1985), S. 240.
471   Vgl. Drucker (1985), S. 239f.
472   Drucker (1985), S. 239.

(3)   Autonomie und Autarkie zur Charakterisierung der Eigenständigkeit

Die obigen Ausführungen haben gezeigt, daß die auf den Vollzug der laufenden Geschäftstätigkeit ausgerichtete Organisationsstruktur - vom Zufall abgesehen - unfähig ist, radikale Innovationen hervorzubringen. Eine Handhabungsmöglichkeit zur "Befreiung des Neuen" von den beschriebenen "Fesseln des Alten" ist das Trennen von der etablierten Organisation, die für die Ausführung der Ideengenerierungs- und Ideenrealisierungsaufgaben ausreichend große Handlungsspielräume bietet. Eine solche Abkopplung bietet sich insbesondere an, wenn es um Innovationen geht, die - so Schrader - von großer Tragweite für das Unternehmen sind.[473]

Durch Ausgliederung des Neuen können die beschriebenen Probleme und damit einhergehende Konflikte vermieden werden. Dies widerspricht zwar vordergründig der Ansicht, daß Konflikte bewußt offen ausgetragen werden sollten.[474] Ziel ist aber das Vermeiden von Konflikten durch Differenzierung - nämlich Trennung des Neuen vom Alten. Dadurch werden Konflikte, bevor sie überhaupt virulent werden, unterdrückt. Lawrence und Lorsch nennen dies "smoothing over differences"[475] - "um des lieben Frieden Willens"[476]. Etzioni spricht in diesem Zusammenhang von "encapsulation"[477], die er für eine bessere und langfristigere Form der Konflikthandhabung hält, als den kurzfristigen Versuch, einen Konflikt zu lösen. Denn die kurzfristige Konfliktlösung - so seine These - hält nur kurze Zeit und verkennt außerdem, daß ein gewisses Konfliktniveau vorteilhaft sein kann.

Die Eigenständigkeit des Neuen kann jedoch auch mit Nachteilen einhergehen. Bekommt das Neue gegenüber dem Alten zuviel Macht, ist es dazu verleitet, diesen Einfluß auszuspielen bzw. an einem Konsens nicht mehr interessiert.[478] Es kapselt sich statt dessen vom Alten ab und entwickelt eigene Lebens- und Sprachformen. Wird diese Abkapselung zum Selbstzweck, wird die Innovation

---

[473]   Vgl. Schrader (1991), S. 33.
[474]   Vgl. Robbins (1992), S. 174f.
[475]   Lawrence/Lorsch (1967) zitiert in Kirsch (1988), S. 197.
[476]   Kirsch (1988), S. 197.
[477]   Etzioni (1968), S. 587.
[478]   So plädiert Adler (1991, S. 104) dafür, daß verschiedene (internationale) Teileinheiten mit unterschiedlichen Kulturen etwa gleich viel Macht besitzen sollten.

zum Fremdkörper im Konzern und aufgelöst oder abgestoßen.[479] Angestrebt werden sollte daher eine "optimale" Eigenständigkeit des Neuen.

Ringlstetter charakterisiert die Eigenständigkeit bzw. den Handlungsspielraum von organisatorischen Teileinheiten anhand der Grundkategorien Autonomie und Autarkie.[480] Die *Autonomie* beinhaltet die durch Autorisierungsrechte abgesicherte Entscheidungsfreiheit. Das bedeutet im vorliegenden Zusammenhang, daß das Neue bis zu einem gewissen Grad über Entscheidungskompetenzen verfügt, die es ihm ermöglichen, ohne Einmischung durch das Alte zu entscheiden. Als Beispiel ist die Entscheidungsfreiheit der für das Innovationsvorhaben Verantwortlichen zu nennen, selbst über Produktionsweise und Vertriebswege zu entscheiden, Preise festzulegen etc. Autonomie minimiert das Konfliktpotential zwischen Altem und Neuen.[481] Entsprechend erscheint es ratsam, dem Neuen eine im Zweifel etwas zu hohe als zu geringe Autonomie einzuräumen.[482]

Die *Autarkie* einer Teileinheit äußert sich in ihrer Ressourcenausstattung, die sie in die Lage versetzt, bestimmte Aufgaben eigenständig zu erfüllen, d.h. im Kontext dieser Arbeit also, Innovationen hervorzubringen. Für die erfolgreiche Durchführung von Innovationsvorhaben ist nicht nur Autonomie, sondern auch entsprechende Autarkie notwendig. Denn für Ideengenerierung und Ideen-realisierung, aber auch für die Gestaltung des Prozesses werden eigene Ressourcen benötigt. Beispiel dafür sind eigene auf das spezifische Produkt zugeschnittene Produktionsanlagen.

Autarkie ist gerade bei Innovationsvorhaben zumindest ebenso wichtig wie das Gewähren von Autonomie. So stellt Souder bei seiner Untersuchung von 289 Produktinnovationsprozessen fest, daß häufiger Grund für das Scheitern von Innovationen mangelnde Ressourcen jedweder Art sind.[483] Die größte Autonomie bedeutet wenig ohne entsprechende Zugriffsmöglichkeiten auf Ressourcen. Man

---

479   "Their languages seem progressively alien, unreal, possibly erroneous or foolish. And their own reality becomes rarified and opaque within the adjoining worlds." (Gergen 1992, S. 221).

480   Vgl. Ringlstetter (1995a), S. 42ff. Da das dritte Kriterium der Souveränität lediglich die Autonomie durch die Institutionalisierung einer Leitung untermauert, soll es hier vernachlässigt werden.

481   Vgl. - im Zusammenhang mit dem Management von Akquisitionen - Schweiger/Walsh (1990), S. 69.

482   Vgl. Naujoks (1994), S. 195f.

483   Vgl. Souder (1987), S. 69.

stelle sich den Leiter eines Innovationsvorhabens vor, der zwar alle Entscheidungen bezüglich seines Vorhabens treffen darf, aber nicht die zur Verwirklichung dieser Entscheidungen notwendigen Mittel zur Verfügung hat. Beispielsweise darf er über den Marketing-Mix entscheiden, bekommt aber kein Geld für die Realisation. Dadurch wird die gewährte Autonomie sinnlos.

II.3　　Bausteine eines erweiterten Bezugsrahmens

Aufbauend auf den rekonstruierten Schwächen des klassischen Bezugsrahmens und entsprechenden Handhabungsversuchen, konnte der klassische Bezugsrahmen erweitert werden. Damit steht für die folgenden Ausführungen ein angemessener Bezugsrahmen für eine effiziente und effektive Organisation von Innovationen zur Verfügung. Wesentliche Bestandteile des erweiterten Bezugsrahmens sind zum einen die Trennung des "Neuen vom Alten", um das Neue vor dem Widerstand des Alten abzuschirmen, zum zweiten der Fokus auf den Innovationsprozeß zur Überbrückung bzw. Vermeidung von Schnittstellen und zum dritten die aus dem klassischen Bezugsrahmen als Denkschema übernommene Differenzierung zwischen Ideengenerierungs- und Ideenrealisierungsaufgaben. Diese allgemeinen Anforderungen lassen sich nun in Form von Gestaltungshinweisen für die Organisation der Innovation präzisieren. In einem ersten Zugriff kann zwischen organisatorischen "Basisbausteinen" und "Integrationsbausteinen" unterschieden werden. *Basisbausteine* sind die organisatorischen Einheiten, die für die eigentliche Ausführung der Innovationsaufgabe zuständig sind. Es handelt sich dabei um die Innovationsteams, die F&E-Einheiten und die Innovativen Einheiten. In Abschnitt II.3.1 wird aufgezeigt, welche Teilaufgaben des Innovationsprozesses die Basisbausteine übernehmen. Teilt man die Gesamtaufgabe Innovation auf diese drei Basisbausteine auf, ist auf der anderen Seite eine entsprechende Integration vonnöten. Die Basisbausteine einer Organisation der Innovation reichen nicht aus, um ein Innovationsvorhaben von Anfang bis Ende durch den Konzern hindurchzuschleusen. Die einzelnen Ideen müssen erst einmal ausgewählt und bewertet sowie während des gesamten Prozesses kontrolliert und gesteuert werden. Darüber hinaus gibt es im Konzern in der Regel nicht nur ein Innovationsvorhaben, sondern es finden mehrere Innovationsvorhaben gleichzeitig statt. Diese müssen aufeinander abgestimmt und koordiniert werden. Die einzelnen Bausteine einer Organisation der Innovation benötigen also eine zusätzliche Stabilisierung. Diese Stabilisierungsfunktion kann ein *Integrationsbaustein* in Form eines institutionalisierten Innovationsmanagements übernehmen (Abschnitt II.3.2).

II.3.1   Basisbausteine einer Organisation der Innovation

Basisbausteine einer Organisation der Innovation sind für die eigentliche Ausführung der Innovationsaufgabe zuständig. Ich möchte im folgenden zwischen drei Basisbausteinen unterscheiden, die jeweils für unterschiedliche Teilaufgaben des Innovationsprozesses zuständig sind. In einem ersten Schritt wird aufgezeigt, daß der Innovationsprozeß durch eine gezielte, temporäre Organisation dieses Prozesses in sogenannten Innovationsteams forciert werden kann, um Schnittstellen zu überwinden bzw. zu vermeiden (1). Eine reine Prozeßorganisation ist allerdings in Reinform nicht durchführbar. Sogar die Teambefürworter Katzenbach und Smith betonen, daß Teams niemals die existierenden Strukturen vollkommen substituieren können; sie können sie nur ergänzen. Dies gilt - in ihren Augen - vor allem für den Innovationsprozeß, der eine "konservierende funktionale Exzellenz"[484] benötigt. Aufgabe der Innovationsteams ist, die mit dieser funktionalen Exzellenz einhergehenden Differenzen und Vorurteile zu überwinden, aber nicht die etablierte Organisationsstruktur zu ersetzen. Wie in der Einführung dieser Arbeit erwähnt, erfordert die Organisation der Innovation die Beachtung von Prozessen *und* Strukturen. Die alleinige - in Mode gekommene - Konzentration auf Prozesse kann der Komplexität des Innovationsprozesses nicht gerecht werden. Es ist vielmehr eine Kombination beider Dimensionen des Organisierens notwendig. Prozesse benötigen zumindest eine Art "Schattenorganisation" zu ihrer Alimentierung. Bei der Generierung und Realisierung von Innovationen ist man zusätzlich auf dauerhaft institutionalisierte Einheiten angewiesen, die bereits im "klassischen" Bezugsrahmen gefordert werden. Dabei steht nicht mehr die organische und mechanistische Ausgestaltung dieser Einheiten im Vordergrund, wie im klassischen Bezugsrahmen gefordert, sondern ihre Abschottung vom Alten. Gleichwohl erscheint es sinnvoll, eine Einheit zu institutionalisieren, die vornehmlich für Ideen-

---

484   Katzenbach/Smith (1993b), S. 119.

generierungsaufgaben und eine, die für Ideenrealisierungsaufgaben zuständig ist, denn sowohl beim Generieren als auch beim Realisieren von Ideen ist man letztendlich auf andere, dauerhaft bestehende Einheiten angewiesen, von denen Ressourcen beispielsweise in Form von Laboreinrichtungen, Produktionsanlagen oder Know-how benötigt werden. Die entsprechenden Ideengenerierungs- (2) und -realisierungseinheiten (3) befinden sich dann jeweils am Anfang und am Ende des Innovationsprozesses, der durch die genannten Innovationsteams forciert bzw. institutionalisiert werden kann.

(1)   Forcierung und Institutionalisierung des Prozesses durch Innovationsteams

Die Schnittstellen, die sich ergeben, wenn mehrere organisatorische Einheiten mit den einzelnen Aspekten einer Innovation beschäftigt sind, müssen überbrückt bzw. ganz vermieden werden. Eine effektive Integration stellt jedoch sehr hohe Anforderungen an die Organisation.[485] Wesentliche, wenn nicht unerläßliche Hilfestellung kann eine Institutionalisierung, d.h. eine gezielte Organisation des Innovations*prozesses* bieten.[486] Durch diese Institutionalisierung wird verhindert, daß der Prozeß "zusammenbricht".

Es sind mehrere Institutionalisierungsformen des Prozesses denkbar. Prädestiniert für eine Prozeßorganisation von Innovationsvorhaben ist die Projektorganisation, die die konventionelle Organisationsstruktur als Parallelorganisation überlagert.[487] Parallel zur bestehenden Organisationsstruktur werden zeitlich befristete Stellen mit zugeordnetem Aufgabenbereich, festgelegter Kompetenz und Verant-

---

[485] "Effective integration places heavy demands on the organization - in terms of communication, processes, skills, and relationships. The engineering process must link problem-solving cycles in time; patterns of communication must be 'wide bandwidth' and intense; and cross-functional (and cross-firm) relationships must support early and frequent exchanges of preliminary constraints, ideas, and objectives. Because the speed and effectiveness with which problems are resolved matters, skill in using information and in operating in parallel is critical. Finally, conditions for effective integration are related to structures that support close working relationships across traditional boundaries." (Clark/Fujimoto 1991, S. 239).

[486] "Ultimately, however, the separate activities must be re-integrated - a single flow must stretch seamlessly from product concept to the marketplace." (Jelinek/Schoonhoven 1990, S. 317). Vgl. dazu auch Clark/Fujimoto (1991), S. 205 oder Adler et al. (1996), S. 134.

[487] Vgl. Nord/Tucker (1987), S. 18. Man spricht vor diesem Hintergrund auch von Sekundärorganisation bzw. -strukturen (vgl. Wichert-Nick/Reger 1994, S. 13).

wortlichkeit für das jeweilige Projekt geschaffen.[488] Ein Projekt ist normaler-
weise[489] definiert als außerordentliches, in seiner Gesamtheit einmaliges, befriste-
tes Vorhaben, das in irgendeiner Form vom Tagesgeschäft abgegrenzt werden
kann.[490,491] Diese Definition trifft genau auf Innovationsvorhaben als spezielle
Form eines Projektes zu. Entsprechend werden in der Praxis Innovationsvorhaben
als Innovations*projekte* bezeichnet.[492] Die gewählte Organisationsform bleibt jedoch zunächst offen.[493]

Eine Projekt*organisation* wird immer dann empfohlen, wenn es um die Entwicklung von etwas Neuem geht und man unsicher ist, ob die alte Organisation,
die bisher ihre Dienste getan hat, für das Neue tauglich ist.[494] Grundtenor ist, daß
außerordentliche Vorhaben auch entsprechend außerordentliche Organisationsformen benötigen. Die Projekte bestehen im Rahmen einer Projektorganisation in
der Regel aus unterschiedlich zusammengesetzten "Projektgruppen"[495] respektive
"Teams".[496]

Diese Teams setzen sich aus einem Projekt- bzw. Teamleiter und einer kleinen
Anzahl von Mitarbeitern mit komplementären Fähigkeiten zusammen.[497] Der
Grundgedanke, der dahinter steht und bereits bei den Ausführungen in Kapitel II.3
zu den "Simultaneous-Engineering-Teams" deutlich geworden sein sollte, ist, daß
durch die Heterogenität der Fähigkeiten und Sichtweisen der Teilnehmer die Komplexität der Projektprobleme besonders gut gehandhabt werden kann.[498,499] Die

---

[488]   Vgl. Beck (1994), S. 14 und Holt (1991), S. 89.

[489]   Eine einheitliche Definition des Projektbegriffes existiert bis heute nicht. An dieser Tat-
         sache ändert auch die vom Deutschen Normenausschuß vorgelegte Definition DIN 69 901
         nichts (vgl. Beck 1994, S. 7, Fußnote 7).

[490]   Vgl. Beck (1994), S. 6ff. und die dort genannte Literatur.

[491]   Trux et al. (1988, S. 426) bezeichnen Projekte in einem weiteren Sinne als Episode im nie
         endenden Kontinuum von Aktivitäten und Interaktionen der Organisationsmitglieder.

[492]   Vgl. Schrader (1995), S. 10.

[493]   Es gibt freilich Autoren, die ein Projekt als Organisationseinheit definieren (vgl. z.B. Gaddis
         1959, S. 85 erwähnt in Beck 1994, S. 7).

[494]   Vgl. Heintel/Krainz (1994), S. 36.

[495]   Synonym dazu wird auch der Begriff "Task Force" verwendet (vgl. Reber/Strehl 1983, S.
         262).

[496]   Das Teamkonzept ist in den neunziger Jahren in Theorie und Praxis zu einem Modekonzept
         geworden (vgl. Wheelwright/Clark 1992 und die dort genannte Literatur, S. 189, Fußnote 1)
         oder Kanter (1991), S. 59.

[497]   Vgl. Katzenbach/Smith (1993b), S. 111.

[498]   Vgl. Baden-Fuller/Stopford (1992), S. 95.

Zusammensetzung der Teams aus Mitarbeitern der Bereiche F&E, Marketing, Produktion, Vertrieb und des Managements bündelt die verschiedenartigen Informationen, die laut Rochford und Rudelius Voraussetzung für erfolgreiche Innovationen sind.[500,501] In Konzernen können jenseits dessen die Projektteilnehmer auch teileinheitenübergreifend, d.h. nicht nur aus den Funktionsbereichen einer einzigen Teileinheit, rekrutiert werden.

Mit diesen Teams wird die Primärorganisation ergänzt, so daß Innovationen teileinheitenübergreifend hervorgebracht werden können. Teams sind ein (temporäres) Element der Aufbauorganisation, das dem Innovationsprozeß als Element der Ablauforganisation gleichsam nachfolgt.

Bereits im Simultaneous Engineering wird die geforderte Integration in der Regel mit Hilfe eines interdisziplinären (Simultaneous Engineering-) Teams erzielt.[502] Das Team spielte jedoch beim Simultaneous Engineering nur eine Nebenrolle. Seit einiger Zeit sind in der Praxis aber Ansätze zu erkennen, die das Team als Organisationsform von Innovationen in den Mittelpunkt stellen.[503] Die ehemaligen "Simultaneous Engineering Teams" haben nun andere - modernere - Namen bekommen, sie heißen jetzt "Cross-functional-"[504], "Multi-functional-"[505] oder gar "Tiger Teams"[506].[507] Ich möchte im folgenden in einem allgemeinen Sin-

---

[499] Ein richtiges Verhältnis der komplementären Fähigkeiten ist wichtig (vgl. Katzenbach/Smith 1993b, S. 115).

[500] Vgl. Rochford/Rudelius (1992), S. 292. Laut Rochford und Rudelius scheitern viele Innovationen, weil in der Praxis meist in den ersten Phasen einer Innovation nur F&E-Spezialisten damit beschäftigt sind.

[501] Im Prinzip handelt es sich also um nichts anderes als eine funktionale Arbeitsteilung.

[502] Im Prinzip werden Teams als sogenannte Arbeitsgruppen zur Bearbeitung komplexer Aufgaben auch von der Theorie vereinzelt v.a. aufgrund empirischer Befunde, die eine Leistungsvorteile von Gruppen konstatierten (vgl. z.B. Shaw 1932), schon seit längerem gefordert.

[503] In vielen japanischen Unternehmen funktionieren diese Teams bereits so lange, daß sich die meisten Mitarbeiter an eine andere Vorgehensweise bei der Produktentwicklung gar nicht mehr erinnern können (vgl. Whitney 1989, S. 108). Aber auch in amerikanischen und europäischen Unternehmen sind derartige Teams in den verschiedensten Formen mit den verschiedensten Namen auf dem Vormarsch. So findet beispielsweise Page (1993, S. 277) in seiner empirischen Untersuchung der Produktentwicklung in amerikanischen und kanadischen Unternehmen in 73% aller Fälle multidisziplinäre Teams.

[504] Wheelwright/Clark (1992), S. 159. Als Beispiel nennen die beiden Autoren Motorola.

[505] Whitney (1989), S. 106.

[506] Wheelwright/Clark (1992), S. 196.

ne von "Innovationsteams" sprechen. Grundprinzip aller Ansätze ist eine Organisation des Produktinnovationsprozesses nach dem Muster eines Rubgy-Spiels.[508] Bei diesem "Spiel" sind alle Spieler über die volle Spielzeit im Einsatz. Mit anderen Worten: Marketing-Fachleute helfen schon bei der Auswahl wünschenswerter Produktmerkmale mit, und Vertreter der Produktions-Abteilung sind bereits bei der Konstruktion des Produktes dabei. Im Mittelpunkt steht die Grundannahme, daß Ideen sich nur weiterentwickeln und zu "vernünftigen" Innovationen werden, wenn sie in enger Wechselbeziehung der verschiedenen Funktionen und Phasen simultan entwickelt werden.[509] Denn was beispielsweise aus der Perspektive eines Designers großartig aussehen mag, stellt unter Umständen für die Produktion unüberwindliche Hindernisse dar. Die Teams sind dabei nicht - wie oft angenommen - organisch und strukturlos, sondern straff organisiert.[510]

(2) Institutionalisierung der Ideengenerierung in F&E-Einheiten

Innovationen gibt es nur aufgrund neuer Ideen und auf der Basis neuen - in der Regel technischen - Wissens.[511] Zur Generierung dieses Wissens muß man auf das im Unternehmen vorhandene Wissen und damit auf bestehende Einheiten zurückgreifen.[512]

Ein fundamentales Problem der Organisation von Innovationen liegt darin, die Teile und Komponenten eines Produktes so zu konstruieren, daß jedes Element in sich höchste Funktionalität erreicht.[513] Da diese Funktionalität auf Komponenten-

---

[507]   Die Liste der Unternehmen, die derartige Teams zum Repertoire ihrer Produktentwicklung zählen, ist lang. Als Beispiel seien hier AT&T, Boeing, Chrysler, Hewlett-Packard, IBM, ITT, Texas Instrument genannt (vgl. Hunt 1993, S. 74).

[508]   Vgl. Takeuchi/Nonaka (1986), S. 137ff. oder auch Vrakking (1990), S. 97.

[509]   Vgl. Jelinek/Schoonhoven (1990), S. 161 oder Wheelwright/Clark (1992), S. 175: "Thus, to be truly effective, cross-functional integration must be much more than a scheme for linking in time the activities of the functions, and even more than adding new kinds of activities that support cross-functional interaction. True cross-functional integration occurs at the working level. It rests on a foundation of tight linkages in time and in communication between individuals and groups working on closely related problems."

[510]   Vgl. dazu auch die Ausführungen in Kapitel III.1 dieser Arbeit.

[511]   Vgl. Strebel (1990), S. 169ff.

[512]   Innovationsteams können allerdings erst ins Leben gerufen werden, wenn konkrete Ideen entstanden bzw. erarbeitet worden sind.

[513]   Vgl. Clark/Fujimoto (1991), S. 249: "In a computer, for example, this means that the processor shoud process rapidly, the software execute flawlessly, the hard disk read and

ebene Sachkenntnis und tiefes Verständnis der einzelnen Elemente voraussetzt, erfordert sie Spezialisierung.[514] So werden in der Automobilindustrie die Konstruktion, die Berechnung und das Testen des Produkts oder seiner Bestandteile von den jeweiligen Spezialisten separat ausgeführt.[515] Das bedeutet wiederum, daß für die Ideengenerierung auch auf spezielle Ressourcen in Form von spezifischem Know-how, spezifischen Laboranlagen etc. zurückgegriffen werden muß.[516] Diese Ressourcen und damit die Aufgaben der Ideengenerierung werden in der Regel in spezifischen F&E-Einheiten, genannt: F&E-Abteilungen, institutionalisiert. Auf diese Ressourcen können die unter Punkt (1) genannten Innovationsteams zurückgreifen und damit ebenfalls Ideengenerierungsaufgaben wahrnehmen.[517]

(3)   Institutionalisierung der Ideenrealisierung in Innovativen Einheiten

Nachdem die Produktinnovation von einem temporär installierten "Innovationsteam" - Burgelman und Sayles sprechen von einem "organisatorischen Embryo"[518] - entwickelt wurde, gilt es, sie an den Markt zu bringen und langsam aber sicher zu einem laufenden Geschäft des Unternehmens auszubauen. Dafür benötigt dieses neue Geschäft spezielle Ressourcen in Form von spezifischem Beschaffungs-Know-how, spezifischen Produktions- und Vertriebskenntnissen etc. Die Realisierung von Innovationen beinhaltet demnach Aktivitäten, die genaugenommen zur Beschaffung, zum Vertrieb, zum Marketing, zur Produktion oder anderen etablierten Einheiten gehören. Aus diesem Grund werden die neu entwickelten Produkte im Normalfall einer bereits existierenden Teileinheit des Unternehmens übergeben und dort eingegliedert. Die direkte Eingliederung des Neuen in das Alte ist aber problematisch. Wie in Teil II erläutert, ist das Alte aus Gründen, die ich mit Kultur-, Aufmerksamkeits-, Kompetenz-, Risiko-, Anreiz- und Toleranzproblemen umschrieben habe, nicht oder nur sehr selten in der Lage, die Innovation adäquat

---

[514]   write with speed and accuracy, the monitor display precisely, the memory remember, and the keyboard be clear and friendly."

[514]   Vgl. Clark/Fujimoto (1991), S. 249.

[515]   Vgl. Heine (1995), S. 188.

[516]   "High-technology innovation demands not only innovative product design, but also complex process design, and consummate skill in manufacturing, marketing, customer service, and product support." (Jelinek/Schoonhoven 1990, S. 57).

[517]   Vgl. dazu die Ausführungen in Teil III dieser Arbeit.

[518]   Burgelman/Sayles (1986), S. 72.

zu handhaben.[519] Deshalb ist schon so manches neue Geschäft kurz nach dem Transfer in existierende Teileinheiten des Konzerns "zugrunde gegangen". Entsprechend wird der Transfer der neuen Produktidee aus spezifischen F&E-Einheiten oder aber auch aus einem entsprechenden Innovationsteam (vgl. die Ausführungen in Abschnitt II.3.1) in die Produktion als der schwierigste Schritt auf dem Weg zum Innovationserfolg bezeichnet.[520,521]

Beispiel für den Widerstand des Alten gegen das Neue und damit verbundene Probleme ist die Pilotproduktion.[522] Eine Pilotproduktion ist eine physische Simulation oder der Probelauf zu kommerzieller (Massen-) Produktion. Ziel dieses Probelaufes ist ein Test der Funktionen des gesamten Produktionssystems. Werden Pilotproduktionen direkt auf existierenden Produktionsstätten gefertigt, ergibt sich eine sehr realistische Simulation. Dabei wird allerdings die laufende Produktion stark gestört. Außerdem ist diese Form der Simulation nicht immer möglich, vor allem wenn spezielle Werkzeuge und Ausrüstungen benötigt werden. Dabei treten Probleme auf.[523] Gerade die Produktionseinheiten, denen Inflexibilität, starre Routine und strenge Kontrolle vorgeworfen wird, stehen dem Neuen skeptisch gegenüber.

Ausweg aus dieser Problematik bietet eine separate Institutionalisierung der Ideenrealisierung - analog zu der Ideengenerierung in F&E-Einheiten - in eigenen "Innovativen Einheiten".[524] So versucht Hewlett Packard für neue Produktideen organisatorische Verankerungen der Ideenrealisierung zu finden, um sie am Leben zu erhalten; entweder in einer existierenden oder - und das ist bei Hewlett Packard heute die Regel - in einer vollkommen neu geschaffenen Einheit.[525] Es handelt sich im Prinzip um einen internen "Business Start Up"[526], der dann später in die etablierte (Konzern-) Struktur eingegliedert werden kann. Mit der Institutionalisie-

---

519   Vgl. dazu die Ausführungen in II.2.3 dieser Arbeit.
520   Vgl. dazu unter anderem die Beispiele in Jelinek/Schoonhoven 1990, S. 329.
521   "[E]ven when effective research and development results are obtained, the commercial transfer of those results can be blocked by other organizations showing resistance or even just plain reluctance to accept the R&D outputs." (Roberts 1979, S. 26).
522   Clark und Fujimoto sprechen in diesem Zusammenhang von "hidden manufacturing" (Clark/Fujimoto 1991, S. 173) im Produktentwicklungsprozeß.
523   Vgl. dazu das Beispiel in Adler et al. (1996), S. 152.
524   Vgl. dazu Doz et al. (1986), S. 14 oder Jelinek/Schoonhoven (1990), S. 225.
525   Vgl. Jelinek/Schoonhoven (1990), S. 225.
526   Siemer (1991), S. 190.

rung einer Innovativen Einheit ist aus der Produktinnovation eine voll funktionsfähige Wirtschaftseinheit geworden. Dadurch erlangt die Innovation die Aufmerksamkeit, die ihr gebührt, und wird vor dem "Tod durch Vernachlässigung"[527] bewahrt.[528]

II.3.2 Der Integrationsbaustein einer Organisation der Innovation: Innovationsmanagement

Jelinek und Schoonhoven haben in mehr als 100 Interviews die zuständigen Führungskräfte in Konzernen der Elektronikindustrie befragt. Sie kamen zu dem Schluß, daß jede Idee, sei sie noch so gut, ein sehr sorgfältiges Management erfordert, um ein Erfolg zu werden.[529] Der Weg von der Idee über den Prototyp bis zur Markteinführung ist weit. Bei jedem Schritt werden im Konzern komplexe Aktivitäten und organisatorische Einheiten involviert, welche genau aufeinander abgestimmt, allokiert, gesteuert und unterstützt werden müssen.[530]

Im Rahmen dieser Arbeit wurde der Innovationsgedanke auf mehrere organisatorische Einheiten (F&E-Einheit, Innovationsteam, Innovative Einheiten) ausgedehnt. Aus diesem Grund ist eine Abstimmung der Beteiligten in den einzelnen Phasen des Innovationsprozesses und damit zwischen den beteiligten Organisationsmodulen unerläßlich.[531] Die Idee muß - idealtypisch - aus der F&E-Abteilung über das Innovationsteam bis zur Innovativen Einheit transferiert werden. Dabei ergeben sich insbesondere an den Transferpunkten Probleme. An diesen Problemen kann bzw. muß ein "Innovationsmanagement" ansetzen, um letztlich Effektivität und Effizienz des Innovationsprozesses zu gewährleisten. Von einem (professionellen) Innovationsmanagement kann man dabei freilich erst sprechen, wenn sich Aufgaben herausdifferenzieren, die im Zusammenhang mit Innovationsaktivitäten stehen, und diese auch tatsächlich operativ wirksam werden.[532,533] Es

---

527 "[M]any new products simply die from inattention." (Bart 1988a, S. 34).
528 Vgl. auch Pearson (1989), S. 89.
529 Vgl. Jelinek/Schoonhoven (1990), S. 253ff.
530 So stellt beispielsweise Page (1993, S. 284) in seiner empirischen Querschnittsanalyse von amerikanischen und kanadischen Unternehmen fest, daß von 100 Produktideen im Durchschnitt lediglich 9,4 zum Markterfolg werden.
531 Vgl. dazu auch Nonaka (1990), S. 29.
532 Vgl. Stock (1990), S. 22 in Anlehnung an Kirsch (1990), S. 445ff.

geht dabei um die Formierung und Formulierung expliziter Aufgaben. Dies setzt innerhalb des Konzerns Reflexionen über Rollen in bezug auf Innovationen voraus.[534]

Einige Aufgaben lassen sich zwar durch das Innovationsteam bereits handhaben, aber auch die Innovationsteams selbst sind auf eine gewisse Betreuung angewiesen. Folgt man Katzenbach und Smith muß den Teams zum einen ein konkreter Auftrag zur Ausführung gegeben werden, zum anderen benötigen sie ständige Aufmerksamkeit, damit sie effektiv und effizient arbeiten.[535]

Es ergeben sich fünf Aufgaben eines Innovationsmanagements. Erstens gilt es, die geschaffenen Bausteine einer Innovativen Organisation untereinander abzustimmen (*Integrationsfunktion*) (a). Eine zweite Aufgabe für das Innovationsmanagement ist das Sammeln und Bewerten vorhandener Ideen, wobei die für erfolgversprechend erachteten, selektierten Ideen in ihrem Entwicklungsverlauf weiterhin unter Beobachtung bleiben sollten (*Selektions- und Bewertungsfunktion*) (b). Drittens müssen verschiedene Innovationsvorhaben untereinander abgestimmt und koordiniert werden. Im Projektmanagement spricht man in diesem Zusammenhang von "Multiprojektmanagement bzw. -planung", die ich im folgenden als *Koordinationsfunktion* des Innovationsmanagements bezeichnen möchte (c). Zusätzlich ergeben sich - insbesondere vor dem Hintergrund der bisher eingeführten Bausteine einer innovativen Konzernorganisation - zwei weitere Funktionen für das Innovationsmanagement. Die Ideen benötigen (viertens) - das hängt vor allem mit dem Widerstand gegen alles Neue zusammen - einen besonderen Schutz gegenüber dem Etablierten im Konzern (*Mentorfunktion*) (d). Darüber hinaus sind

---

533   Unter dem Begriff des Managements kann mit Kirsch und Ringlstetter eine spezifische Führungskonzeption verstanden werden, die zu einer "Professionalisierung" der Führungsaktivitäten beitragen soll (vgl. Kirsch/Ringlstetter 1995, Kirsch 1992, S. 157 und Ringlstetter/Kniehl 1995).

534   Rollenreflexion heißt, daß man die Rollen über die die Verantwortlichen sich und ihre Möglichkeiten zur Handhabung führungsspezifischer Probleme definieren, "reflektiv" überdacht werden (vgl. Ringlstetter/Kniehl 1995). Von Professionalisierung im eigentlichen Sinne kann allerdings erst die Rede sein, wenn diese Reflexionen auch entscheidungswirksam werden. Von einem (professionalisiertem) Innovationsmanagement kann man vor diesem Hintergrund also sprechen, wenn die Verantwortlichen ihre eigenen und die Rollen der Mitarbeiter bzw. deren Probleme, wenn möglich in verschiedenen Kontexten überdenken und auch dementsprechend handeln. Dabei handelt es sich freilich um ein in der Realität nur in Ansätzen anzutreffendes Ideal.

535   Vgl. Katzenbach/Smith (1993b), S. 117.

(fünftens) die einzelnen Bausteine der innovativen Organisation nicht a priori in Konzernen vorhanden. Sie müssen vielmehr erst implementiert werden. Auch diese *Implementierungsfunktion* kann das Innovationsmanagement übernehmen (e).

(a) Integrationsfunktion: Da der Innovationsgedanke auf mehrere Unternehmensbereiche ausgedehnt wurde, ist die Interaktion zwischen den beteiligten Organisationseinheiten unerläßlich.[536] So weist schon Burgelman darauf hin, daß Innovative Einheiten entsprechende "Counterparts" zu ihrem Management benötigen.[537] Die üblichen Kommunikationswege und Koordinationsmaßnahmen reichen aber zu einer adäquaten informationellen Versorgung und einer Integration der betroffenen Stellen nicht mehr aus 'bzw. sind von vornherein völlig ungeeignet. Diese Aufgabe muß das Innovationsmanagement übernehmen.

(b) Selektions- und Bewertungsfunktion: Die zweite Funktion eines Innovationsmanagements ist die Ideensammlung. So werden Ideen jenseits der F&E-Abteilungen aufgegriffen. Trux et al. vergleichen die Ideensammlung mit einem "360-Grad-Radar"[538], der ständig den "Horizont" absucht. Ideen sollten so von möglichst vielen Stellen "entdeckt" oder "erfunden" und im Sinne einer "zweckfreien Exploration" "aufgewirbelt" und "angesaugt" werden.[539] Das Innovationsmanagement könnte zunächst als Ansprechpartner sowohl für Konzernmitarbeiter außerhalb des Forschungs- und Entwicklungsbereiches als auch für Kunden oder Lieferanten des Konzerns, die neue Anstöße und Ideenvorschläge bringen, fungieren. Beispiele sind Vorschläge von Mitarbeitern der Teileinheiten, die selbst nicht in der Lage sind, ihre Ideen zu verfolgen, und die sie dann an das Innovationsmanagement weiterreichen können.

Wesentliche Aufgabe eines Innovationsmanagements wäre es auch, eine Basis in Form von Systematiken für die Suchaktivitäten, zum Beispiel in der F&E-Abteilung, zu bieten.[540] Nach Littler und Sweeting geht es darum, Systematiken zu

---

[536]   Vgl. dazu auch Nonaka (1990), S. 29.
[537]   Vgl. Burgelman (1985), S. 93.
[538]   Trux et al. (1985), S. 372.
[539]   Dieses Verständnis entspricht dem "Aufwirbel-Ansaug-Recycling-System mit automatischer Filterüberprüfung" von Kirsch et al. (1979), S. 363ff. bzw. analog Kirsch et al. (1978), S. 487ff. oder Kirsch (1991), S. 24f.
[540]   Vgl. für entsprechende Suchsystematiken beispielsweise Ashton et al. (1991), S. 91ff.

entwickeln und bereitzustellen, die es ermöglichen, im Rahmen der Konzernstrategie methodisch durchdacht nach neuen Chancen zu suchen.[541] Dabei gilt es, die Richtung des Gesamtkonzerns nicht aus den Augen zu verlieren. Voraussetzung dafür ist eine enge Abstimmung mit der Konzernzentrale.[542]

Mit jedem Fortschritt im Innovationsprozeß wird es leichter, Entwicklungsrisiko, Kosten und Marktchancen abzuschätzen und damit die Rentabilität des Innovationsvorhabens zu prognostizieren. Um regelmäßig derartige Einschätzungen vorzunehmen, d.h. also den laufenden Fortschritt des Innovationsvorhabens zu kontrollieren, kann der Innovationsprozeß mit Hilfe von Meilensteinen in einzelne Entwicklungsetappen zerlegt werden.[543] An den Meilensteinen sind dann sogenannte "Go-", "Kill-" oder "Hold-Entscheidungen" zu treffen.[544] Die Kontrolle durch das Management in Form von Meilensteinen sollte bereits relativ früh einsetzen, da das Einflußpotential von Entscheidungen etwa auf Qualität und Kosten des Produktes im Entwicklungsverlauf aufgrund der "normativen Kraft des Faktischen" progressiv abnimmt.[545]

Der erste Meilenstein ist unter die Kategorie der Selektionsfunktion zu subsumieren und stellt eine Auswahl unter allen prinzipiell vorhandenen Ideen dar; lediglich Projekte, die eine Zielrendite versprechen und in den strategischen Rahmenplan des Konzerns passen, erhalten grünes Licht. Anthony und McKay empfehlen an jedem weiteren Meilenstein den Abschluß eines Vertrages zwischen dem an der jeweiligen Idee arbeitenden Innovationsteam und dem Innovationsmanagement.[546] Dieser Vertrag legt die Toleranzen für kritische Kennzahlen fest, innerhalb derer das Innovationsteam autonom planen und handeln kann. Bei kritischen Abweichungen soll zur Bewertung des weiteren Vorgehens ein zusätzlicher (außerordentlicher) Meilenstein gesetzt werden, um zu entscheiden, ob

---

541 Vgl. Littler/Sweeting (1984), S. 9.
542 Obwohl (Produkt-) Innovationen das Geschäft von morgen repräsentieren, gibt es in vielen Konzernen keine Strategien für den F&E-Bereich, die im Idealfall eigentlich mit der Gesamtstrategie abgestimmt werden müßten (vgl. dazu Rubenstein 1989, S. 17 und S. 161ff.).
543 Auch an dieser Stelle handelt es sich freilich um künstlich geschaffene Phasen, deren Abgrenzung einer gewissen Willkür unterliegt (vgl. dazu die Ausführungen in Abschnitt II.2.1 dieser Arbeit).
544 Vgl. Cooper/Kleinschmidt (1986), S. 74.
545 Vgl. Mass/Berkson (1995), S. 24 oder Wheelwright/Clark (1992), S. 33.
546 Vgl. Anthony/McKay (1992), S. 144f.

die Entwicklung mit aufgestockten Ressourcen fortgesetzt, weitere Informationen gesammelt oder das Innovationsvorhaben aus dem Portfolio gestrichen werden soll.

Die Ideen müssen anhand ökonomisch und technischer Kriterien möglichst objektiviert bewertet werden. Beispiele sind Nutzenmaßmodelle (Checklisten und Scoringmodelle), ökonomische Rechenmodelle (Amortisationsrechnung, Break-Even-Analyse, ROI- und Diskontierungsmethoden), Wahrscheinlichkeitsmodelle (Monte-Carlo-Simulation, Risikoanalyse, Entscheidungsbaum-Verfahren), Portfolioanalysen und Marktforschungsmodelle.[547] Cooper hält Scoringmethoden für die beste Alternative und entwickelt darauf basierend das "NewProd System"[548], welches das Innovationsvorhaben anhand der Faktoren Markt, Produkteigenschaften, Passung zum Gesamtkonzern bzw. zur jeweiligen Teileinheit und Neuigkeitsgrad des Produktes bewertet.[549] Das grundsätzliche Problem, das sich bei der Bewertung und Kontrolle von Produktinnovationsideen stellt, ist nicht der Mangel an Evaluationsverfahren, sondern die hohe Unsicherheit bzw. die nicht verfügbaren oder nur vagen Informationen, auf deren Grundlage die Bewertung erfolgen muß.

Eine zu rigorose Anwendung von Bewertungstechniken kann allerdings potentiell gute Ideen unter Umständen zu schnell disqualifizieren.[550] Diese vorzeitige Elimination eigentlich guter, d.h. erfolgversprechender Ideen ist mit hohen Opportunitätskosten verbunden. Auf der anderen Seite neigen viele Unternehmen dazu, sich mit zu vielen angefangenen Innovationsvorhaben zu überfordern, die sich dann im Lauf ihrer Entwicklung im Kampf um limitierte Ressourcen gegenseitig blockieren.[551] Adler und seine Kollegen empfehlen angesichts dieser Schwierigkeit, daß grundsätzlich kein Innovationsprojekt starten sollte, bevor nicht die benötigten Ressourcen zur Verfügung stehen.[552]

---

547   Vgl. Cooper (1985), S. 36.
548   Cooper (1985), S. 37.
549   Laut Cooper (1985, S. 37ff.) erreicht dieses Modell eine Prognosewahrscheinlichkeit von 85%. Vgl. zu Abbruchentscheidungen im Rahmen von Innovationsvorhaben auch Lange (1993), der ein Entscheidungsmodell für den Abbruch von F&E-Projekten entwickelt.
550   Vgl. Littler/Sweeting (1984), S. 10.
551   Vgl. Adler et al. (1996), S. 134.
552   Vgl. Adler et al. (1996), S. 149.

Cooper fordert seit Neuem, angesichts der Erkenntnis, daß exakte Phasenabteilungen nie möglich bzw. immer willkürlich sind,[553] ein "Meilensteinsystem der dritten Generation". Es werden die klassischen Etappeneinteilungen aufgelöst. Einzelne Etappen überlappen sich ("fluidity") und unscharfe Meilensteine ("fuzzy gates") erlauben der jeweiligen Situation angepaßte Entscheidungen. Im Vordergrund steht nicht mehr die Objektivität, sondern die Flexibilität ("flexibility"[554]). Das Meilensteinsystem läßt sich genau auf die Bedürfnisse eines jeden Innovationsvorhabens zuschneiden.[555]

Darüber hinaus empfiehlt sich eine Ex-post-Betrachtung der abgelaufenen erfolgreichen, vor allem aber der gescheiterten Innovationsprojekte.[556] Diese nachträgliche Beurteilung gibt für zukünftige Innovationsvorhaben wertvolle Hinweise auf Engpässe, fehlendes Know-how etc.

(c) Koordinationsfunktion: Während das Management *eines* Innovationsvorhabens prinzipiell durch die jeweiligen Innovationsteams abgewickelt werden könnte, bedarf es spätestens zur Handhabung und Abstimmung mehrerer laufender Projekte einer gesonderten, allen Projekten übergeordneten Instanz.[557]

Darüber hinaus sind Ressourceninterdependenzen zwischen verschiedenen Innovationsvorhaben eher die Regel als die Ausnahme. So ergab eine empirische Untersuchung bei 25 innovativen Unternehmen von Castiglioni, daß ein Mitarbeiter durchschnittlich 3,3 Innovationsprojekte gleichzeitig bearbeitet.[558] Unter Umständen blockieren sich sogar verschiedene Projekte gegenseitig. So weisen Wheelwright und Clark darauf hin, daß bei einer hohen Anzahl von Entwicklungsprojekten die strategisch wichtigen oft durch unwichtige Projekte behindert werden.[559] Aus der gleichzeitigen Bearbeitung mehrerer Projekte mit hohem Verwandtheitsgrad ergeben sich indes unter Umständen Synergiepotentiale. Zur Synergienutzung empfiehlt Castiglioni neben der Herstellung von personellen

---

553 Vgl. dazu die Ausführungen in Abschnitt II.2.1 dieser Arbeit.
554 Alle zitierten Schlagworte Cooper (1994), S. 3ff.
555 Die damit einhergehende Komplexität und Sensitivität erfordern allerdings ein erfahrenes Team.
556 Vgl. auch Adler et al. (1996, S. 152), die eine "postproject"-Bewertung fordern.
557 Vgl. Castiglioni (1994), S. 153.
558 Vgl. Castiglioni (1994), S. 142.
559 Vgl. Wheelwright/Clark (1992), S. 71.

Verflechtungen eine systematische Information der Mitarbeiter über parallel laufende Aktivitäten.[560] Das Innovationsmanagement kann das Management für alle
Innovationsvorhaben übernehmen. Damit besitzt es gleichzeitig umfassendes
Wissen über notwendige Ressourcenerfordernisse bzw. -überschüsse als Voraussetzung für eine optimale Ressourcenallokation.

(d) Mentorfunktion: Erfolgversprechende Ideen müssen gefördert werden, um
nicht zu versanden. Unter Umständen ist es für Innovative Einheiten schwieriger,
Unterstützung von der Mutterorganisation zu bekommen als von außen.[561] Um
gute Ideen nicht innerhalb der Auseinandersetzungen, die beispielsweise durch
Legitimationsversuche, Protektion oder informelle Bündnisse gekennzeichnet sein
können, untergehen zu lassen, müssen die neuen Geschäfte protegiert werden.[562]

(e) Implementierungsfunktion: Die einzelnen organisatorischen Bausteine sind
nicht automatisch von vornherein im Unternehmen vorhanden. Deshalb liegt die
erste Aufgabe des Innovationsmanagements darin, die einzelnen Innovativen
Bausteine zu implementieren und mit entsprechenden Aufgaben zu versehen, d.h.
ihre Rollen festzulegen.

Darüber hinaus ist bei jedem neuen Innovationsvorhaben ein Innovationsteam
und später eine Innovative Einheit zu gründen. Es müssen immer wieder Mitglieder und Verantwortliche für die einzelnen Innovationsvorhaben bestimmt werden.
Diese Humanressourcen-Managementaufgabe sollte nicht unterschätzt werden. Es
gibt viele Innovationsprojekte, die alleine deswegen versandet sind, weil es keinen
verantwortlichen Projektmanager mit angemessenen Projektmanagementfähig-
keiten gab.[563]

---

560 Vgl. Castiglioni (1994), S. 142.
561 Vgl. George/Macmillan (1986), S. 86.
562 Vgl. auch Nier/Schusser (1990), S. 276.
563 Vgl. das (aus mehreren Fällen konstruierte) Beispiel von Adler et al. (1996), S. 139. Hier
     setzte sich gegenüber anderen Projekten eines durch, das dann auch entsprechend erfolg-
     reich war. Dieser Erfolg war auf das Durchsetzungsvermögen der Projektleiterin zurückzu-
     führen.

II.4   Zwischenbilanz: Die Bausteine eines erweiterten Bezugsrahmens im Überblick

In diesem Teil habe ich versucht, die Anforderungen an die Gestaltung innovativer Konzernstrukturen herauszuarbeiten. Aus diesen Anforderungen konnten schließlich Bausteine einer Innovativen Organisation abgeleitet werden. Bevor die Ausgestaltung dieser Bausteine in Teil III präzisiert wird, möchte ich in dieser Zwischenbilanz die prinzipiellen Möglichkeiten einer Anordnung der Innovativen Bausteine andeuten (2). Zunächst sollen jedoch die Ergebnisse dieses Teiles nochmals zusammengefaßt werden (1).

(1)   Zusammenfassung der (Teil-) Ergebnisse

In diesem Teil wurden die Schwachstellen des in der einschlägigen Literatur rekonstruierten klassischen Bezugsrahmens offengelegt und der Bezugsrahmen entsprechend erweiter. Zunächst stand die Problematik von Phaseneinteilungen, die auf der impliziten Gleichsetzung der logischen, zeitlichen und organisatorischen Strukturierung des Innovationsprozesses basiert, im Mittelpunkt der Betrachtung. Festgehalten wurde, daß es sehr wohl sinnvoll sein kann, derartige Phasenschemata zu nutzen, sofern man sich ihrer Relativität bzw. Willkürlichkeit bewußt ist.

Wird der Innovationsprozeß logisch, zeitlich oder organisatorisch unterteilt, ergeben sich logische, zeitliche oder organisatorische Schnittstellen. Zum Problem werden dabei insbesondere die organisatorischen Schnittstellen. Die Vorschläge zur Überbrückung (organisatorischer) Schnittstellen, die innerhalb des klassischen Bezugsrahmens formuliert wurden, konnten kaum zur Handhabung der damit verbundenen Probleme beitragen. Unter Bezug auf Ansätze der Praxis wie Simultaneous Engineering und Reengineering habe ich den Prozeßaspekt in den Mittelpunkt der Betrachtung gestellt. Dies zielt weniger auf eine Schnittstellenüberbrückung als auf eine Schnittstellenvermeidung.

Darüber hinaus habe ich aufgezeigt, daß im Zentrum des Interesses nicht der Aspekt stehen kann, die Ideengenerierung organisch und die Ideenrealisierung mechanistisch zu organisieren, sondern die organisatorische Trennung des "Neuen vom Alten".

Aufbauend auf diesen Überlegungen wurden vier Bausteine einer Organisation der Innovation entwickelt. Zu nennen sind erstens eine F&E-Einheit, die die Ideengenerierung übernimmt, und zweitens eine Innovative Einheit, die analog dazu für die Ideenrealisierung zuständig ist. Zwischen diese beiden Einheiten wird nun drittens ein Innovationsteam geschaltet, das die Ideengenerierung und -realisierung prozeßorientiert miteinander verbindet, aber auch in beide Aufgaben bzw. Institutionen hineinragt. Schließlich scheint es angesichts des oben Gesagten vernünftig, viertens auch eine organisatorische Einheit für das Innovationsmanagement bzw. die Stabilisierung des Prozesses vorzusehen.

(2)   Anordnungsmöglichkeiten Innovativer Bausteine

Es sind situationsabhängig verschiedene Stellgrößen einer Institutionalisierung der vier Innovativen Bausteine denkbar. So können Ideengenerierung und Ideenrealisierung respektive F&E- und Innovative Einheit unterschiedlich stark institutionalisiert sein oder im Extremfall überhaupt nicht. Je nachdem, in welchem Umfang innerhalb der beiden Einheiten die Phasen am Anfang und am Ende des gesamten Innovationsprozesses institutionalisiert sind bzw. miterfaßt werden, handelt es sich um eine umfassende oder um eine eingeschränkte Ausgestaltung. Eine relativ eingeschränkte Ausgestaltung des Innovationsprozesses liegt vor, wenn beispielsweise bei einem fünfphasigen Prozeß die erste und die fünfte Phase in der jeweiligen institutionalisierten Einheit stattfinden würden und der Rest in einer Prozeßorganisation respektive einem Innovationsteam gehandhabt würde (vgl. Fall a in Abb. 12).

Umfassen F&E- und Innovative Einheit jeweils eine Hälfte des gesamten Prozesses, liegt eine umfassende Ausgestaltung vor (vgl. Fall b in Abb. 12). Analoge Gestaltungsmöglichkeiten gelten für den Prozeß, der in unterschiedlichem Umfang "freischwebend" sein kann. Schließlich kann auch die Innovationsmanagementeinheit unterschiedlich stark institutionalisiert sein, ein unterschiedliches Aufgabenspektrum aufweisen und unterschiedlich hierarchisch eingebettet sein. Diese verschiedenen Gestaltungsoptionen gilt es in Teil III zu spezifizieren und mit Blick auf die spezifische Konzernproblematik zu verfeinern.

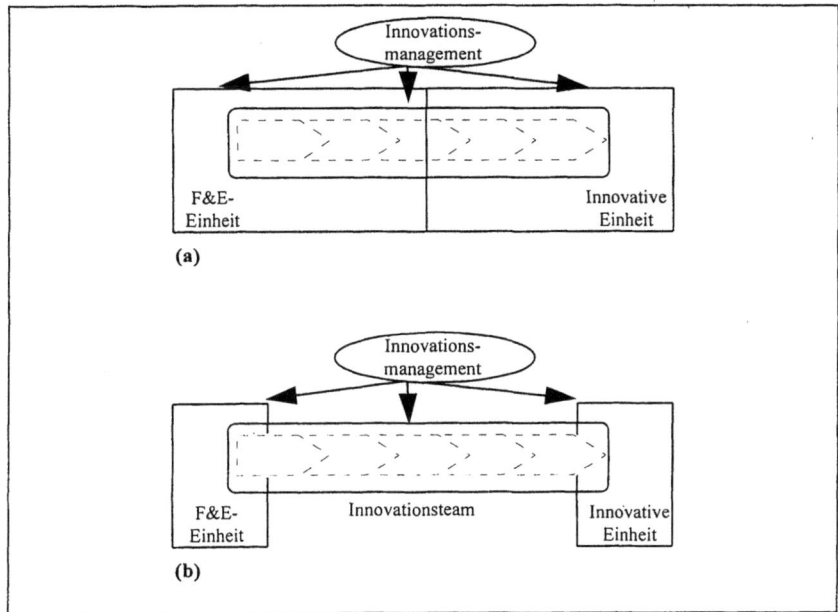

Abb. 12:   *Verschiedene Anordnungsmöglichkeiten der Innovationsbausteine*

TEIL III: GESTALTUNGSOPTIONEN INNOVATIVER KONZERN-STRUKTUREN

Nach den propädeutischen Vorüberlegungen in Teil I wurde in Teil II ein Bezugs-rahmen entwickelt, mit dessen Hilfe die Anforderungen an eine Gestaltung innova-tiver Konzernstrukturen spezifiziert werden konnten. Innerhalb dieses Bezugsrah-mens habe ich vier Bausteine einer Organisation der Innovation skizziert. Dabei handelt es sich um Innovationsteams, F&E-Einheiten, Innovative Einheiten und organisatorische Einheiten für das Innovationsmanagement. Diese vier Innovativen Bausteine und ihre spezifische Ausgestaltung im Konzern gilt es nun in diesem Teil näher zu beleuchten.

Wie in der Einführung dieser Arbeit bereits angesprochen, gibt es verschiedene Gestaltungs*optionen* einer innovativen Konzernorganisation, die vor dem Hinter-grund jeweils unterschiedlicher Rahmenbedingungen relevant werden. Ich möchte nun versuchen, aufbauend auf der einschlägigen Literatur, auf meinen Erkenntnis-sen aus der Konzernpraxis[564] und auf entsprechenden Plausibilitätsüberlegungen, die prinzipiellen Gestaltungsoptionen der vier generischen Elemente nicht nur dar-zustellen, sondern auch - zumindest ansatzweise - in Bezug zu verschiedenen Rah-menbedingungen zu setzen. Letztendlich geht es dabei um die Darstellung von Hypothesen, die prinzipiell in einem nächsten Schritt durch weitere Forschungsbe-mühungen empirisch belegt werden müßten.

Um diesem Vorhaben gerecht zu werden können, stelle ich einige Vorüberle-gungen an. In einem ersten Schritt werden die prinzipiellen Gestaltungsoptionen der vier Innovativen Bausteine einer Organisation der Innovation im Konzern dargelegt (a). Die genaue Gestaltung der Innovativen Bausteine hängt - wie bereits erläutert - von den jeweils vorliegenden Rahmenbedingungen ab. Diese Rahmen-bedingungen lassen sich durch verschiedene Kontextfaktoren[565] genauer spezi-fizieren (b). Am Ende dieser Vorüberlegungen steht ein Überblick zum weiteren Vorgehen in diesem Teil der Arbeit (c).

---

564   Vgl. dazu die Erläuterungen in der Einführung dieser Arbeit.
565   In der Kontingenztheorie spricht man hier von "Kontingenzfaktoren", ich möchte jedoch den "neutraleren" Begriff des Kontext- bzw. Einflußfaktors verwenden.

(a) Gestaltungsvariablen der Innovativen Bausteine im Konzern: Die Gestaltung von Organisationen bietet nahezu unzählige Optionen. Entsprechend existieren auch prinzipiell unüberschaubar viele Gestaltungsoptionen der genannten vier Bausteine einer Organisation der Innovation im Konzern. Diese Gestaltungsoptionen lassen sich durch Gestaltungsvariablen, die jeweils verschiedene Ausprägungen annehmen können, präzisieren. An dieser Stelle kann es nicht darum gehen, alle denkbaren Gestaltungsvariablen aufzuzählen. Es geht vielmehr um eine Auswahl der wichtigsten Gestaltungsvariablen, mit denen die einzelnen aus Teil II abgeleiteten generischen Bausteine einer Organisation der Innovation im Konzern konfiguriert werden können.

Bei der Durchsicht der einschlägigen Literatur und aufbauend auf meinen Einblicken in die Praxis, kristallisieren sich vier wesentliche Gestaltungsvariablen heraus, die im Rahmen der Gestaltung der einzelnen Bausteine, insbesondere auch in Hinblick auf die spezifische Konzernproblematik, von besonderer Relevanz erscheinen. Diese vier Gestaltungsvariablen lassen sich zu zwei grundsätzlichen Gestaltungskategorien zusammenfassen. Bei diesen Gestaltungskategorien handelt es sich um die "Verankerung der Innovativen Bausteine im Konzern" und um die "Eigenständigkeit", die diesen Bausteinen im Rahmen ihrer zu erfüllenden (Innovations-) Aufgabe zugestanden wird (vgl. Abb. 13).

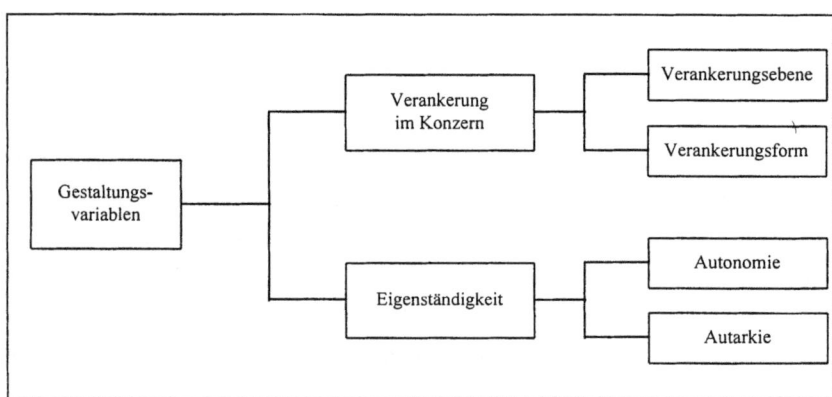

Abb. 13:   Relevante Gestaltungsvariablen der Innovativen Bausteine im Konzern

Die Gestaltungskategorie *Verankerung im Konzern* spiegelt die verschiedenen Anordnungsmöglichkeiten Innovativer Bausteine innerhalb der Konzernstruktur wider. Dabei ist zu differenzieren zwischen den zwei Gestaltungsvariablen Verankerungsebene und Verankerungsform Innovativer Bausteine. Die organisatorische Verankerung der einzelnen Bausteine einer Innovativen Organisation im Konzern ist prinzipiell gemäß der besonderen Organisationsform des Konzerns jeweils auf Leitungsebene[566] oder auf Teileinheitenebene im Konzern, d.h. zentral oder dezentral denkbar (Verankerungsebene).[567] Dabei ist die damit verbundene Annahme eines zweistufigen Konzerns lediglich als beispielhafter Ausschnitt gemeint. Konzerne können durchaus über mehr als zwei Ebenen verfügen. Ich möchte jedoch zur Vereinfachung den zweistufigen Konzern für die weitere Argumentation als Musterbeispiel nutzen. Bei dezentraler Verankerung ist der Kontakt der Innovativen Bausteine zum externen Umfeld unmittelbar und unverfälscht. Sie unterliegen dem direkten Einfluß der jeweiligen Basisteileinheiten. Bei zentraler Verankerung erhöht sich die Entfernung zu dem aktuell vom Konzern bearbeiteten Markt. Dafür wird der Kontakt zur Konzernleitung enger. Bei zentraler Verankerung dient der Innovative Baustein in der Regel nicht mehr nur einer, sondern in der Regel mehreren Basisteileinheiten. Auf diese Weise können Spezialisierungspotentiale genutzt werden.[568] Bedenkt man, daß unter Umständen mehrere Innovative Bausteine der gleichen Art, d.h. mehrere Innovative Einheiten oder mehrere Innovationsteams, im Konzern vorhanden sind, stellt sich die Frage, ob bzw. auf welche Weise diese im Konzern zusammengefaßt werden (Verankerungsform).

Wie bereits in Teil II erläutert, empfiehlt es sich, das Neue von der etablierten Organisation zu trennen, so daß sich für die problemlose Ausführung der Ideengenerierungs- und Ideenrealisierungsaufgaben ein ausreichend großer Handlungsspielraum respektive eine ausreichend große *Eigenständigkeit* ergibt. Die Eigenständigkeit Innovativer Bausteine im Konzern läßt sich mit Rückgriff auf die Ringlstetterschen Grundvariablen organisatorischer Autonomie und Autarkie spe-

---

566 Der Begriff der "Leitungsebene" bezieht sich auf die Leitung des Konzerns. Diese kann, wie in den Vorüberlegungen zu Kapitel I.4 dieser Arbeit bereits erläutert, verschiedene zentrale Teileinheiten umfassen. Diese wiederum können spezifizierte Leitungsfunktionen (*Leitungsteileinheiten*) oder Serviceaufgaben (*Stabs- oder Serviceeinheiten*) für andere Teileinheiten wahrnehmen. Ich möchte im folgenden synonym auch von der "Konzernebene" sprechen.

567 Wie in Abschnitt I.4.1 dieser Arbeit ausgeführt, bestehen Konzerne prinzipiell aus Basisteileinheiten und Leitungsteileinheiten. Die Basisteileinheiten erfüllen die Sachaufgaben für leistungswirtschaftliche Märkte. Die Leitungsteileinheiten nehmen spezifizierte Leitungsfunktionen gegenüber anderen Teileinheiten wahr.

568 Vgl. allgemein zu derartigen Spezialisierungsvorteilen Conell (1996), S. 55ff.

zifizieren.[569] Die Autonomie spiegelt sich in der Entscheidungsfreiheit der Teileinheiten bezüglich der Erfüllung der ihnen zugeordneten Innovationsaufgabe wider. Die Autarkie liegt in einer entsprechenden Ressourcenausstattung der Innovativen Bausteine. In Anbetracht dessen, daß die Innovativen Bausteine Innovationsaufgaben erfüllen und Innovationen immer nur eine Teilaufgabe des gesamten Aufgabenspektrums darstellen, können sie ex definitione nicht vollkommen autark sein. Dies gilt insbesondere für die F&E-Einheiten. Größere Autarkiegrade erscheinen dagegen bei den Innovationsteams und den Innovativen Einheiten sinnvoll, da hier mehrere Teilfunktionen, wie Marketing und Produktion, beteiligt sind.

(b) Rahmenbedingungen für die Ausgestaltung Innovativer Bausteine im Konzern: Die genaue Ausgestaltung der beschriebenen Grundelemente hängt von den unterschiedlichsten Rahmenbedingungen ab, operationalisiert durch Kontextfaktoren. In einem ersten Zugriff kann zwischen konzernbedingten, konzernspezifischen, innovationsspezifischen und umfeldspezifischen Rahmenbedingungen unterschieden - werden (vgl. Abb. 14).[570] Die *konzernbedingten Rahmenbedingungen* werden bereits durch die generellen Wesensmerkmale von Konzernen festgelegt. Jenseits dieser konzernbedingten Rahmenbedingungen gibt es Kontextfaktoren, die sich von Konzern zu Konzern unterscheiden. Konzerne weisen im Einzelfall unterschiedliche Ausprägungen von Kontextfaktoren auf *(konzernspezifische Rahmenbedingungen)*. Wie bereits in Kapitel I.1 erwähnt, können auch die hervorzubringenden (Produkt-) Innovationen unterschiedliche Charakteristika aufweisen, die sich auf die Gestaltung der Innovativen Bausteine auswirken. Je nachdem, was für eine Innovation hervorgebracht werden soll, werden dann andere Gestaltungsalternativen sinnvoll *(innovationsspezifische Rahmenbedingungen)*. Schließlich hat auch das Umfeld - wie in Abschnitt I.2.1 erläutert - Einfluß auf die Gestaltung der innovativen Konzernstruktur. Mit veränderten Umfeldbedingungen ergeben sich *umfeldspezifische Rahmenbedingungen*.

Die in der Abb. 14 gestrichelt dargestellten Kontextfaktoren werden im weiteren hinsichtlich ihres Einflusses auf die Gestaltung der Innovativen Bausteine nicht explizit untersucht werden. Es handelt sich dabei um Kontextfaktoren, die zwar

---

569   Vgl. dazu die Ausführungen in Abschnitt II.2.3 Punkt (3) dieser Arbeit.
570   Es sind sicherlich noch mehr Kontingenzfaktoren denkbar als die hier genannten.

prinzipiell variabel sind, aber durch die Ausführungen der vorausgegangenen Teile dieser Arbeit bereits festgelegt wurden. Sie stellen insofern Prämissen für die weitere Argumentation dar. Durch die Festlegung dieser Prämissen wird eine Diskussion des Einflusses der damit zusammenhängenden Kontextfaktoren überflüssig. Sie ergeben vielmehr eine spezifische Vorabkonstellation, die im folgenden als Ausgangssituation bezeichnet werden soll (vgl. wiederum Abb. 14).

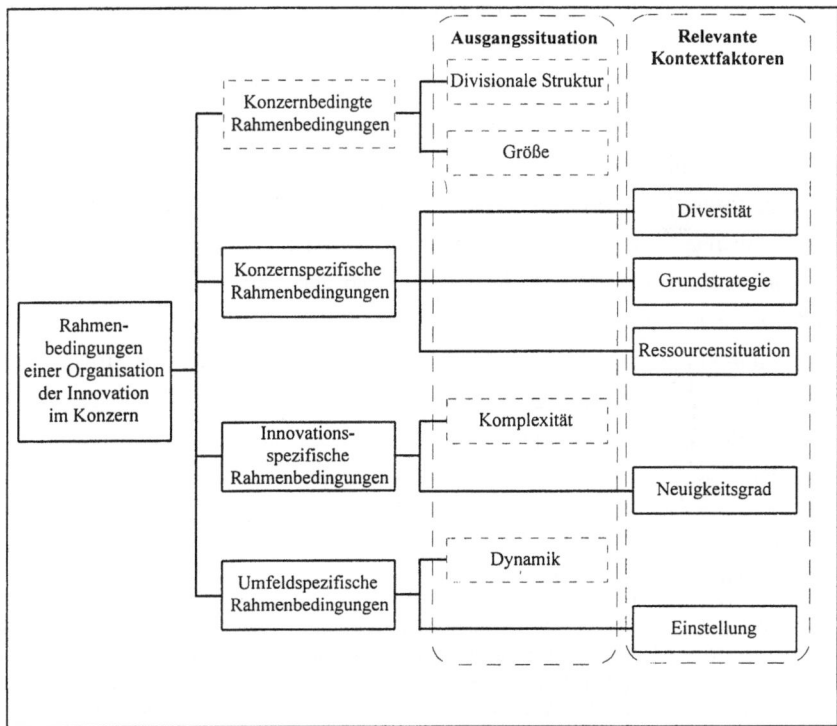

Abb. 14:   Rahmenbedingungen einer Organisation der Innovation im Konzern

Die ersten Prämissen für die weitere Argumentation liegen in den konzernbedingten Rahmenbedingungen. Entsprechend der in den Vorüberlegungen zu Kapitel I.4 aufgezeigten Konzerncharakteristika, sind die Teileinheiten in der Regel objektorientiert abgegrenzt, d.h. der Konzern ist *divisional strukturiert.* Aus den allgemein gehaltenen Überlegungen ließ sich darüber hinaus ableiten, daß es sich bei Konzernen gemeinhin um *größere* Unternehmen handelt. Diesen Faktoren wird von der einschlägigen Literatur a priori ein besonders großer Widerstand gegen

Innovationen zugeschrieben.[571] Die innovationsspezifischen Rahmenbedingungen wurden im ersten Teil dieser Arbeit auf *komplexe* Durchbruchinnovationen beschränkt. Die (vorgegebenen) umfeldspezifischen Rahmenbedingungen sind durch eine zunehmende *Dynamik* der Umwelt und damit einhergehender verkürzter Produktlebenszyklen gekennzeichnet.[572] Die gezielte Forcierung komplexer Durchbruchinnovationen erfordert unter den genannten konzernbedingten, innovationsspezifischen und umfeldspezifischen (Ausgangs-) Bedingungen eine "Organisation der Innovation im Konzern".

Als "eigentliche" Kontextfaktoren verbleiben für die weitere Argumentation somit die konzernspezifischen Rahmenbedingungen der Diversität, der Grundstrategie der Konzernleitung und der Ressourcensituation des Konzerns, die innovationsspezifische Rahmenbedingung des Neuigkeitsgrades und die umfeldspezifische Rahmenbedingung der Einstellung (vgl. wiederum Abb. 14). Die *Diversität des Konzerns* spiegelt die Art, die Vielzahl und den Verwandheitsgrad der vom Konzern erstellten Produkte, d.h. sein Angebotsprogramm wider.[573] Dieses Angebotsprogramm definiert die Gesamtaufgabe und letztendlich auch die Struktur des Konzerns.[574] Konzerne sind ex definitione divers. In Anlehnung an Wrigley können verschiedene Diversitätskategorien unterschieden werden.[575] Dabei kann zwischen Konzernen mit geringer ("related products") und hoher Diversität ("un-

---

571 Vgl. Mintzberg (1992), S. 171.

572 Der Aspekt der Umweltkompliziertheit (neben der Dynamik der zweite Aspekt einer Umweltkomplexität) hat - wie in Abschnitt I.2.1 dieser Arbeit erläutert - keine Auswirkungen auf die Notwendigkeit von Innovationen und bleibt daher an dieser Stelle unerwähnt.

573 Vgl. Ringlstetter (i.V.). Ringlstetter führt zusätzlich zur hier genannten (unternehmensinternen) Diversität des Angebotsprogramms den Begriff der (unternehmensexternen) Diversität des Umfeldes ein.

574 Diesen Zusammenhang konnte der Wirtschaftshistoriker Chandler (1962) bereits in den sechziger Jahren feststellen. Entsprechend prägte er den Slogan: "Structure follows strategy".

575 Vgl. Wrigley (1970), S. 3ff. Um überhaupt als "divers" eingestuft zu werden, müssen Unternehmen einen sogenannten "Specialization Ratio", dem Anteil des größten Produktbereichs am Gesamtumsatz, von unter 70% aufweisen. Je nach Ausprägung des "Specialization Ratio", dem Anteil des größten Produktbereichs am Gesamtumsatz, können Unternehmen den Kategorien "Single Product" (Anteil des größten Produktbereichs am Gesamtumsatz mindestens 95%), "Dominant Product" (Anteil des größten Produktbereichs am Gesamtumsatz zwischen 70% und 95%) und "Related Product" bzw. "Unrelated Product" (Anteil des größten Produktbereichs am Gesamtumsatz jeweils unter 70%) zugeordnet werden (vgl. Wrigley 1970). Rumelt (1974) verfeinerte die Kategorien von Wrigley später zu einem insgesamt neunstufigen Kategorienschema.

related products") unterschieden werden. Diese Unterscheidung erfolgt durch eine unternehmensindividuelle Beurteilung des Verwandtschaftsgrades zwischen den einzelnen Produktbereichen.[576] Die Teileinheiten eines Konzerns mit geringer Diversität sind marktlich und technologisch verwandt.[577] Ein Konzern mit hoher Diversität besteht dagegen aus Teileinheiten ohne irgendeine marktliche oder technologische Beziehung untereinander.

Ein weiterer konzernspezifischer Kontextfaktor ist die *Grundstrategie der Konzernleitung*. Es lassen sich in Anlehnung an Ringlstetter prinzipiell zwei verschiedene Grundstrategien der Konzernleitung "Koordination" und "Mobilisierung" unterscheiden. Die Koordinationsstrategie der Konzernleitung besteht darin, Ineffizienzen zu vermeiden, die sich dadurch ergeben, daß die Teileinheiten des Konzerns nicht oder nicht effizient zusammenarbeiten. Es gilt also die den Teileinheiten zugeordneten Aufgaben zu koordinieren und so das Leistungsniveau des Gesamtkonzerns zu erhöhen.

Eine Mobilisierungsstrategie der Konzernleitung liegt in einer Steigerung des Leistungsniveaus *innerhalb* der einzelnen Teileinheiten. Ringlstetter vergleicht diese Strategie mit der "Verfügbarmachung latenter Energie"[578] der Teileinheiten, die dann zu einer Leistungssteigerung führen soll. Diese Leistungssteigerung kann dadurch erzielt werden, daß vorhandene Ressourcen zum einen in den bestehenden Teileinheiten effizienter genutzt und zum anderen effektiver eingesetzt werden. Als Ansatzpunkte für eine erfolgreiche Mobilisierung nennt Ringlstetter das Setzen anspruchsvoller Ziele sowie die Schaffung entsprechender Freiheitsgrade für die jeweiligen Teileinheiten, um die Mobilisierungsmaßnahmen durchführen zu können. Da die eigentliche Leistung von der Teileinheit selbst erbracht werden muß, ist es für eine Mobilisierung notwendig, daß auch in den Teileinheiten entsprechende Funktionen vorhanden sind, d.h. die Teileinheiten eine entsprechende Eigenständigkeit in Form von Autarkie und Autonomie aufweisen.

---

[576] Vgl. dazu auch Morris (1996), S. 105.

[577] Beispiel dafür wäre ein Chemieunternehmen, das aus Teileinheiten besteht, die zwar in unterschiedlichen Geschäftsfeldern agieren, aber dennoch marktlich oder technologisch miteinander in Beziehung stehen, wie beispielsweise Silikone und Polymere.

[578] Ringlstetter (1995a), S. 86 in Anlehnung an Etzioni (1975), S. 406.

Die Vorteile beider Grundstrategien sind nicht in vollem Umfang gleichzeitig nutzbar.[579] Je nachdem welche Strategie verfolgt wird, empfiehlt es sich unter Umständen, den Konzern in unterschiedlicher Weise zu konfigurieren.[580] Entsprechend ergeben sich auch für die Gestaltung der Innovativen Bausteine je nach verfolgter Grundstrategie der Konzernleitung andere Anforderungen. Mobilisierung und Koordination stellen in ihrer Eigenschaft als von einem Konzern verfolgte Grundstrategie einen Kontextfaktor dar, der bei der adäquaten Gestaltung einer innovativen Organisation berücksichtigt werden muß.[581]

Wie in Abschnitt I.4.1 dargestellt bietet der Konzern finanzielle, immaterielle und materiellle Ressourcenpotentiale für das Hervorbringen von Innovationen. Die genaue Zusammensetzung und der Umfang dieser Ressourcenreservoirs, d.h. die spezifische *Ressourcensituation*, ist jedoch von Konzern zu Konzern unterschiedlich und beeinflußt ebenfalls die Gestaltung der Innovativen Bausteine.[582]

Da der Begriff der Durchbruchinnovation ein relativer Begriff ist, und der *Neuigkeitsgrad* einen verhältnismäßig großen Einfluß auf die Gestaltung innovativer Konzernstrukturen ausübt, erscheint es trotz des Fokus dieser Arbeit auf einen hohen Neuigkeitsgrad, d.h. auf radikale Innovationen, erkenntnisfördernd, die Auswirkungen des Kontextfaktors Neuigkeitsgrad auf die Gestaltung der Innovativen Bausteine zu analysieren.

Zur Charakterisierung des Umfeldes eines Konzerns möchte ich zusätzlich zu den beiden üblichen Faktoren der Umfeldkompliziertheit[583] und -dynamik die *Ein-*

---

[579] Vgl. Ringlstetter (1995a), S. 118ff.

[580] Während zur Realisierung von Spezialisierungsvorteilen eine gewisse funktionale Differenzierung notwendig ist, setzt die Verwirklichung von Synergie- und Mobilisierungsvorteilen eine prinzipielle Eigenständigkeit der Teileinheiten voraus.

[581] Dies ist umstritten. So charakterisiert Ringlstetter die beiden Grundstrategien der Mobilisierung und Koordination beziehungsweise deren Potentiale weder als Kontingenzfaktor noch als Gestaltungsparameter, sondern als Erfolgsfaktoren, die, ableitbar aus spezifischen Gestaltungsmaßnahmen, gewissermaßen die Grundlage für wie auch immer geartete Erfolge des Konzerns bilden (vgl. Ringlstetter i.V.).

[582] Vgl. Chakravarthy/Lorange (1991), S. 294ff. Chakravarthy und Lorange betonen in diesem Zusammenhang vor allem die finanzielle Ressourcenlage. Da aber - wie in Abschnitt I.4.1 dieser Arbeit erläutert - auch die immateriellen und materiellen Ressourcen eine Rolle bei der Hervorbringung von Innovationen spielen, möchte ich hier allgemeiner von der (finanziellen, materiellen und immateriellen) Ressourcensituation sprechen.

[583] Der Faktor der Umfeld*kompliziertheit* spielt - wie in Abschnitt I.2.1 erläutert - keine wesentliche Rolle bei der Hervorbringung von Innovationen. Er spiegelt sich lediglich in der externen Produktkomplexität wider.

stellung des Umfeldes einbeziehen.[584] Die Einstellung des Umfeldes wird durch die Einstellungen der Teilnehmer und Interessenten gegenüber dem Konzern repräsentiert. Ein wesentlicher Interessent ist der Staat. Eine feindliche Einstellung des Staates kann sich in einer für den Konzern ungünstigen Gesetzgebung niederschlagen. Aber auch Gewerkschaften oder Verbände, wie Umweltschutzverbände, verkörpern einen Teil des Umfeldes und tragen zu dessen Einstellung dem Konzern gegenüber bei. Die Einstellung der Umwelt wird bei der Gestaltung von F&E-Einheiten zu einem wesentlichen Kontextfaktor.

(c) Weiteres Vorgehen: Ausgehend von den vier genannten Gestaltungsvariablen, die jeweils auf die vier generischen Bausteine einer Organisation der Innovation zutreffen, ergeben sich - geht man vom einfachsten, wenn auch unrealistischen Fall dichotomer Ausprägung der Variablen aus - $(4^2)^4$ Kombinationsmöglichkeiten und damit 65536 mögliche Varianten einer Organisation der Innovation, die vor dem Hintergrund der genannten Kontextfaktoren in unterschiedlichem Ausmaß relevant werden würden. Eine Darstellung all dieser Varianten würde den Rahmen dieser Arbeit jedoch sprengen. Deshalb erscheint es angebracht, eine weitere einschränkende Auswahl in dreierlei Hinsicht zu treffen. Erstens möchte ich jeden generischen Baustein einer Organisation der Innovation im Konzern separat betrachten. Zweitens werde ich mich auf diejenigen Gestaltungsvariablen beschränken, die für die jeweiligen Innovativen Bausteine eine besondere Bedeutung haben. Und drittens werden lediglich die jeweils relevant erscheinenden Kontextfaktoren behandelt.

Die weitere Argumentation in diesem Teil verläuft prinzipiell anhand der beiden Gestaltungskategorien der Innovativen Bausteine "Verankerung im Konzern" und "Eigenständigkeit" (vgl. Abb. 15). Jedem einzelnen Baustein der Organisation der Innovation im Konzern ist jeweils ein Kapitel dieses Teils gewidmet. In jedem Kapitel, d.h. bei jedem Baustein werden andere, im Einzelfall besonders relevant erscheinende Variablen der prinzipiellen Gestaltungskategorien in den Vordergrund gestellt.

---

[584] Vgl. Ringlstetter (i.V.). Ringlstetter spricht anstelle von der Einstellung des Umfeldes von der Feindlichkeit des Umfeldes. Ich möchte jedoch den Begriff der Einstellung vorziehen, um a priori ein neutraleres Bild zu bieten.

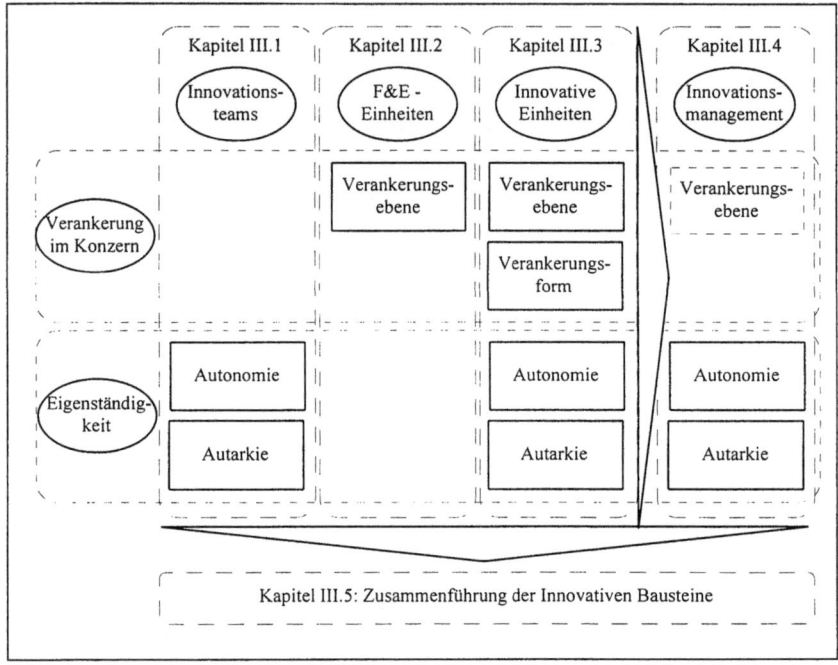

Abb. 15:   *Relevante Gestaltungsvariablen der einzelnen Innovativen Bausteine im Konzern und weitere Vorgehensweise*

In Kapitel III.1 werde ich mich den Gestaltungsoptionen der Innovationsteams widmen, deren Aufgabe in einer Forcierung des Innovationsprozesses liegt. Im Mittelpunkt steht die Frage nach der Eigenständigkeit (operationalisiert durch die Gestaltungsvariablen der Autonomie und Autarkie), welche den Innovationsteams zur Erfüllung ihrer Aufgabe gewährt wird. In Kapitel III.2 wird aufgezeigt, unter welchen Bedingungen eine zentrale oder dezentrale Verankerung der F&E-Einheiten sinnvoll erscheint (Verankerungsebene). Eine Analyse der Gestaltung der Eigenständigkeit von F&E-Einheiten wäre kaum sinnvoll, da die F&E-Einheiten zum einen ex definitione lediglich Unterstützungseinheiten darstellen, d.h. also ex definitione unselbständig sind. In Kapitel III.3 wird die Ausgestaltung Innovativer Einheiten diskutiert. Im Mittelpunkt stehen dabei die Gestaltungsvariablen der Eigenständigkeit: Autonomie und Autarkie. Im Konzern vorhandene Innovative Einheiten können in einer organisatorischen Einheit, genannt: "Innovative Division", zusammengefaßt werden (Verankerungsform). Für diese "Innovative Division" und damit für die Innovativen Einheiten ergibt sich wiederum die Frage der Verankerungsebene. Die Ausgestaltung des Innovationsmanagements als Integrationsbaustein liegt quer zu den anderen drei Innovativen Bausteinen. Sie hängt weniger von den dargestellten Kontextfaktoren, sondern vielmehr von den zu erfüllenden Innovationsmanagementaufgaben basierend auf der Anzahl und der spezifischen Ausgestaltung der anderen (Basis-) Bausteine ab (Kapitel III.4). Abschließend werden in einer Zwischenbilanz die wesentlichen Ergebnisse dieses Teils zusammengefaßt, und es wird an einem Beispiel aufgezeigt, auf welche Weise die einzelnen Bausteine zusammengeführt werden können (Kapitel III.5).

III.1 Innovationsteams: Institutionalisierung des Innovationsprozesses im Konzern

In Teil II wurde die Bedeutung der Organisation des Innovationsprozesses herausgearbeitet. Um die vielfältigen Ad-hoc-Probleme und den allgemeinen Widerstand der etablierten Organisation zu umgehen sowie die am Innovationsprozeß teilnehmenden Einheiten zu integrieren, empfiehlt es sich, diesen Prozeß organisatorisch abzusichern, d.h. zu institutionalisieren, damit der Prozeß selbst nicht zusammenbricht oder versandet.[585] Im Konzern ist diese Gefahr in Anbetracht der Eigenständigkeit der Teileinheiten, die mit entsprechenden Eigeninteressen und Eigenlogiken einhergeht, besonders groß. Zur Institutionalisierung des Innovationsprozesses wurden in Abschnitt II.3.1 sogenannte Innovationsteams empfohlen. Dies stellt im Prinzip eine Überlagerung der Organisationsstruktur durch eine Projektorganisation dar. Je nachdem, auf welche Art und Weise die Projekte im Konzern angebunden und die Innovationsteams intern organisiert sind, können unterschiedliche Arten der Projektorganisation unterschieden werden (Abschnitt III.1.1). In Abhängigkeit von verschiedenenen Rahmenbedingungen, operationalisiert durch Kontextfaktoren, erscheint jeweils ein anderer Grad an Eigenständigkeit und somit auch eine andere Anbindungsart sowie eine andere interne Organisation der Innovationsteams sinnvoll (Abschnitt III.1.2).

---

585   Vgl. Trux et al. (1988), S. 425.

III.1.1   Alternativen der Projektorganisation

Unter dem Schlagwort der Projektorganisation wird in der einschlägigen Literatur vorwiegend die Anbindung von Projekten und damit die Anbindung von Innovationsteams an die Gesamtorganisation behandelt. In Punkt (1) werden die Grundarten der Anbindung von Projekten an den Konzern dargestellt. In direkter Abhängigkeit von der jeweiligen Anbindungsart der Projekte unterscheiden sich die Innovationsteams nach ihrer internen Organisationsstruktur. Die unterschiedlichen Arten der internen Teamstrukturen werden in Punkt (2) aufgezeigt.

(1)   Arten der Anbindung von Projekten an den Konzern

Üblicherweise wird zwischen drei Projektgrundformen unterschieden (vgl. Abb. 16): Stabsprojektorganisation, Matrixprojektorganisation und Reine Projektorganisation.[586] Die einzelnen Formen unterscheiden sich durch ihre Anbindung an den Konzern, d.h. im wesentlichen durch die Abgrenzung von Aufgaben, Verantwortlichkeiten und Entscheidungskompetenzen.[587] In der einschlägigen Literatur umfassen die Projektorganisationsformen Teilnehmer aus den verschiedenen Funktionsbereichen. Die entsprechenden Überlegungen sind auch auf den Konzern übertragbar. Die Projekte umfassen dann analog Teilnehmer aus den Teileinheiten des Konzerns (vgl. dazu auch die Darstellung in Abb. 16). Doch auch die Zusammensetzung der Projekte aus unterschiedlichen Funktionsbereichen auf Teileinheitenebene ist im Konzern denkbar.

Die *Stabsprojektorganisation* oder Einflußprojektorganisation stellt nur eine Vorstufe eines Projektmanagements dar, die dennoch der Vollständigkeit halber dargestellt werden soll.[588] Es wird lediglich ein Mitarbeiter in einer Stabsposition mit der Koordination eines Projektes beauftragt, ohne daß er über Entscheidungskompetenzen verfügt. In der Regel ist dieser sogenannte Projektkoordinator nur "Verfolger des Projektgeschehens"[589] und damit beschäftigt, relevante Informationen aus den Teileinheiten zu sammeln und schriftlich für die Linieninstanzen aufzuarbeiten.

---

586   Vgl. Heine (1995), S. 197ff., Burghardt (1993), S. 78ff.
587   Vgl. Heine (1995), S. 197.
588   Vgl. Heintel/Krainz (1994), S. 43f.
589   Burghardt (1993), S. 79.

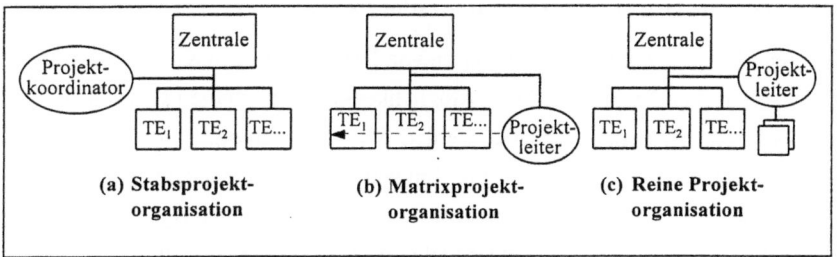

Abb. 16:   *Organisatorische Anbindung von Projekten*
(Quelle: In Anlehnung an Burghardt 1993, S. 78ff.)

Die *Matrixprojektorganisation* ergänzt die bestehende Organisationsstruktur insofern, als daß die Projektmitarbeiter disziplinarisch und fachlich ihren ursprünglichen Bereichen weiterhin angehören, während sie projektbezogen dem Projektleiter unterstehen, der ein projektbezogen fachliches Weisungsrecht besitzt.[590] Der Matrixprojektorganisation wird oft zum Vorwurf gemacht, daß die Mitarbeiter "Diener zweier Herren"[591] sind. Daraus resultieren Konflikte.[592] Den Vorteilen einer Verantwortungsteilung nach projekt- und teileinheitenspezifischen Gesichtspunkten und eines schnellen Know-how-Transfers durch temporären Zugriff auf Spezialisten stehen die Nachteile von Ziel- und Interessenkonflikten aufgrund sich überschneidender Weisungsbefugnisse, ein großer Koordinationsaufwand und erhebliche Implementierungsschwierigkeiten gegenüber.[593] Das Spektrum möglicher Matrixprojektorganisationsformen ist breit. Die Projekte können eher funktional oder eher objektorientiert, d.h. am jeweiligen Innovationsvorhaben ausgerichtet sein.[594]

Die *Reine Projektorganisation* ist in ihrer Grundform eine parallel geschaltete, fast komplette zweite Organisation.[595] Die Projektmitglieder werden vollständig aus der Primärorganisation freigestellt oder eigens für das Innovationsprojekt neu eingestellt. Sie unterliegen der fachlichen und disziplinarischen Weisungsbefugnis des Projektleiters, der die ungeteilte Projektverantwortung trägt.

---

590   Vgl. Holt (1991), S. 91f.
591   Burghardt (1993), S. 79.
592   Vgl. für viele Burghardt (1993), S. 79 und Stuckenbruck (1983), S. 44f.
593   Vgl. Heintel/Krainz (1994), S. 51ff.
594   Vgl. Holt (1991), S. 94.
595   Vgl. Heintel/Krainz (1994), S. 47ff.

(2)   Interne Organisation der Innovationsteams

Während Punkt (1) die Anbindungsarten von Projekten an den Konzern zum Inhalt
hatte, sollen nun die verschiedenen Möglichkeiten einer internen Organisation der
Innovationsteams herausgearbeitet werden. Nach Wheelwright und Clark lassen
sich vier verschiedene Strukturen von Innovationsteams unterscheiden (vgl. Abb.
17):[596] die "funktionale Teamstruktur"[597], die kein Team im eigentlichen Sinne
darstellt und nur der Vollständigkeit halber dargestellt werden soll, die "Leichtgewicht-Teamstruktur"[598], die "Schwergewicht-Teamstruktur"[599] und die "autonome
Teamstruktur"[600]. Wheelwright und Clark beziehen sich in ihren Ausführungen
explizit auf Konzerne, dennoch sind die von ihnen dargestellten Teamstrukturen
lediglich auf Teileinheitenebene verankert. Die gleichen Teamstrukturen sind aber
prinzipiell auch auf Konzernebene und damit teileinheitenübergreifend anwendbar.

Bei der *funktionalen Teamstruktur* arbeiten verschiedene Spezialisten eines
Funktionsbereiches zusammen (vgl. Variante a in Abb. 17).[601] An der Spitze des
Teams steht der Leiter des jeweiligen Funktionsbereiches. Die Teammitglieder
bleiben physisch in ihrem Funktionsbereich. Ein Beispiel dafür ist das in der
Abbildung dargestellte F&E-Team mit den entsprechenden Fachspezialisten der
einzelnen Teilbereiche innerhalb der F&E-Einheit.

In Anbetracht dessen, daß Teams ex definitione komplementär, d.h. aus
mehreren Funktionsbereichen zusammengesetzt werden, handelt es sich bei der
funktionalen Teamstruktur um den Grenzfall eines Teams, da die Teilnehmer
lediglich aus *einer* Funktion stammen. Das Innovationsvorhaben wird von einem
Team zum anderen Team, von Funktion zu Funktion weitergereicht. Entsprechend
konstatieren Wheelwright und Clark die typischen Koordinations- und Schnittstellenprobleme, die auftreten, wenn die Innovationsprojekte eben *nicht* in einem
Team organisiert werden.[602] Im Konzern ist diese Variante der Teamstruktur zwar

---

596   Larson und Gobeli differenzieren fünf verschiedene Projektstrukturen: "functional",
       "functional matrix", "balanced matrix", "project matrix" und "project team" (vgl.
       Larson/Gobeli 1988, S. 181ff.).
597   Wheelwright/Clark (1992), S. 191.
598   Wheelwright/Clark (1992), S. 191 sprechen von der "lightweight team structure".
599   Wheelwright/Clark (1992), S. 191 sprechen von der "heavyweight team structure".
600   Wheelwright/Clark (1992), S. 191.
601   Vgl. Wheelwright/Clark (1992), S. 192f.
602   Vgl. dazu die Ausführungen in Abschnitt II.2.2 dieser Arbeit.

technisch möglich, indem in den jeweiligen Funktionsbereichen der einzelnen Teileinheiten Teams institutionalisiert werden, sie erscheint aber wenig sinnvoll.

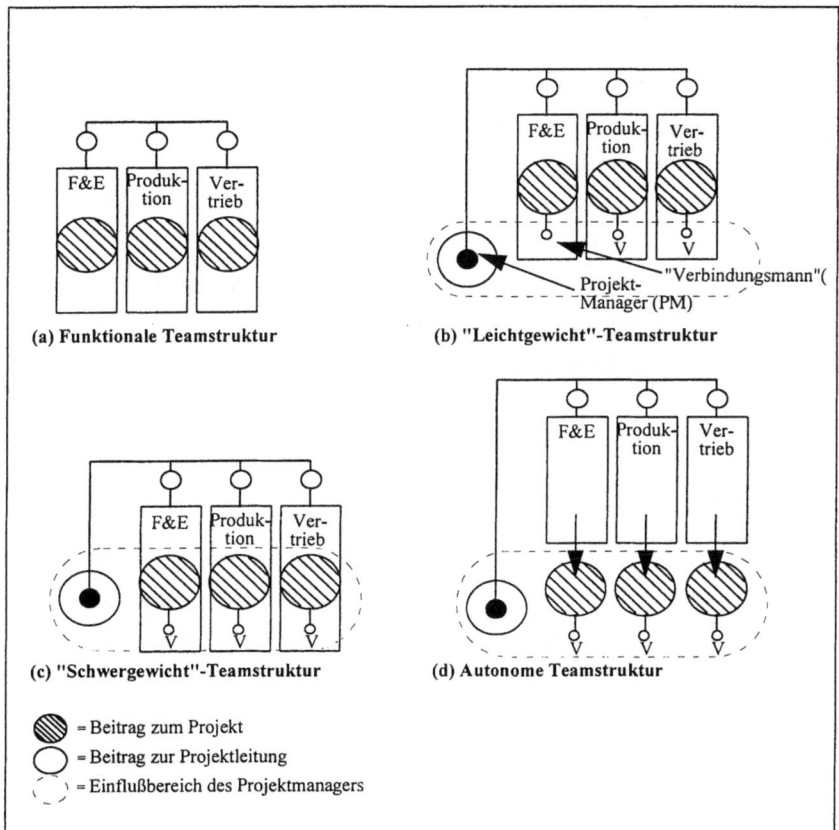

*Abb. 17:   Typen von Innovationsteams
(Quelle: In Anlehnung an Wheelwright/Clark 1992, S. 191)*

Wie in der funktionalen Teamstruktur bleiben auch in der *"Leichtgewicht-Team-struktur"* die Teammitglieder physisch in ihren organisatorischen Einheiten.[603] Sie stammen jedoch aus unterschiedlichen Funktionsbereichen bzw. Teileinheiten, und jede Einheit wird durch einen "Verbindungsmann"[604] im Projektkomittee repräsentiert (vgl. Variante b in Abb. 17). Diese Verbindungsmänner arbeiten dort

---

603   Vgl. Wheelwright/Clark (1992), S. 193f.
604   Wheelwright/Clark (1992), S. 193 sprechen von einer "liaison person".

mit einem "Leichtgewicht-Projektmanager" zusammen, der für die Koordination der Aktivitäten verantwortlich ist. Das eigentliche Team besteht aus den Verbindungsmännern und dem Projektmanager. Der Projektmanager ist in zweierlei Hinsicht ein "Leichtgewicht": Zum einen stammt er aus dem mittleren Management, hat also Erfahrung, aber kaum Status oder Einfluß im Konzern. Zum zweiten bleiben die Ressourcen in der Obhut der Bereichsmanager. Die Leichtgewicht-Teamstruktur weist prinzipiell die gleichen Schwächen und Stärken wie die funktionale Teamstruktur auf. Durch die Verbindungsmänner und den Projektmanager kann lediglich die Koordination und Kommunikation verbessert werden.

Die Leichtgewicht-Teams sind in Konzernen durchaus auch teileinheitenübergreifend sinnvoll einsetzbar. Die Teams werden sodann in verschiedenen Teileinheiten unter Umständen in jeweils verschiedenen Funktionsbereichen des Konzerns gebildet.

In einer *"Schwergewicht-Teamstruktur"* arbeiten Mitarbeiter aus allen für das Projekt relevanten Bereichen direkt zusammen (vgl. Variante c in Abb. 17).[605] Der "Schwergewicht-Projektmanager" hat im Gegensatz zu seinem Leichtgewicht-Counterpart vollen Zugang zu den benötigten Ressourcen und die entsprechende Verantwortung. Er ist dabei in zweierlei Hinsicht ein "Schwergewicht": Zum einen ist er ein Senior-Manager mit entsprechender Erfahrung und angemessenenem Status und Einfluß. Zum zweiten darf er relativ frei über die benötigten Ressourcen verfügen und besitzt damit ein großes Maß an Autarkie. Die Schwergewicht-Teams sind analog zu den Leichtgewicht-Teams sinnvoll konzernübergreifend einsetzbar.

Erst die *autonome Teamstruktur* repräsentiert ein "echt" interdisziplinäres bzw. multifunktionales Team.[606] Die Basisorganisation wird dabei von einer Neuproduktorganisation in Form eines Projektes - oft illustrativ genannt "Tiger Team"[607] - überlagert. In diesem Projekt leitet der Schwergewicht-Manager ein Team, dessen Mitglieder ihre jeweiligen Funktionseinheiten verlassen haben, um ganz und gar nur für dieses Innovationsprojekt arbeiten zu können. Das "Tiger

---

[605]   Vgl. Wheelwright/Clark (1992), S. 194ff.
[606]   Vgl. Wheelwright/Clark (1992), S. 195ff.
[607]   Wheelwright/Clark (1992), S. 196.

Team" ist autonom und autark, der Projektmanager hat volle Kontrolle über die Ressourcen, die ihm von den funktionalen Bereichen überlassen wurden.[608]

Die autonomen Teams sind ebenfalls konzernübergreifend einsetzbar. Dabei müssen die Teamteilnehmer aus unterschiedlichen Funktionsbereichen der jeweiligen Konzernteileinheiten rekrutiert werden, um eine entsprechende Autarkie der Teams gewährleisten zu können.

Eine Spezialform eines derartigen Teameinsatzes in der Praxis sind "All-Star-Teams"[609], die nur aus den qualifiziertesten und begabtesten Mitarbeitern aller (Funktions-) Bereiche zusammengesetzt werden.[610] Eingesetzt wurden diese All-Star-Teams beispielsweise bei der Entwicklung der Boeing 767, des IBM PC und des Canon Personal Copier.

Beim Überschreiten einer gewissen Mitgliederzahl wird der Einsatz von Teams kontraproduktiv, weil sich mit der Gruppengröße[611] Kommunikationsschwierigkeiten ergeben, die zu Mißverständnissen und Mißtrauen führen.[612] Da die Entwicklung neuer (komplexerer) Produkte aber unter Umständen Hunderte Mitarbeiter aus verschiedenen Funktionen erfordert, empfiehlt es sich, größere Entwicklungsprojekte in Teilprojekte zu zerlegen. Das Team wird dann zum "Team of Teams"[613]. Das "Team of Teams" ist eine Hierarchie von Teams, die sich entsprechend der Dekomposition des zu entwickelnden Produktes in seine Bestandteile oder Produktionsschritte zusammensetzt. Mit dem Begriff der Hierarchie ist hier freilich nicht die Art der Koordination oder der Status der einzelnen Teams, sondern die logische Beziehung zwischen den einzelnen Bestandteilen gemeint. Die Kommunikation zwischen den Teams findet über die Teamleiter statt, welche die Teams höherer Ordnung bilden.

---

608   Vgl. Wheelwright/Clark (1992), S. 198.
609   Schrader (1991), S. 33.
610   Vgl. Schrader (1991), S. 33.
611   Hunt (1993, S. 51) nennt als maximale Teamgröße zwölf Mitglieder.
612   Vgl. Pfeifer (1989), S. 67.
613   Hunt (1993), S. 51.

III.1.2   Eigenständigkeit der Innovationsteams

Die verschiedenen Möglichkeiten der Projektanbindung bewirken von der Stabs-
über die Matrix- bis zur Reinen Projektorganisation eine zunehmend stärkere
Abkopplung der Projekte vom Konzern, d.h. eine steigende Eigenständigkeit der
Projekte und damit auch der Innovationsteams. Die Eigenständigkeit der Innovationsteams kann wiederum mit den Kategorien der (Entscheidungs-) Autonomie
und der (Ressourcen-) Autarkie genauer beschrieben werden.

Vor diesem Hintergrund kann der enge Zusammenhang zwischen der Art der
Konzernanbindung der Projekte und der internen Organisation der Innovationsteams herausgearbeitet werden. Mit der Anbindungsart der Projekte ändert
sich die interne Organisation der Innovationsteams. Je stärker das Innovationsteam
von der Primärorganisation abgekoppelt ist, desto eher benötigt es eine interne
Strukturierung. So wird beispielsweise bei einer Stabsprojektorganisation, die
lediglich aus einem Projektkoordinator besteht, keine interne Projektstruktur
benötigt.

Sowohl die Anbindungsart der Projekte als auch die interne Organisation der
Innovationsteams lassen sich direkt zur Eigenständigkeit der Teams in Beziehung
setzen (vgl. Abb. 18). Funktionale Teams sind in Form einer Stabsprojektorganisation verankert und verfügen weder über Autonomie noch über Autarkie.
Leichtgewicht- und Schwergewicht-Teams stellen beide eine Matrixprojektorganisation dar; sie unterscheiden sich lediglich in Hinblick auf ihre Eigenständigkeit.
Schwergewicht-Teams verfügen über mehr Autonomie und Autarkie als Leichtgewicht-Teams. Autonome Teams sind die Projektform mit der größten Eigenständigkeit. Es handelt sich um eine Reine Projektorganisation.

Bei den in der Abb. 18 diagonal angeordneten Typen von Teamstrukturen handelt es sich freilich um eine Idealtypologie. In der Realität sind auch Teamtypen
denkbar, die nicht durch gleich hohe Autonomie- und Autonomiegrade gekennzeichnet sind. So kann es beispielsweise einerseits relativ autonome Teamstrukturen geben, die jedoch nicht entsprechend autark sind. Andererseits sind auch
autarke Teamstrukturen mit geringer Autonomie denkbar. Unter Umständen können derartige Kombinationen der Eigenständigkeit aus der Perspektive der Führung durchaus sinnvoll sein. Im ersten Fall hoher Autonomie und geringer Autarkie läßt man die Teams gewähren, ohne ihnen große Ressourcenmengen zur Verfü-

gung zu stellen. Scheitert das Team, ist das Risiko für den Konzern relativ gering, da nur wenige Ressourcen verloren gehen. Problematisch dabei ist freilich, daß die Teams unter Umständen gerade deshalb scheitern, weil sie nicht mit entsprechenden Ressourcen ausgestattet wurden. Im zweiten Fall geringer Autonomie und hoher Autarkie stellt man den Teams zwar viele Ressourcen zur Verfügung, die Entscheidungsrechte liegen aber nicht bei den Teams selbst. In diesem Fall versucht man, das Risiko des Scheiterns zu kontrollieren bzw. zu vermeiden.

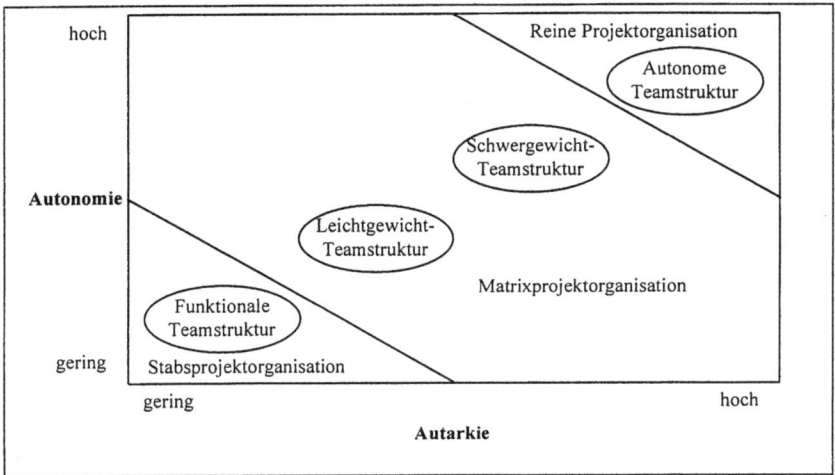

Abb. 18: Autonomie und Autarkie der verschiedenen Teamtypen und Anbindungsformen

Wie in den einführenden Überlegungen dieses Teils erläutert, erscheint je nach der Ausprägung spezifischer Kontextfaktoren ein anderer Grad der Eigenständigkeit sinnvoll. Dabei wird die "optimale" Eigenständigkeit dadurch festgelegt, wie stark das Neue vom Alten organisatorisch separiert werden soll. Die Notwendigkeit einer organisatorischen Trennung der Innovationsteams steigt - wie in Abschnitt II.2.3 erläutert - mit zunehmendem Neuigkeitsgrad der hervorzubringenden Innovation (a). Darüber hinaus wird die Eigenständigkeit von den zu institutionalisierenden Innovationsteams durch die von der Konzernleitung verfolgte Grundstrategie (b) und der Ressourcensituation des Konzerns (c) beeinflußt.

(a) Neuigkeitsgrad der Innovation als Kontextfaktor: Laut Wheelwright und Clark haben alle vier dargestellten Teamstrukturen ihre Existenzberechtigung - je nach-

dem, welche Art von Innovationen man hervorbringen möchte. Mit steigendem Neuigkeitsgrad einer Innovation sind zunehmend eigenständigere Projektformen erforderlich (vgl. Abb. 19). Grund dafür ist zunächst der Widerstand des Alten gegen das Neue, der mit dem Neuigkeitsgrad einer Innovation wächst.[614] Damit wird eine Separierung des Neuen vom Alten zunehmend dringlicher. Mit zunehmender Eigenständigkeit steigt der mit der Institutionalisierung eines Innovationsteams intendierte Prozeßfokus der Teams, so daß die Schnittstellen zwischen den Beteiligten reduziert bzw. ganz vermieden werden.[615]

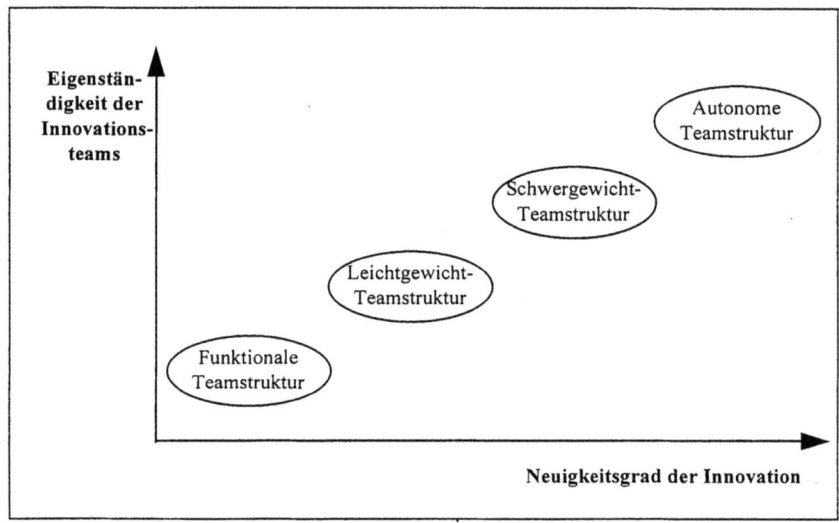

Abb. 19:   Eigenständigkeit von Innovationsteams in Abhängigkeit vom Neuigkeitsgrad der Innovation

Funktionale Teams eignen sich lediglich für die Ausarbeitung inkrementaler Prozeßinnovationen, weil die relativ kleinen Veränderungen, die mit solchen Innovationen verbunden sind, eine Antizipation, Strukturierung und Aufteilung der Innovationsaufgaben zwischen den Funktionsbereichen erlauben.[616] Mit der Organisation von Produktinnovationen, die im Mittelpunkt dieser Arbeit stehen, sind funktionale Teams überfordert.[617] Bereits bei inkrementalen Produktinnovationen

---

614   Vgl. dazu die Ausführungen in Abschnitt II.2.3 dieser Arbeit.
615   Vgl. dazu die Ausführungen in Abschnitt II.2.2 dieser Arbeit.
616   Vgl. Wheelwright/Clark (1992), S. 197.
617   Vgl. Heintel/Krainz (1994), S. 43f. und Wheelwright/Clark (1992), S. 197.

ist die funktionale Teamstruktur nicht mehr angemessen. Wenn das Hervorbringen von Innovationen in großem Umfang auf Ressourcen in den existierenden Teileinheiten angewiesen ist, erweisen sich Matrixprojektorganisationen als geeignet. Dabei sind verschiedene Zwischenformen von Leicht- und Schwergewicht-Teams denkbar.[618]

Bei der Entwicklung radikal neuer Produkte ergeben sich dagegen bei Leicht- und Schwergewicht-Teams der Matrixprojektorganisation Probleme, da die Koordination der Beteiligten in der Matrix einer exakten Planung bedarf, diese Planbarkeit aber mit zunehmender Neuigkeit einer Innovation nicht mehr gegeben ist.[619] In diesem Fall eignen sich autonome Teams als Spezialfall einer Reinen Projektorganisation,[620] da diese die Kombination und Koordination unterschiedlicher Fähigkeiten und Perspektiven in kurzer Zeit erlauben.[621] So identifizieren Clark und Fujimoto die in der Automobilindustrie rekonstruierten "Tiger Teams"[622] als besonders geeignet für das Hervorbringen von Durchbruchinnovationen.[623] Das Team ist vollständig vom Mutterkonzern und den dortigen Widerständen gegen das Neue separiert.[624] Es bildet sich eine eigenständige "Teamkultur" heraus. Damit werden die in Kapitel II.2.3 unter Punkt (1) genannten Kulturprobleme umgangen. Durch das vollkommen eigenständige Team wird ein vom Alten unabhängiges Leistungsziel verfolgt, so daß innovatives Verhalten gleichsam automatisch vorliegt. Die neue Kultur gibt den Akteuren ein Gefühl von Sicherheit und ermutigt

---

618   Vgl. Wheelwright/Clark (1992), S. 199.

619   Vgl. Holt (1991), S. 93.

620   Larson/Gobeli (1988, S. 186) kommen in ihrer empirischen Untersuchung von 540 Entwicklungsprojekten zu dem Schluß, daß eine Matrixstruktur mit starker Projektausrichtung ungefähr genauso wie eine autonome Teamstruktur für komplexe und radikale Produktinnovationen geeignet ist.

621   Vgl. Katzenbach/Smith (1993b), S. 117.

622   Clark/Fujimoto (1991), S. 255.

623   "In essence, the autonomous team is given a 'clean sheet of paper' with regards to the development project and all of its aspects and details. Typically, such tiger teams are not required to follow existing organizational practices and procedures, but are allowed to create their own. This includes establishing incentives and rewards as well as norms of behavior. However, they understand that as a team they will be held fully accountable for the final results of the project. If the project does not succeed as planned, the responsibility will be theirs and no one else's." (Wheelwright/Clark 1992, S. 198).

624   Aus diesem Grund wird empfohlen, die Projektmitglieder auch am gleichen Ort zusammenarbeiten zu lassen (vgl. Holt 1991, S. 95).

zu selbständigem Handeln und Experimentieren.[625] Die Innovation steht im Mittelpunkt, die Innovationsorientierung ist ein Grundelement der neu entstehenden Kultur. Nach Wheelwright und Clark ist ein weiterer wesentlicher Erfolgsfaktor dieser "Tiger Teams" der uneingeschränkte Fokus auf das konkrete Innovationsvorhaben. Teammitglieder und Projektmanager sind vollkommen auf den Projekterfolg konzentriert. Auf diese Weise wird das in Abschnitt II.2.3 unter Punkt (1) genannte Aufmerksamkeitsproblem gelöst, das durch den vorherrschenden Fokus auf das Alte entsteht. Die Teammitglieder sind von der operativen Tagesarbeit befreit und können so dem Neuen ihre ganze Aufmerksamkeit widmen.

(b) Grundstrategie der Konzernleitung als Kontextfaktor: Insbesondere Durchbruchinnovationen benötigen weitestgehende Autonomie und Autarkie. Nur so kann das vorhandene Wissen transzendiert und ein völliger Neubeginn initiiert werden.[626] So gesehen handelt es sich bei der Grundstrategie des Konzerns eigentlich nicht mehr um einen Kontextfaktor, denn wenn Durchbruchinnovationen hervorgebracht werden sollen, gilt es, die Innovationsteams möglichst separat, d.h. autonom und autark zu institutionalisieren.[627] Alle Kontextfaktoren - jenseits des Neuigkeitsgrades der hervorzubringenden Innovation - werden in den Hintergrund gedrängt.

Je abgeschotteter das Innovationsteam fungiert, desto weniger ist es möglich, auf vorhandene Ressourcen zurückzugreifen.[628] Synergien, als spezifische Vorteile einer Grundstrategie der Koordination, entstehen lediglich in der gegenseitigen

---

[625]   Vgl. Martin/Meyerson (1988), S. 120 oder auch Weick (1985), S. 125.

[626]   Vgl. Nonaka (1988), S. 10. Nonaka nennt als Beispiel die Entwicklung des Honda City, der von einem Team junger Konstrukteure entwickelt wurde, das die Vorgabe bekam, gerade nicht das vorhandene technologische Wissen alter Modelle weiterzuverwenden, sondern ein völlig neues Auto zu konstruieren. Infolgedessen entwickelten sie das erste "hohe und kurze" Auto.

[627]   Auf eventuelle Spezialisierungsvorteile kann keine Rücksicht genommen werden.

[628]   Als Beispiel sind noch einmal die bereits erwähnten "Tiger Teams" zu nennen: "The countering disadvantage is that they take little or nothing as 'given'; thus, they are likely to expand the bounds of their project definition and tackle redesign of the entire product and its components and subassemblies rather than looking for opportunities to utilize existing materials, designs, and organizational relationships. Their solution tend to be unique, making it more difficult to fold the resulting product and process - and, in many cases, the team members themselves - back into the traditional organization upon project completion. As a consequence, such tiger teams often become the birthplace of new business units or they experience unusually high turnover following project completion." (Wheelwright/Clark 1992, S. 196).

Befruchtung des verschiedenartigen Wissens der auf Zeit zusammenarbeitenden Teammitglieder. Diese Synergieeffekte basieren einerseits auf der in Kapitel I.4 dargestellten "kulturellen Anregungsdichte" unterschiedlicher Eigenlogiken der Teileinheiten im Konzern.[629] Andererseits beruhen die Synergien auf einer generell verbesserten Problemlösungskapazität von Gruppen im Gegensatz zu Individualleistungen.[630] Das Team stellt also eine Arena der Zusammenarbeit verschiedener Funktionalbereiche oder Teileinheiten dar, die aber so eigenständig und damit nach außen hin so stark abgeschirmt sein sollte, daß sie entweder von den Teileinheiten selbst oder von der Konzernzentrale mobilisiert werden kann.

(c) Ressourcensituation des Konzerns als Kontextfaktor: Auch die jeweilige Ressourcensituation des Konzerns hat einen Einfluß auf die Eigenständigkeit der Innovationsteams, denn insbesondere die Gewährung von Autarkie kann mit einem erheblichen Ressourceneinsatz verbunden sein. Benötigt werden vor allem finanzielle Ressourcen, da diese die höchste Anwendbarkeit, Transferierbarkeit und Transformierbarkeit aufweisen und so am ehesten für Innovationen nutzbar sind.[631] Zu unterschätzen ist aber auch nicht der Bedarf an immateriellen Ressourcen für die Innovationsteams. Als Teammitglieder kommen nur entsprechend fachlich kompetente und teamfähige Humanressourcen in Betracht. Stehen dem Konzern derartige Ressourcen nicht zur Verfügung, ist er unter Umständen dazu gezwungen, die Eigenständigkeit, d.h. insbesondere die Autarkie der Innovatonsteams, verhältnismäßig gering zu halten.

III.2 F&E-Einheiten: Gestaltung der Ideengenerierung im Konzern

Wie bereits in Teil II erläutert, wird die Ideengenerierung in der Regel in F&E-Einheiten, genannt: F&E-Abteilungen, institutionalisiert. Dies ist auch und gerade

---

629 Denn im Innovationsteam trifft das den Projektmitgliedern zugängliche Wissen ihrer jeweiligen Teileinheit - beispielsweise in Form von Produktwissen oder spezifischen Technologien - aufeinander.
630 Vgl. Castiglioni (1994), S. 129ff.
631 Vgl. dazu die Ausführungen in Abschnitt I.4.1 dieser Arbeit.

in Konzernen so. Das bedeutet nicht, daß Kreativität alleinige Domäne der F&E-
Abteilung ist.[632] Ideen für Innovationen können nicht nur aus dem Konzern selbst,
sondern auch von Kunden und Lieferanten stammen.[633] Entsprechend wird immer
wieder betont, wie wichtig es ist, Know-how über technische Entwicklungen, neue
Bedürfnisse und neue Anwendungsgebiete von außen in den Innovationsprozeß
einzubeziehen.[634] Dennoch ist meist zur genaueren Spezifizierung dieser Ideen
Forschung und Entwicklung notwendig, die in der Regel in der F&E-Abteilung
stattfindet.[635] Die F&E-Einheit wird im Minimalfall als "Dolmetscher" für - unter
Umständen inkommensurable - externe Ideen benötigt.[636]

Im Mittelpunkt vieler Ausführungen der Literatur zur Organisation der F&E im
Unternehmen steht die Darstellung der verschiedenen Möglichkeiten, eine F&E-
Abteilung intern zu strukturieren.[637] Standard ist eine objektorientierte Struktur,
welche die F&E nach technisch-wissenschaftlichen Disziplinen, Rohstoffen,
Zwischenprodukten oder Endprodukten gliedert.[638] Es ist nicht Aufgabe dieser
Arbeit, die entsprechenden Ausführungen der einschlägigen Literatur zu wiederholen. Im Rahmen der in dieser Arbeit dargestellten Organisation der Innovation im
Konzern ist die interne Organisationsstruktur der F&E-Einheiten von geringerer
Relevanz, da die eigentlichen Innovationsvorhaben - wie in Kapitel III.1 dargestellt - in den Innovationsteams organisiert werden. Diese Innovationsteams ragen
in die F&E-Einheiten hinein bzw. greifen auf dort vorhandene Ressourcen zurück
und überlagern die F&E-Einheiten temporär.[639,640] Weitere Ausführungen dazu
finden sich in der Zwischenbilanz zu diesem Teil, in der die Überlegungen zur Gestaltung der einzelnen Bausteine zusammengeführt werden.[641]

---

632   Vgl. Strebel (1990), S. 169ff.
633   So stellen beispielsweise Albach und Kollegen fest, daß die Anstöße zu Innovationen
       sowohl in der Elektronik- als auch in der Chemiebranche sowie im Maschinenbau, in der
       Automobil-, Büromaschinen- und Metallbranche neben der F&E-Abteilung als Hauptquelle
       vor allem vom Marketing und den Kunden kommen (vgl. dazu Albach et al. 1991, S. 311).
634   Vgl. Rochford/Rudelius (1992), S. 287ff.
635   Vgl. Audretsch (1993), S. 8.
636   Vgl. Roberts (1979), S. 29.
637   Vgl. z.B. Bleicher (1991), S. 160ff.
638   Vgl. Bleicher (1991), S. 160ff.
639   Laut Hauschildt (1993, S. 73) ist die Projektorganisation insbesondere für größere F&E-Ab-
       teilungen typisch.
640   Vgl. z.B. Roberts (1979), S. 28.
641   Vgl. dazu die Ausführungen in Kapitel III.5 dieser Arbeit.

An dieser Stelle möchte ich zunächst die Frage nach den zu erfüllenden Ideengenerierungsaufgaben beantworten, von denen eine F&E-Einheit Teilaufgaben
übernehmen kann (Abschnitt III.2.1). Erst nach einer Klärung dieser Aufgaben
kann die Verankerung der F&E-Einheiten im Konzern besprochen werden. Im
Vordergrund steht die Frage der Verankerungsebene der F&E-Abteilung, d.h. die
Frage nach einer zentralen oder dezentralen Verankerung im Konzern (Abschnitt
III.2.2).

III.2.1 Aufgaben der Ideengenerierung

Im Rahmen der Ideengenerierung ergeben sich prinzipiell zwei grundsätzliche
Aufgaben.[642] Dabei handelt es sich zum einen um die eher langfristige, teileinhei-
tenübergreifende (Grundlagen-) Forschung und zum anderen um die eher kurzfristige, teileinheitenspezifische Entwicklung (vgl. Abb. 20). Es sind auch weiter-
gehende Differenzierungen der Ideengenerierungsaufgaben möglich. So differen-
zierte das (inzwischen umgetaufte) Bundesministerium für Forschung und Technologie (BMFT) zwischen Grundlagenforschung, Anwendungsorientierter Grundlagenforschung, Angewandter Forschung und Entwicklung.[643] Dabei sind die Über-
gänge fließend. Abgesehen davon werden im Einzelfall unternehmensspezifische
Definitionen festgelegt oder Empfehlungen in Arbeitskreisen, z.T. auf Branchen-
ebene, gegeben.

Bei der *(Grundlagen-) Forschung* handelt es sich um die langfristige Gewin-
nung konzernübergreifender neuer wissenschaftlicher oder technischer Erkenntnisse, die noch nicht an praktischer Anwendbarkeit orientiert sein müssen. Hierunter
ist auch das Hervorbringen neuer technologischer Paradigmen zu subsumieren, die
zu Durchbruchinnovationen und damit zu einer radikalen Weiterentwicklung des
Konzernportfolios beitragen können. Die Aufgaben der (Grundlagen-) Forschung
sind im Hinblick auf den damit später erreichbaren Nutzen unsicherer als solche
der Entwicklung. Laut Brockhoff ist für derartige Projekte im Extremfall fraglich,
ob überhaupt ein Nutzen eintreten wird.[644] Die technische Erfolgswahrscheinlich-

---

642   Vgl. Graham (1986), S. 89.
643   Vgl. Brockhoff (1994), S. 38.
644   Vgl. Brockhoff (1994), S. 40.

keit variiert mit der Branche. Als extrem unsicher gilt die pharmazeutische
(Grundlagen-) Forschung mit minimalem Output an weiterverwertbarem technologischem Wissen. Laut Brockhoff sind die externen Unsicherheiten wie Marktun-
sicherheiten, insbesondere aber auch Organisationsunsicherheiten aufgrund von
Prioritätenänderungen u.ä. größer als prozeßinterne bzw. technische Unsicherheiten.[645]

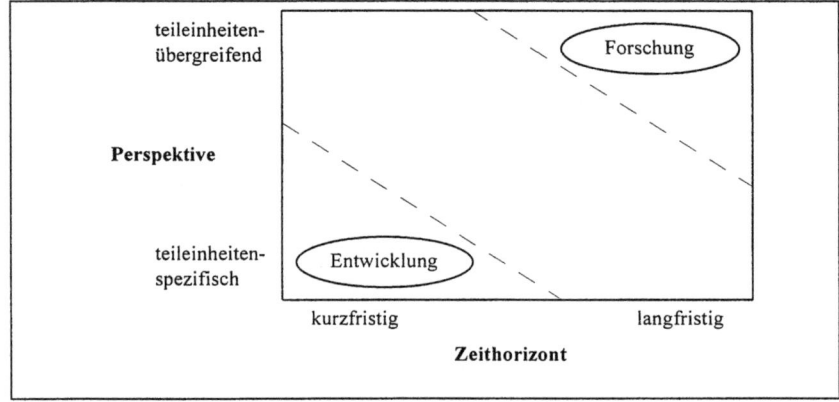

Abb. 20:   *Aufgaben der Ideengenerierung: Forschung und Entwicklung*

Laut Franz liegt die "Kunst" der Grundlagenforschung darin, "das 'Absacken' in
den Elfenbeinturm der Wissenschaft zu verhindern, so daß nicht mehr allein um
des Forschens willen geforscht wird, sondern letztendlich der Wissenstransfer in
die Entwicklung die Zielsetzung sein muß."[646] Wird die Grundlagenforschung jedoch zur reinen Auftragsforschung, läuft sie Gefahr, zu einer "verlängerten Werk-
bank" der Entwicklung zu degenieren.[647]

Die *Entwicklung* beschäftigt sich mit der Nutzung und Weiterentwicklung von
bereits vorhandenen oder in der Forschung gewonnenen wissenschaftlichen
Erkenntnissen, um zu neuen oder verbesserten Systemen, Materialien, Geräten,
Produkten, Verfahren usw. zu gelangen. Dabei können auch unternehmensexterne
Wissensquellen genutzt werden.[648] Bei der Entwicklung handelt es sich um ein

---

645   Vgl. Brockhoff (1994), S. 42.
646   Franz (1994), S. 18.
647   Vgl. Franz (1994), S. 18.
648   Vgl. Schwer (1985), S. 21ff.

Fortschreiten entlang einer technologischen Trajektorie innerhalb eines technologischen Paradigmas. Es werden Produkte weiterentwickelt bzw. modifiziert. Die
Entwicklung ist in der Regel bereits auf die spezifischen Belange der (vorhandenen
oder erst zu schaffenden) Teileinheiten ausgerichtet.[649]

III.2.2 Zentrale versus dezentrale Verankerung von F&E-Einheiten im Konzern

Die F&E-Einheit kann verschiedene Teile der genannten Ideengenerierungsaufgaben übernehmen. Je nachdem, welche Ideengenerierungsaufgaben sie ausführt,
erscheint auch eine unterschiedliche Verankerung im Konzern sinnvoll. In
Hinblick auf die organisatorische Verankerung der F&E-Einheiten im Konzern
existieren grundsätzlich drei Möglichkeiten.[650] Die F&E-Einheit kann entweder
zentral auf Konzernebene, dezentral auf Teileinheitenebene oder sowohl auf
Konzern- als auch auf Teileinheitenebene verankert werden. Der dritte Fall wird
als Regelfall für Konzerne bezeichnet.[651]

In Anbetracht der in Abschnitt III.2.1 dargestellten Aufgaben der Ideengenerie-
rung stellt sich die Frage, unter welchen Rahmenbedingungen bzw. bei welchen
Kontextfaktorausprägungen eine zentrale, eine dezentrale oder eine kombinierte
Verankerung der F&E-Einheiten sinnvoll ist. Relevante Kontextfaktoren, die die
Verankerungsebene beeinflussen, sind dabei die Diversität des Konzerns (a), die
Grundstrategie der Konzernleitung (b), die Ressourcensituation des Konzerns (c),
der Neuigkeitsgrad der Innovation (d) und die Einstellung des Umfeldes (e).

(a) Diversität des Konzerns als Kontextfaktor: Ein wesentlicher Faktor bei der
Frage nach der Verankerungsebene von F&E-Einheiten im Konzern ist die Diversität des Konzerns.[652] Im Mittelpunkt steht dabei freilich der Aspekt der Unterschiedlichkeit der Technologien. Bei Konzernen mit *geringer Diversität*, deren
Teileinheiten also insbesondere technologisch verwandte Produkte herstellen,

---

649 Vgl. Brockhoff (1994), S. 40.
650 Vgl. für viele Kern/Schröder (1977), S. 363f., De Pay (1989a), S. 119f. oder Berthel et al.
(1990), S. 37f.
651 Vgl. Rubenstein (1989), S. 37.
652 Vgl. Ayal/Rothenberg (1986), S. 241.

erscheint eine zentrale Verankerung der F&E-Einheit sinnvoll. Dies gilt zum einen
für die Entwicklung, d.h. die Nutzung und Weiterentwicklung der bereits in den
Teileinheiten vorhandenen Systeme, Materialien, Geräte, Produkte, Verfahren
usw., zum anderen für die (Grundlagen-) Forschung, d.h. die langfristige Gewin-
nung teileinheitenübergreifender neuer wissenschaftlicher oder technischer Erkenntnisse. Für Konzerne mit *hoher Diversität* wird dagegen eine rein dezentrale
Verankerung zumindest der Entwicklungs-, d.h. der "E"-Aktivitäten empfohlen.[653]
Denn sofern die Teileinheiten auf technologischen Gebieten vertreten sind, die sich
im Extremfall innerhalb unterschiedlicher technologischer Paradigmen bewegen,
existiert kaum eine Basis für eine gemeinsame Weiterentwicklung der Produkte.
Außerdem sind die Teileinheiten in diesem Fall besser mit den konkreten Anwen-
derwünschen und entsprechendem Spezialistenwissen vertraut.[654] Anders sieht
dies für den Bereich der Forschung aus. Insbesondere die Grundlagenforschung ist
langfristig auf die Schaffung neuer Geschäfte jenseits der bereits existierenden
Teileinheiten gerichtet und muß daher nicht auf diese Einheiten fokussiert bzw. auf
Ebene dieser Einheiten verankert sein. Durch eine zentrale Verankerung können
Spezialisierungsvorteile in Form von Economies of Scale und Economies of Scope
realisiert bzw. unnötige Doppelarbeiten vermieden werden.[655] Bei Konzernen mit
hoher Diversität empfiehlt sich dementsprechend eine Verankerung der "F"-Ein-
heiten auf zentraler und der "E"-Einheiten auf dezentraler Ebene.

(b) Grundstrategie der Konzernleitung als Kontextfaktor: Verankert man die
grundlegenden, langfristigen, teileinheitenübergreifenden Forschungsaufgaben auf
zentraler Ebene und die anwendungsnahe Entwicklung auf Teileinheitenebene handelt es sich prinzipiell um den Versuch, den "Trade-Off" zwischen den Spezialisie-
rungspotentialen einer zentralen und den Mobilisierungspotentialen einer dezentralen Verankerung zu handhaben.[656] Da eine *Mobilisierungsstrategie* eine weitge-

---

653   Vgl. Ayal/Rothenberg (1986), S. 241.
654   Vgl. Wolfrum (1994), S. 438.
655   Vgl. Link/Tassey (1987), S. 42.
656   De Pay versucht, diesen Trade-Off durch eine Transaktionskostenanalyse zu analysieren
       (vgl. De Pay 1989a oder auch 1989b). Im Mittelpunkt stehen die Kosten der Koordination
       in Form von Informations-, Kontroll- und Kommunikationskosten zwischen den Teileinhei-
       ten sowie zwischen verschiedenen F&E-Einheiten selbst (Kontakte zwischen Spartenlabors
       und zentraler Forschung). Sie geht sowohl in ihrer empirischen Erhebung als auch in ihren
       Auswertungen sehr "hemdsärmlig" vor (vgl. dazu kritisch Tebbe 1990, S. 199ff.). Darüber

hende Autarkie der Teileinheiten voraussetzt,[657] erfordert sie im Prinzip eine Institutionalisierung dezentraler F&E-Einheiten zur Vervollkommnung der Autarkie. Dies hat Rubenstein in einer empirischen Untersuchung bestätigt.[658] Er hat festgestellt, daß in Teileinheiten mit großer Eigenständigkeit sehr umfangreiche dezentrale F&E-Einheiten institutionalisiert sind, die sogar eigene Grundlagenforschung betreiben. Auf diese Weise versuchen die Teileinheiten, ihre Zukunft mitzubestimmen und in Anbetracht des konzerninternen Wettbewerbs, der in der Regel in "mobilisierten" Konzernen herrscht, ihr "Geheimwissen" bzw. ihre zukünftigen Kernkompetenzen gegenüber anderen Teileinheiten zu hüten.[659] Deshalb führt der allgemeine Trend zur Dezentralisierung im Rahmen von Mobilisierungstendenzen auch zu vermehrter F&E auf Teileinheitenebene.[660]

Im Gegensatz dazu benötigt eine Konzernstrategie der *Koordination* diese F&E-spezifische Autarkie auf Teileinheitenebene nicht. Mit einer zentralen F&E-Einheit lassen sich Spezialisierungsvorteile realisieren. Voraussetzung ist jedoch, daß die Teileinheiten - wie bereits unter Punkt (a) ausgeführt - nicht vollkommen unabhängig voneinander bzw. unverwandt diversifiziert sind.

Theoretisch existiert auch die Möglichkeit einer hybriden Strategie, indem die F&E prinzipiell dezentral verankert wird, die Teileinheiten sich aber im Hinblick auf gewisse Schlüsseltechnologien untereinander abstimmen bzw. von der Konzernleitung koordiniert werden. Argyres favorisiert, insbesondere für Konzerne, deren Teileinheiten auf gleichen Kerntechnologien basieren, eine zentralisierte M-Form, die sogenannte "CM-Form"[661]. Bei dieser Form stimmt die Zentrale die F&E-Aktivitäten der Teileinheiten aufeinander ab, indem sie die technologischen Standards vorgibt, und realisiert damit Synergien. Denkbar ist auch eine Koexistenz von M- und CM-Form. Dabei dürfen alle "unverwandten" Teileinheiten selbständig über ihre F&E entscheiden, während die "verwandten" Teileinheiten auf

---

hinaus greift die Transaktionskostentheorie gerade im Innovationsbereich unter Umständen zu kurz (vgl. Völker 1996, S. 51ff.).

657 Vgl. dazu die Ausführungen in Kapitel I.4.1 dieser Arbeit.

658 Vgl. Rubenstein (1989), S. 49.

659 Vgl. Rubenstein (1989), S. 49.

660 Vgl. Rubenstein (1989), S. 17.

661 CM-Form steht dabei für "centralized M-form" (Hill 1988 zitiert in Argyres 1995, S. 354) in Anlehnung an die von Williamson (1975) und Chandler (1962) kreierte M-Form.

eine gemeinsame Richtung der F&E durch die Konzernleitung festgelegt werden.[662]

(c) Ressourcensituation des Konzerns als Kontextfaktor: Die Frage nach der Verankerungsebene der F&E-Aktivitäten wird auch durch die jeweilige Ressourcensituation des Konzerns bestimmt. Die Ausstattung von F&E-Einheiten mit Laboranlagen, Humanressourcen usw. ist teuer. Insbesondere eine Doppelverankerung auf
dezentraler und zentraler Ebene des Konzerns erfordert einen umfangreichen Ressourceneinsatz. Aus Gesamtkonzernperspektive erscheint eine zentrale Verankerung mit dem geringsten Ressourceneinsatz verbunden, denn auf diese Weise lassen sich Spezialisierungsvorteile realisieren und Redundanzen vermeiden.

Verfügt der Konzern über eine geringe Ressourcenbasis und befinden sich darüber hinaus die Geschäfte des Konzernportfolios am Ende ihres Lebenszyklusses -
ist also die "Krise" bereits akut oder unmittelbar zu antizipieren-,[663] empfehlen
Chakravarthy und Lorange eine zentrale Verankerung der F&E-Aktivitäten.[664] Auf
diese Weise können neue Geschäfte gezielt jenseits der existierenden Geschäfte in
den Teileinheiten forciert werden, während die etablierten Teileinheiten sich auf
die Erwirtschaftung kurzfristiger Erträge konzentrieren, die dann wiederum in die
innovativen Aktivitäten investiert werden können.[665]

(d) Neuigkeitsgrad der Innovation als Kontextfaktor: Je nachdem, ob der Konzern
eine inkrementale oder radikale Zielsetzung bezüglich der Weiterentwicklung seines Konzernportfolios mit seinen Forschungs- und Entwicklungsaktivitäten verfolgt, ergeben sich verschiedene Schwerpunktsetzungen zugunsten einer dezentralen oder zentralen Verankerung der F&E-Einheit.

Die Generierung von Ideen im Rahmen von Verbesserungen und Modifikationen bzw. *inkrementalen Innovationen* setzt ein grundlegendes Verständnis der vorhandenen Produkte, Technologien und Märkte der jeweiligen Teileinheiten voraus.
Insbesondere handelt es sich um das Know-how über die Herstellungsweise und
den Markt der vorhandenen Produkte. Dieses Wissen liegt in den jeweiligen Teil-

---

662   Vgl. Argyres (1995), S. 356.
663   Vgl. dazu die Ausführungen in Abschnitt I.2.1, Punkt (1).
664   Vgl. Chakravarthy/Lorange (1991), S. 295f.
665   Vgl. Chakravarthy/Lorange (1991), S. 296.

einheiten vor und kann unmittelbar für die Weiterentwicklung der vorhandenen Produkte eingesetzt werden. Entsprechend empfiehlt die einschlägige Literatur bei geringem Neuigkeitsgrad angestrebter Produktinnovationen eine weitgehende Dezentralisierung der F&E.[666]

Für *Durchbruchinnovationen* kann sich ein derartiges Wissen bzw. derartige Kernkompetenzen der einzelnen Teileinheiten hinderlich auswirken.[667] Es geht vielmehr darum, die teileinheitenspezifischen Kernkompetenzen zu transzendieren bzw. neue zu entwickeln. Vor diesem Hintergrund wird empfohlen, die Entwicklung radikaler Innovationen von den Teileinheiten, insbesondere von den Routineentwicklungen in dezentralen F&E-Einheiten, organisatorisch zu trennen.[668] Auf Konzernebene existiert in der Regel kaum teileinheitenspezifisches Know-how. Hier verfügt man über teileinheitenübergreifendes, allgemeineres Wissen. In den Augen von Wolfrum erweist sich daher eine zentral verankerte konzernweite Grundlagenforschung mit interdisziplinärem oder neuem Charakter beim Hervorbringen technologisch komplexer Innovationen als unabdingbar.[669]

Insbesondere als Profit Center geführte, d.h. "mobilisierte" Teileinheiten sind darauf angewiesen, Innovationen hervorzubringen, die sich schnell ökonomisch verwerten lassen. Daraus resultiert eine insgesamt kurzfristigere Sichtweise, die sich auf die in der Regel schneller und problemloser zu verwirklichenden inkrementalen Innovationen konzentriert. Die zentrale F&E ist nicht davon abhängig, möglichst schnell möglichst viele Innovationen auf den Markt zu bringen. Aus diesem Grund ist sie prädestiniert für Innovationen mit "Blick über den Tellerrand".[670] Entsprechend stellen Ettlie et al. in ihren empirischen Untersuchungen fest, daß radikale Produktinnovationen eher in einer zentralen F&E auf Konzernebene, in einer Umgebung von vielen Spezialisten, gelingen, während inkremen-

---

666   Vgl. Wolfrum (1994), S. 438f.

667   Vgl. dazu die Ausführungen über den Widerstand des Alten gegen das Neue in Abschnitt II.2.3 dieser Arbeit.

668   Vgl. Johne/Snelson (1989), S. 114.

669   Vgl. Wolfrum (1994), S. 438.

670   Vgl. auch Jelinek/Schoonhoven (1990), S. 334. "We need to look further out through time, if you will, [through the corporate labs]. We use them more in a groundbreaking mode than we have before. We see things now, say, five to ten years ahead for what we need, and we get them to work on these things because we need them!" (Peter Rosenbladt, Hewlett Packard zitiert in Jelinek/Schoonhoven 1990, S. 191f.).

tale Produktinnvationen insbesondere auf Teileinheitenebenen gefördert werden, in denen vor allem die Marktorientierung im Vordergrund steht.[671,672]

(e) Umfeldeinstellung als Kontextfaktor: In Konzernen, die in der Regel in vielen verschiedenen Umfeldern respektive Ländern agieren, spielt für die Frage der dezentralen oder zentralen Verankerung der F&E die "Einstellung" des jeweiligen Umfeldes eine besondere Rolle.[673] Die Einstellung des Umfeldes setzt sich - wie in den Vorüberlegungen zu diesem Teil erläutert - aus den Einstellungen der Interessenten des Konzerns zusammen.[674] Ein wesentlicher Interessent ist der Staat, der durch entsprechende Gesetze eher feindliche oder eher freundliche Rahmenbedingungen für die F&E schaffen kann.[675] So fördern einige Länder aktiv den Aufbau dezentraler F&E-Aktivitäten, um das nationale technologische Niveau zu erhöhen oder Arbeitsplätze zu garantieren.[676,677] Hilfsmittel dabei sind nicht nur gesetzliche, sondern auch finanzielle Maßnahmen in Form von Subventionen. Die Einstellung des Umfeldes äußert sich auch in der Verfügbarkeit von Ressourcen. In diesem Sinne weist Völker darauf hin, daß gerade bei der Besetzung neuer Technologiefelder die verfügbaren technologischen Ressourcen des Umfeldes, d.h. die Verfügbarkeit von "Know-how" und "Forschern", wesentliche Rollen spielen.[678]

Ist ein positiv eingestelltes Umfeld mit entsprechenden gesetzlichen Rahmenbedingungen und verfügbarem Know-how, in Form von hochspezialisierten Fach-

---

671   Vgl. Ettlie et al. (1984), S. 692ff.

672   Vgl. dazu auch die Ausführungen in Abschnitt I.2.1, Punkt (3) dieser Arbeit. Dort wird darauf hingewiesen, daß für Durchbruchinnovationen immer auch ein "Technology Push" vonnöten ist.

673   Vgl. zu diesem Begriff Ringlstetter (i.V.). Ringlstetter faßt diesen Begriff weiter und definiert ihn als Einstellung aller Teilnehmer und Interessenten gegenüber einem Unternehmen.

674   Vgl. zu den Begriffen Teilnehmer und Interessent Kirsch (1988), S. 139ff.

675   Kutschker (1992, S. 507) spricht in diesem Zusammenhang von "Begrenzenden Einflußfaktoren", die die Komplexität einer Entscheidungsfindung insofern reduzieren, als daß bestimmte Alternativen durch staatliche Einflußnahme aus dem Entscheidungsfeld ausgeschlossen werden.

676   Vgl. Kümper (1995), S. 44.

677   Vgl. Braun (1995), S. 205. Braun nennt als Beispiel für die Bedeutung von Arbeitsplätzen beim Marktzugang von Siemens (Bereich "Öffentliche Kommunikationsnetze") zum indischen Telekommunikationsmarkt.

678   Vgl. Völker (1996), S. 61.

kräften, in der regionalen Umgebung der Konzernzentrale nicht gegeben, legt dies eine Tendenz zur Dezentralisierung von F&E-Einheiten nahe.[679] Erst eine F&E-Einheit vor Ort erlaubt den Zugang zu dem dort vorhandenen Personal bzw. Know-how und Technologien oder macht entsprechende Forschungsaktivitäten überhaupt erst - auf legale Weise - möglich. So haben sich beispielsweise in den Bereichen Gen-, Biotechnologie oder Mikrobiologie in den USA und Japan regelrechte "Kompetenzregionen"[680] herangebildet, zu denen Zugang oft nur durch den Aufbau eigener F&E-Kapazitäten vor Ort möglich ist.[681] Selbst Konzerne, die a priori sehr stark zentralisiert sind - beispielsweise die BASF, die 50% ihrer Mitarbeiter und fast alle Forschungslabors in Ludwigshafen versammelt hat - betreiben ihre Genforschung dezentral in den USA.[682]

Eine dezentrale Verankerung der F&E-Einheiten kann jedoch auch mit Nachteilen verbunden sein. Kümper nennt beispielsweise als wesentlichen Mangel einer dezentralen Verankerung, insbesondere in multinationalen Unternehmen, die fehlende Angepaßtheit des neuen Produktes an die Bedürfnisse des Heimatmarktes.[683]

III.3   Innovative Einheiten: Gestaltung der Ideenrealisierung im Konzern

In Abschnitt II.3.2 wurde bereits darauf hingewiesen, daß Produktinnovationen in einer "Innovativen Einheit" jenseits vom laufenden Geschäft realisiert werden sollten. Insbesondere die Organisationsform des Konzerns bietet dafür verschiedene organisatorische Gestaltungsmöglichkeiten. Einige Denkanstöße, wie eine organisatorische Trennung einer "Innovativen Einheit" vom Mutterkonzern unter Um-

---

679   Vgl. Chiesa (1995), S. 19f.
680   Völker (1996), S. 61.
681   Vgl. Wolfrum (1994), S. 439, in Anlehnung an Gerpott (1991), S. 54f. So nimmt Japan eine Vorreiterrolle bei Technologien für hochauflösendes Fernsehen ein, während in der Bio- beziehungsweise Gentechnologie US-Firmen dominieren und bei CIM-Technologien die Standards von europäischen Unternehmen gesetzt werden. Zu einem Überblick der Standortwahl für F&E vgl. Brockhoff (1994), S. 100ff.
682   Vgl. Völker (1996), S. 62.
683   Vgl. Kümper (1995), S. 43.

ständen aussehen kann, liefern die in der Einführung dieser Arbeit erwähnten Ansätze des "Venture Managements"[684]. Mittel zum Zweck sind sogenannte Venture-
Einheiten, die gezielt aus dem Konzern ausgegliedert werden, um neue Geschäfte
aufzubauen. Der Erfolg innovativer Konzerne, wie 3M, Johnson & Johnson und
DuPont, resultiert nicht zuletzt aus einem systematisch betriebenen "Venture
Management".[685] Weitere Hinweise zur Gestaltung Innovativer Einheiten lassen
sich aus den Überlegungen zum "Corporate Entrepreneurship" oder "Intrapreneuring" ziehen, in deren Mittelpunkt die Frage steht, wie man Mitarbeiter großer Unternehmen unter anderem durch organisatorische Vorkehrungen zum Unternehmer,
d.h. "Entrepreneur" macht.[686]

Mit Rückgriff auf die Erkenntnisse des Venture-Managements und des
"Corporate Entrepreneurship" wird in Abschnitt III.3.1 aufgezeigt, wie
eigenständig Innovative Einheiten gestaltet werden sollten. Die Verankerungsform
Innovativer Einheiten wird in Abschnitt III.3.2 besprochen. Darüber hinaus stellt
sich die Frage, auf welcher Ebene die Innovativen Einheiten im Idealfall verankert
werden (III.3.3).

III.3.1   Die Eigenständigkeit Innovativer Einheiten

Ohne entsprechende Autonomie und Autarkie kann die Innovative Einheit dem
Ziel der Separierung des Neuen vom Alten nicht nachkommen (1). Dennoch sind
unterschiedliche Ausprägungen der Gestaltungsvariablen Autonomie und Autarkie
denkbar (2). Die Wahl der Eigenständigkeit der Innovativen Einheiten wird von
der Ressourcensituation und vom Neuigkeitsgrad der hervorzubringenden
Innovation beeinflußt (3).

(1)   Autonomie und Autarkie Innovativer Einheiten

Die Ausgestaltung Innovativer Einheiten muß dem Charakter ihrer innovativen
Aufgabenstellung gerecht werden. Alle Funktionen, die auf dem Weg bis zum

---

684   Vgl. ausführlich dazu Slocum (1972), Fast (1978), Servatius (1988), Siemer (1991),
       Block/MacMillan (1993).
685   Vgl. beispielsweise Adams (1969) und Peterson (1967).
686   Vgl. Pinchot (1988), Schendel (1990), Guth/Ginsberg (1990), Stevenson/Jarillo (1990),
       Kuratko et al. (1990), Grinyer/McKiernan (1990) und Lant/Mezias (1990).

tragfähigen Geschäft eine wichtige Rolle spielen, sollten vertreten sein, um die Handlungsfähigkeit der Innovativen Einheit zu gewährleisten.[687] Sie muß also eine gewisse (Mindest-) Autarkie aufweisen. Nur auf diese Weise kann sie sich die ebenfalls notwendige Autonomie sichern.[688] Ohne Autonomie und Autarkie zu gefährden, eignen sich zur Unterstützung Innovativer Einheiten von seiten des Konzerns insbesondere Ressourcen, die sich durch hohe Flexibilität, d.h. Anwendbarkeit, Transfer- und Transformierbarkeit auszeichnen, d.h. also finanzielle (a), aber auch in eingeschränktem Maße immaterielle (b) Ressourcen.[689] Materielle Ressourcen sind aufgrund ihrer eingeschränkten Anwendbarkeit, Transfer- und Transformierbarkeit weniger dazu geeignet, die Innovativen Einheiten zu unterstützen (c).

(a) Nutzung finanzieller Ressourcen: Innovative Einheiten haben in der Regel über eine lange "Durststrecke" mit Anfangsverlusten zu kämpfen. Aus diesem Grund muß ihnen ein ausreichendes Polster finanzieller Ressourcen zur Verfügung gestellt werden.[690] Es bedarf auf jeden Fall einer Innovationsbudgetierung, die eine realitätsnahe Vorstellung darüber voraussetzt, wie lange es dauern wird, bis das Innovationsvorhaben einen positiven Ergebnisbeitrag realisieren kann.[691] Darüber hinaus müssen andere Erfolgsmaßstäbe Anwendung finden als üblich, um die Leistungen einer Innovativen Einheit beurteilen zu können.[692] Nur auf diese Art und Weise kann das in Abschnitt II.2.3 beschriebene Toleranzproblem beim Hervorbringen von Produktinnovationen umgangen werden. Prinzipiell können Innovative Einheiten auch auf externe Finanzierungsquellen zurückgreifen. Für eine interne Finanzierung sprechen jedoch die in Abschnitt I.4.2 genannten Gründe einer Risikodiversifikation und die ebenfalls in Abschnitt I.4.2 unter dem Schlagwort "Insider-Informationen" erläuterten, von Informationsasymmetrien induzierten Kapitalbeschaffungsvorteile des Konzerns.

---

687   Vgl. Siemer (1991), S. 81.
688   Vgl. dazu die Ausführungen in Abschnitt II.2.3 Punkt (3) dieser Arbeit.
689   Vgl. dazu die Ausführungen in Abschnitt I.4.1 dieser Arbeit.
690   Der Einsatz finanzieller Mittel stellt für den Aufbau und den Betrieb einer Innovativen Einheit für den Konzern zunächst eine Investition dar (vgl. Siemer 1991, S. 93).
691   Vgl. Sommerlatte et al. (1987), S. 69.
692   Vgl. Siemer (1991), S. 278.

(b) Nutzung immaterieller Ressourcen: Die im Konzern vorhandenen immateriellen Ressourcen können - zumindest teilweise - für den Aufbau neuer Geschäfte qua Innovativer Einheiten genutzt werden. In Anbetracht dessen, daß es sich um den Aufbau von etwas Neuem, d.h. ex definitione Anderem, handelt, können jedoch nur solche immateriellen Ressourcen mit breiter Anwendbarkeit genutzt werden.[693] Dafür kommen beispielsweise im Konzern bereits vorhandene Patente und Lizenzen in Frage, die in einem anderen Zusammenhang beantragt worden sind und für das Neue eher zufällig genutzt werden können. Eine weniger zufällige und damit eine größere Rolle spielen allgemeine "Soft Facts" wie das Image des Konzerns, das in der Regel gut auf das Neue anwendbar und transferierbar ist. Darüber hinaus kommt die Innovative Einheit in den Genuß geringerer Kapitalkosten aufgrund der Bonität des etablierten Konzerns. Von besonderer Relevanz ist darüber hinaus die "Metakompetenz" des Konzerns, neue Geschäfte inklusive neuer Kompetenzen aufzubauen.[694]

(c) Nutzung materieller Ressourcen: Wie in Abschnitt I.4.1 unter Punkt (2) dieser Arbeit ausgeführt stehen materielle Innovationspotentiale immer dann zur Verfügung, wenn sie unteilbar und unausgelastet sind, d.h. es sich um quasi-öffentliche Ressourcen handelt. Beispiele sind vorhandene unausgelastete Anlagen, ungenutzte Lagerräume oder andere ungenutzte materielle Ressourcen, die zur Hervorbringung von Innovationen genutzt werden können. Gerade bei Innovationen mit höherem Neuigkeitsgrad können die im Konzern vorhandenen materiellen Ressourcen jedoch nur in seltenen Fällen für den Aufbau neuer Geschäfte in den Innovativen Einheiten genutzt werden.

(2)   Alternative Institutionalisierungsformen von Innovativen Einheiten

Obgleich eine gewisse Eigenständigkeit für die Institutionalisierung Innovativer Einheiten quasi ex definitione vorauszusetzen ist, können die Innovativen Einheiten dennoch unterschiedliche Autonomie- und Autarkiegrade aufweisen. Abb. 21 zeigt die verschiedenen Institutionalisierungsmöglichkeiten mit jeweils unterschiedlichen Autonomie- und Autarkiegraden, die für die Realisierung eines neuen Geschäftes in Frage kommen. Die in der Abbildung gestrichelt dargestellten Alter-

---

693   Vgl. dazu die Ausführungen in Abschnitt I.4.1 dieser Arbeit.
694   Vgl. zum Begriff der "Metakompetenz" die Ausführungen in Abschnitt I.2.2 dieser Arbeit.

nativen stellen dabei Möglichkeiten jenseits einer Institutionalisierung von Innovativen Einheiten dar, die hier der Vollständigkeit halber aufgeführt seien.

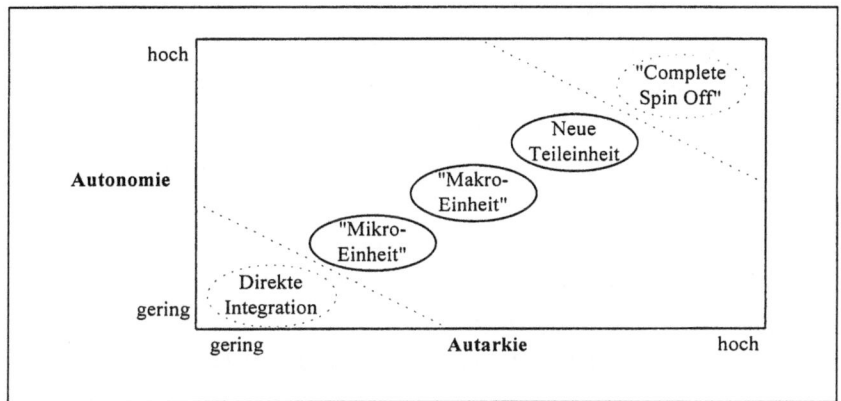

Abb. 21:   Autonomie und Autarkie Innovativer Einheiten

Die "herkömmliche" organisatorische Alternative für zu realisierende Produktinnovationen ist eine *direkte Integration* des neuen Geschäftes in eine bereits existierende Teileinheit. Voraussetzung für eine erfolgreiche direkte Integration wäre, daß die jeweilige Teileinheit das Neue handhaben will und auch kann. Hierin liegt jedoch gerade das Problem, denn diese Alternative geht mit sehr geringen Autonomie- und Autarkiegraden einher. Aus diesem Grund wird das Neue, wie in Kapitel II.2 erläutert, stets durch das Alte behindert. Eine extreme Trennung des Neuen vom Alten liegt in einer vollständigen Abspaltung der zu realisierenden Produktinnovation, beispielsweise in Form eines Verkaufs des neuen Geschäftes. In der Venture-Literatur ist in diesem Fall von einem *"Complete Spin Off"*[695] die Rede. Auch in diesem Zusammenhang möchte ich nicht von einer Innovativen Einheit sprechen. Innovative Einheiten sind also nicht nur durch eine gewisse Mindesteigenständigkeit gekennzeichnet, sondern müssen auch in irgendeiner Weise noch mit dem Mutterkonzern verbunden sein.

Wird eine Innovative Einheit zur Realisierung der Produktinnovation mit verhältnismäßig geringer Autonomie und Autarkie implementiert, kann man in An-

---

695   Burgelman (1985), S. 98.

lehnung an Burgelman von einer *"Mikro-Einheit"* sprechen.[696] Wie bereits erwähnt müssen in dieser kleinen Einheit bereits alle Funktionen, die auf dem Weg bis zum tragfähigen Geschäft eine wichtige Rolle spielen, vertreten sein, um eine entsprechende Handlungsfähigkeit der Innovativen Einheit zu gewährleisten.[697] Darüber hinaus ist der Einheit natürlich auch eine entsprechende Autonomie zu gewährleisten. Burgelman und Sayles weisen darauf hin, daß die Mikro-Einheit innerhalb gewisser Grenzen ihre eigenen Strategien für das neue Geschäft entwickeln können muß.[698]

Weist die Innovative Einheit größere Autonomie- und Autarkiegrade möchte ich in Abgrenzung zur Burgelmanschen "Mikro-Einheit" von einer *"Makro-Einheit"* sprechen. Makro-Einheiten sollten dergestalt mit Ressourcen ausgestattet werden, daß ihre Ausgangsposition in etwa der eines Gründerunternehmens entspricht.[699]

Das Stadium der Innovativen Einheit kann auch "übersprungen" werden, indem übergangslos eine *neue Teileinheit* des Konzerns gegründet wird. Dabei handelt es sich freilich um nichts anderes als eine sehr große Innovative Einheit mit besonders hohen Autonomie- und Autarkiegraden.

(3)   Eigenständigkeit Innovativer Einheiten

Wie unter Punkt (1) erläutert kann die Innovative Einheit ohne entsprechende Eigenständigkeit dem Ziel der Separierung des Neuen vom Alten nicht nachkommen. Um dem Charakter ihrer innovativen Aufgabenstellung gerecht werden zu können, benötigt die Innovative Einheit insbesondere eine entsprechende Autarkie. Diese Autarkie kann aber der Innovativen Einheit von seiten des Konzerns nur gewährt werden, wenn dies die Ressourcensituation des Konzerns zuläßt (a). Ein weiterer wesentlicher Faktor für die Frage nach der Eigenständigkeit einer Innovativen Einheit ist der Neuigkeitsgrad der Produktinnovation (b).

(a) Ressourcensituation des Konzerns als Kontextfaktor: Die Eigenständigkeit der Innovativen Einheiten wird - ebenso wie die in Abschnitt III.1.2 dargestellte

---

[696]   Vgl. Burgelman (1985), S. 98 und Burgelman/Sayles (1986), S. 184f. Burgelman bzw. Burgelman/Sayles sprechen von einem "micro new-venture".
[697]   Vgl. Siemer (1991), S. 81.
[698]   Vgl. Burgelman/Sayles (1986), S. 184.
[699]   Vgl. Schmid (1986), S. 65.

Eigenständigkeit der Innovationsteams - beeinflußt durch die jeweilige Ressourcensituation des fokalen Konzerns. Insbesondere die Gewährung von Autarkie kann - wie in bereits unter Punkt (1) erwähnt - mit einem großen Ressourceneinsatz, insbesondere finanzieller, aber auch immaterieller Art, verbunden sein. Die im Konzern vorhandenen materiellen Ressourcen dagegen können gerade bei Innovationen mit höherem Neuigkeitsgrad nur in seltenen Fällen für den Aufbau neuer Geschäfte in Innovativen Einheiten genutzt werden. Das bedeutet wiederum den vermehrten Einsatz finanzieller Ressourcen, da nichtsdestoweniger entsprechende materielle Ressourcen, wie etwa Anlagen, für die Innovativen Einheiten bereitgestellt werden müssen.

Je größer die Ressourcenengpässe im Konzern, desto eher sollten die Innovativen Einheiten - soweit möglich - auf die im Konzern vorhandenen Ressourcen zurückgreifen; die Innovativen Einheiten sind also mit geringerer Autarkie auszustatten. Ist trotz eines Ressourcenengpasses eine hohe Autarkie für die Innovative Einheit notwendig, beispielsweise aufgrund eines hohen Neuigkeitsgrades der Innovation, kann durch einen "Spin Off"[700] das Dilemma gehandhabt werden. Ein "Spin-Off" umgeht durch die Beteiligung Dritter den Ressourcenengpaß und erlaubt somit ein hohes Maß an Autarkie für die Innovative Einheit. Dennoch bleibt die Innovative Einheit, im Gegensatz zum oben genannten "Complete Spin Off" mit dem Mutterkonzern verbunden. Die Ausgestaltungsmöglichkeiten der Beteiligung des Mutterkonzerns an der Innovativen Einheit reichen von Mehrheitsbeteiligungen über Minderheitsbeteiligungen bis hin zu Zahlungen der Innovativen Einheit für die im dem Mutterkonzern generierte Innovationsidee. Zwischen der Ressourcensituation des Konzerns und der Autarkie Innovativer Einheiten ergibt sich ein parabelförmiger Zusammenhang (vgl. Abb. 22).

---

[700]   Nathusius (1977), S. 236.

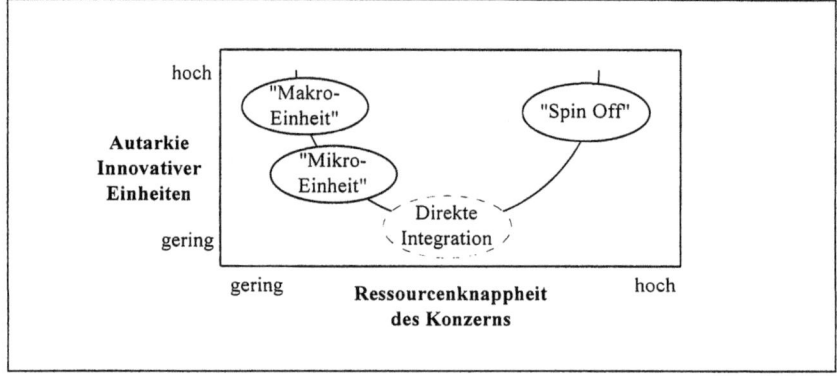

Abb. 22:   Die Autarkie Innovativer Einheiten in Abhängigkeit von der Ressourcenknappheit des Konzerns

(b) Neuigkeitsgrad der Innovation als Kontextfaktor: Ein weiterer wesentlicher Faktor für die Frage nach der Eigenständigkeit einer Innovativen Einheit ist der Neuigkeitsgrad der Produktinnovation respektive der Verwandtschaftsgrad zum etablierten Geschäft des Konzerns.[701] Je neuer das Geschäft, um so wichtiger ist eine Trennung vom Alten, um sich auf die Realisierung der Innovation konzentrieren zu können. Je größer der Verwandtschaftsgrad, desto eher können vorhandene Ressourcen genutzt werden. Block und MacMillan sprechen von einem "Trade-Off" zwischen maximalem Lernen bei vollkommen neuen Geschäften und der Nutzung vorhandener Ressourcen bei verwandten Geschäften.[702,703]

Mit zunehmendem Neuigkeitsgrad der Produktinnovation wird die Eigenständigkeit des Neuen in Abgrenzung zum Alten immer wichtiger.[704] Entsprechend empfiehlt Bart die Gründung einer selbständigen Innovativen (Mikro-) Einheit, sobald es sich um ein für den Konzern weitgehend fremdes Geschäft handelt.[705] Auch nach Burgelman macht eine organisatorische Verselbständigung insbesondere Sinn für Innovationsvorhaben, die keinen bzw. nur einen geringen Verwandt-

---

701   Vgl. auch Block/MacMillan (1993), S. 200f.
702   Vgl. Block/MacMillan (1993), S. 200.
703   Auch Roberts und Berry haben vor diesem Hintergrund eine Matrix aufgestellt, die eine Ausgliederung mit zunehmender Neuigkeit des Produktes und der entsprechenden Märkte befürwortet (vgl. Roberts/Berry 1985, S. 5).
704   Vgl. dazu die Ausführungen in Abschnitt II.2.3, Punkt (3) dieser Arbeit.
705   Vgl. Bart (1988a), S. 37.

schaftsgrad mit den etablierten Geschäften aufweisen.[706] Mit steigendem Neuigkeitsgrad sollten Autonomie und Autarkie, d.h. die Eigenständigkeit der Innovativen Einheiten zunehmen.

Abhängig ist die "optimale" Institutionalisierungsform von neuen Geschäften in ihrer Anfangsphase neben dem Neuigkeitsgrad von ihrem potentiellen Volumen (vgl. Abb. 23). Ist abzusehen, daß das Volumen des neuen Geschäftes sich in erkennbarer Zeit in Umsatzgrößen entsprechend der bereits existierenden Teileinheiten belaufen wird, empfiehlt es sich unter Umständen sofort eine derartige Teileinheit neu zu gründen.

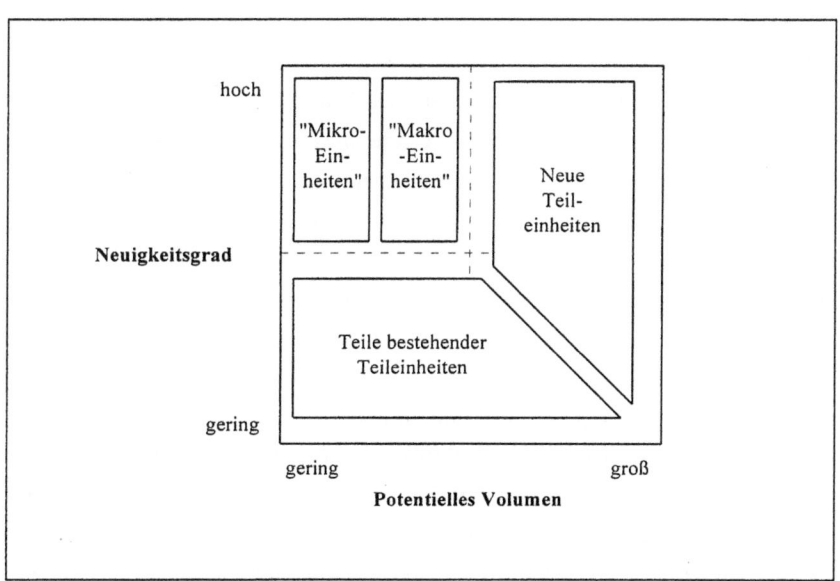

Abb. 23:   Institutionalisierungsalternativen nach Neuigkeitsgrad und potentiellem Volumen der Innovation

Eine Rolle bei der Institutionalisierung Innovativer Einheiten spielen auch Intensität und Dauer, in der sich das in Kapitel III.1 beschriebene Innovationsteam bereits mit der jeweiligen Produktinnovation auseinandergesetzt hat. Im Extremfall sind die Produktinnovationen schon so "ausgereift", daß sich eine eigene Innova-

---

706   Vgl. Burgelman (1985), S. 43.

tive Einheit gar nicht mehr "lohnt" und direkt eine neue Teileinheit geschaffen werden kann. Dieser Zeitpunkt ist jedoch schwer zu bestimmen.[707]

III.3.2   Zusammenfassung Innovativer Einheiten in einer Innovativen Division

Im Rahmen eines innovativen Konzerns gibt es in der Regel mehrere Innovative Einheiten, die jeweils verschiedene und in unterschiedlichen Stadien neue Geschäfte forcieren. Bereits in den Ansätzen des Venture-Managements wurde empfohlen, alle existierenden Venture-Einheiten organisatorisch in einer relativ autonomen "Venture Division" zusammenzufassen, welche insbesondere die Koordinationsaufgaben beim Aufbau der neuen Geschäfte übernehmen sollte.[708] Auch Drucker empfiehlt, sämtliche neuen Geschäfte, in seinen Worten: sämtliche "Kinder" bis zum "Erwachsenwerden", zusammenzufassen.[709] Ich möchte vor diesem Hintergrund von einer "Innovativen Division" sprechen, in der die Innovativen Einheiten organisatorisch zusammengefaßt werden können. Von der Organisationsform her vergleichbar ist eine derartige Innovative Division mit einer "Internationalen Division"[710], einer Abteilung zur Koordination der Auslandsgesellschaften. Dieser Internationalen Division sind die ausländischen Tochtergesellschaften eines Konzerns unterstellt. Sie ist meist der obersten Ebene zugeordnet und unterstützt die ausländischen Tochtergesellschaften bei der Ausarbeitung und Implementierung länderspezifischer Strategien und überwacht die Einhaltung dieser Strategien sowie den allgemeinen Erfolg der Tochtergesellschaften.

Laut Drucker spielt es keine Rolle, daß es sich bei den einzelnen Innovationsvorhaben in der Innovativen Division um verschiedene Produkte mit unterschied-

---

707   "There are no hard and fast rules for this. When do you do it? The textbook answer is when the new product [...] starts meeting its sale forecast for a year and when it has a realistic 5-year plan that it can realize. But there are too many unknowns for the textbook answers to hold. It's different for each venture; it depends on how we are going to do it, on what the business strategy is going to be." (Burgelman/Sayles 1986, S. 89).

708   Vgl. Servatius (1988), S. 262 und 189. Servatius nennt als Beispiel die ASEA Research & Innovation, die aus einer Zusammenlegung der Zentralen Forschung und der ehemaligen Asea Innovation, in der die Innovativen Einheiten von Asea zunächst zusammengefaßt worden waren, entstanden ist.

709   Vgl. Drucker (1985), S. 239.

710   Stopford/Wells (1972), S. 23.

lichen Technologien und Märkten handelt.[711] Sie sind alle neu, klein und unternehmerisch ausgerichtet. Sie sind alle für dieselben "Kinderkrankheiten"[712] anfällig, denn auch die Probleme, unter denen das Neue und Unternehmerische leidet, und die Entscheidungen, derer sie bedürfen, sind trotz verschiedener Technologien, Märkte und Produktarten ziemlich ähnlich. An dieser Stelle wird wiederum die "Metakompetenz" relevant, neue Geschäfte, die neue Kompetenzen erfordern, zu entwickeln und aufzubauen.[713] Eine Innovative Division kann bei der Zusammenfassung der Innovativen Einheiten mehrere Funktionen wahrnehmen (1). Für die organisatorische Verankerung Innovativer Einheiten in einer Innovativen Division gibt es mehrere Möglichkeiten (2).

(1)   Funktionen einer Innovativen Division

Die Institutionalisierung einer Innovativen Division kann die Innovativen Einheiten unterstützen. Im folgenden seien die verschiedenen Funktionen genannt, die eine Innovative Division dabei für die Innovativen Einheiten wahrnehmen kann. Ich möchte dabei differenzieren zwischen Abschirmfunktion, Managementfunktion, Integrationsfunktion und Durchsetzungsfunktion.

Zum einen unterstützt die Bündelung der neuen Geschäfte in einer Innovativen Division deren Abschirmung gegenüber den etablierten Strukturen und Systemen des etablierten Konzerns (*Abschirmfunktion*). Zusammen sind die Innovativen Einheiten stärker und damit weniger angreifbar als alleine. Die Innovative Division dient als Puffer gegen Störungen von seiten des Konzerns.[714] Servatius umschreibt eine derartige Division mit der Metapher eines "Treibhauses", in dem die neuen Geschäfte "ungestört wachsen" können, "genügend Sonne" erhalten und vor "schädlichen Umwelteinflüssen" geschützt sind.[715]

Die Leitung der Innovativen Division kann darüber hinaus auch gewisse Aufgaben des Managements Innovativer Einheiten übernehmen (*Managementfunktion*). Es erscheint jedoch wenig sinnvoll, daß sie sich in das operative Tagesgeschäft einmischt, denn damit wäre der ursprüngliche Zweck der Abgrenzung Innovativer

---

711   Vgl. Drucker (1985), S. 239.
712   Drucker (1985), S. 239.
713   Vgl. dazu die Ausführungen in Abschnitt I.2.2 dieser Arbeit.
714   Vgl. dazu auch Colmen et al. (1984), S. 25.
715   Vgl. Servatius (1988), S. 263.

Einheiten wieder aufgehoben. Sie sollte vielmehr unterstützende Funktionen im Sinne eines "Coaching" übernehmen.[716] Nach Littler und Sweeting[717] ist das Management der Innovativen Einheiten durch die Leitung der Innovativen Division von großer Wichtigkeit für das Gelingen und die Abstimmung neuer Geschäfte. So sollte die Leitung der Innovativen Division im Rahmen der Managementfunktion die Entwicklung der Innovativen Einheiten planen, die zur Verfügung gestellten Ressourcen allokieren und den Fortschritt der Einheiten - im Sinne eines Controlling - begutachten. Hier kann die Leitung der Innovativen Division die "hoffnungslosen" Fälle aussortieren, bevor Ressourcen verschwendet werden. Dabei erscheint es besonders wichtig, daß die Leitung der Innovativen Division in der Lage ist, zwischen temporären und "chronischen" Problemen der Innovativen Einheiten zu differenzieren. Voraussetzung dafür ist eine entsprechende Distanz zu den einzelnen Einheiten, um die jeweiligen Leistungen und Perspektiven nüchtern genug abschätzen zu können. Insgesamt ist zu beachten, daß den Innovativen Einheiten nicht die gleichen bürokratischen Zwänge auferlegt werden, die ein Grund dafür waren, daß man sie vom Restkonzern trennte. Hier erscheinen spezifisch auf den Innovationsprozeß zugeschnittene Managementsysteme erforderlich, welche die Überwachung innovativer Prozesse gewährleisten, ohne die Kreativität zu erdrücken.[718]

Eine dritte Aufgabe der Innovativen Division könnte in der Integration liegen (*Integrationsfunktion*), denn mit zunehmender Differenzierung der Gesamtorganisation ist eine zunehmende Integration erforderlich. Dabei steht im Mittelpunkt, den Innovativen Einheiten einen Zugriff auf die Ressourcen der etablierten Teileinheiten zu ermöglichen.[719]

Darüber hinaus kann die Institutionalisierung einer Innovativen Division die Schlagkraft Innovativer Einheiten erhöhen, indem sie eine *Durchsetzungsfunktion* für die einzelnen Einheiten übernimmt. Zuständig für Kontakte zum Mutterkonzern ist die Leitung der Innovativen Division, die als "Sprachrohr" dienen kann.

---

[716]   Vgl. zum Begriff des "Coaching" Ringlstetter (1995a), S. 49.
[717]   Vgl. Littler/Sweeting (1984), S. 23.
[718]   Vgl. z.B. Schulte (1990), der ein Kennzahlensystem namens KIM ("Key Indicator Management") vorstellt, das insbesondere zur Überwachung innovativer Prozesse geeignet ist.
[719]   Nach Fast wären hier prinzipiell informelle personelle Verbindungen schon ausreichend (vgl. Fast 1979, S. 268).

(2)   Verankerungsform Innovativer Einheiten in der Innovativen Division

Für die Anordnung der einzelnen Innovativen Einheiten in einer Innovativen Division gibt es nun verschiedene Möglichkeiten. Sinnvoll erscheint vor dem Hintergrund der vorangegangenen Ausführungen zu den Funktionen einer Innovativen Division eine Art Holdingstruktur mit einer übergeordneten Leitung der Innovativen Division (vgl. Abb. 24). Nur auf diese Art und Weise können die zum Teil sehr unterschiedlichen neuen Geschäfte ihre Selbständigkeit trotz der Integration in die Innovative Division bewahren. Behalten die einzelnen Innovativen Einheiten ihre Eigenständigkeit, so können sie von der Leitung der Innovativen Division (IDL) mobilisiert werden.

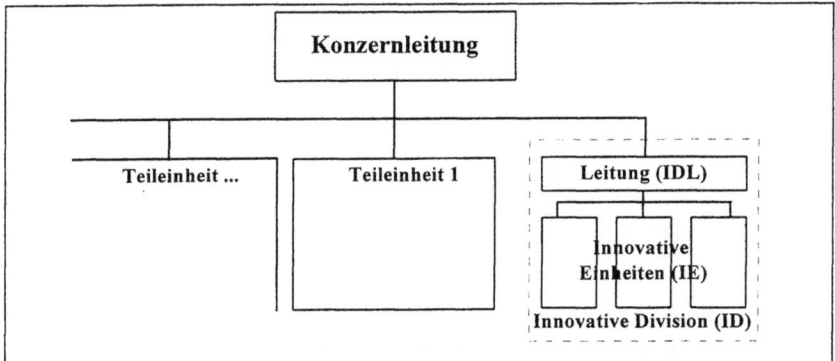

Abb. 24:   Grundstruktur einer Konzernorganisation mit einer "Innovativen Division"

Darüber hinaus ermöglicht die Gestaltungsform einer Holding eine relativ unkomplizierte Ausgliederung einer Innovativen Einheit, sobald das neue Geschäft aufgebaut ist. Ist das Geschäftsvolumen einer Innovativen Einheit entsprechend angewachsen, kann diese zu einer "richtigen" Konzernteileinheit werden. Es können auch mehrere (verwandte) Innovative Einheiten zusammengefaßt und in eine neue Teileinheit des Konzerns umgewandelt werden.

III.3.3   Verankerungsebene Innovativer Einheiten und Innovativer Division im Konzern

Werden zur Realisierung neuer Geschäfte Innovative Einheiten oder gar eine Innovative Division institutionalisiert, stellt sich die Frage, auf welcher Ebene diese im Konzern verankert werden. Die Innovativen Einheiten bzw. die Innovative Division können entweder auf Konzernebene oder auf Teileinheitenebene angesiedelt werden. Es sind aber auch Zwischenformen denkbar (vgl. Abb. 25). Die Verankerungsebene hängt von den Kontextfaktoren Grundstrategie (a) und Ressourcensituation (b) des Konzerns sowie vom Neuigkeitsgrad der zu realisierenden Produktinnovation (c) ab.

(a) Grundstrategie der Konzernleitung als Kontextfaktor: Verfolgt die Konzernleitung für den Gesamtkonzern eine Koordinationsstrategie, dann "paßt" eine rein zentrale Ausrichtung (vgl. Variante 1 in Abb. 25) besser zum Gesamtbild. Denn auf zentraler Ebene können Spezialisierungsvorteile durch das gemeinsame Management der verschiedenen Innovativen Einheiten verwirklicht und damit ein Mehrwert realisiert bzw. Ressourcen eingespart werden. Darüber hinaus behält die Konzernleitung auf diese Weise eher die Kontrolle über die Entwicklung des Konzernportfolios.[720] Verfolgt die Konzernleitung dagegen eine Grundstrategie der Mobilisierung der Teileinheiten, erscheint eine rein dezentrale Struktur unter Umständen sinnvoller (vgl. Variante 4 in Abb. 25). Denn die Eigenständigkeit der Teileinheiten bedeutet im Extremfall auch, den Teileinheiten die Auswahl und Forcierung neuer Betätigungsfelder zu überlassen.

Bedenkt man, daß die Innovative Einheit selbst durch die Konzernleitung mobilisiert werden kann, ergeben sich gewisse Widersprüche. Denn eine Mobilisierung der Innovativen Division läßt sich durch eine rein zentrale Ausrichtung am ehesten verwirklichen (vgl. wiederum Variante 1 in Abb. 25), da die Konzernleitung auf diese Weise einerseits sehr wohl über eine kritische Distanz zur Innovativen Division bzw. den Innovativen Einheiten verfügt und andererseits nicht erst über den Umweg der Teileinheiten auf die Innovative Division Zugriff nehmen kann. Die Wahl der Verankerungsebene hängt also davon ab, ob die Innovativen Teil-

---

720   Vgl. Sands (1983), S. 20.

einheiten respektive die Innovative Division, oder die Teileinheiten mobilisiert werden sollen.

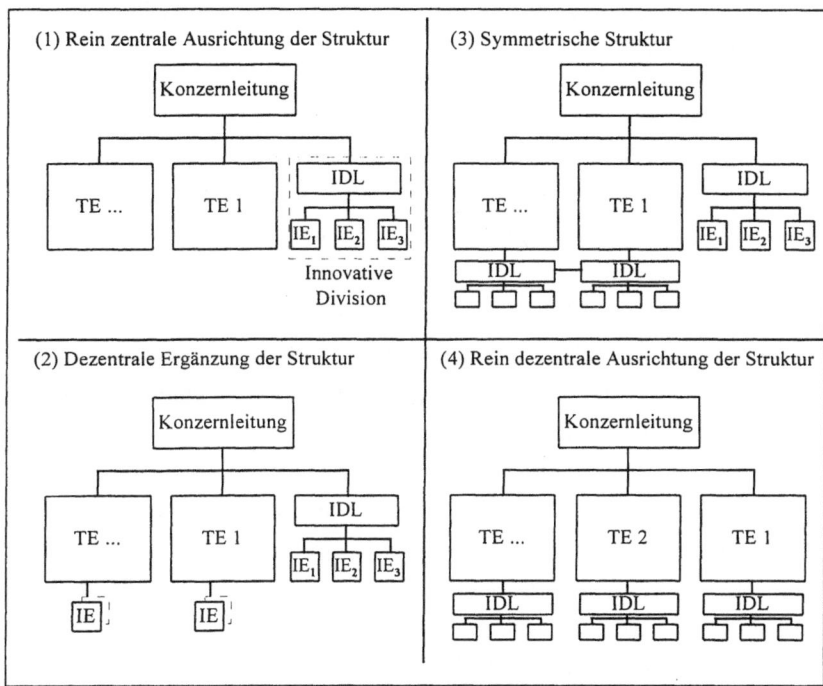

Abb. 25:   *Organisatorische Verankerung der "Innovativen Division" im Konzern*

(b) Ressourcensituation des Konzerns als Kontextfaktor: Die Frage nach der Verankerungsebene der Innovativen Einheiten bzw. der Innovativen Division wird - ebenso wie die Verankerungsebene der F&E-Einheiten - bestimmt durch die jeweilige Ressourcensituation des Konzerns. Eine symmetrische Struktur (vgl. Variante 3 in Abb. 25) erfordert einen umfangreichen Ressourceneinsatz. Aus Gesamtkonzernperspektive erscheint eine rein zentrale Ausrichtung (vgl. Variante 1 in Abb. 25) mit dem geringsten Ressourceneinsatz verbunden, denn auf diese Weise lassen sich Redundanzen vermeiden.

Analog zur Verankerungsebene der F&E-Einheiten erscheint bei Ressourcenengpässen und Geschäften eines Konzernportfolios, die sich am Ende ihres Lebenszyklusses befinden, eine zentrale Verankerung der Innovativen Einheiten sinnvoll.[721] So können neue Geschäfte gezielt jenseits der existierenden Geschäfte in den Teileinheiten forciert werden, während die etablierten Teileinheiten kurzfristig möglichst viel Erträge erwirtschaften, die dann wiederum in die innovativen Aktivitäten investiert werden können.

(c) Neuigkeitsgrad als Kontextfaktor: Die Verankerungsebene der Innovativen Einheiten oder der Innovativen Division hängt ebenso vom Neuigkeitsgrad der zu realisierenden Produktinnovationen ab. Handelt es sich um Produktinnovationen, die jenseits der existierenden Geschäfte liegen, ist eine zentrale Struktur ratsam, da auf Konzernebene - wie bereits im Rahmen der Ausführungen zur Verankerung der F&E-Einheit in Kapitel III.2 ausgeführt - in der Regel eher eine langfristige Sichtweise der Entwicklung des Konzernportfolios vorliegt. Bei Produktinnovationen, die in das Tätigkeitsfeld der Teileinheiten einzuordnen sind, empfiehlt sich nach Sands eine eher dezentrale Verankerung, denn die Teileinheiten kennen sowohl Produkt als auch Markt und Technologie der zu betreuenden neuen Geschäfte.[722]

Verfolgt der Konzern die Grundstrategie der Mobilisierung seiner Teileinheiten, möchte aber dennoch radikal neue, d.h. teileinheitenfremde Produkte entwickeln, empfiehlt sich eine "symmetrische Struktur" (vgl. Variante 3 in Abb. 25) oder eine "dezentrale Ergänzung" der zentralen Struktur (vgl. Variante 2 in Abb. 25). Durch diese "Doppelverankerung" erhält der Konzern eine zusätzliche Flexibilität im Umgang mit der Hervorbringung von Innovationen. Nachteile, die dabei auftreten können, sind zum einen der unter (b) geschilderte große Ressourcenaufwand. Zum anderen besteht die Gefahr, daß "zu viele" oder "zu wenige" Innovationen hervorgebracht werden. "Zu viele" heißt, daß entweder nicht ausreichend Ressourcen zu einer Forcierung all der hervorgebrachten neuen Geschäfte zur Verfügung stehen oder daß das Konzernportfolio aufgrund zu vieler neuer Geschäfte zu groß wird. "Zu wenige" heißt, daß die Anzahl der in F&E-Einheiten bzw. Innovationsteams hervorgebrachten Ideen nicht ausreicht, um die aufwendige Institutionalisierung Innovativer Einheiten bzw. Innovativer Divisionen auszulasten,[723] oder daß der Konzern langfristig in eine Krise gerät.

---

721   Vgl. dazu die Ausführungen in III.2.2 dieser Arbeit.
722   Vgl. Sands (1983), S. 20.
723   Vgl. Sands (1983), S. 20.

III.4   Innovationsmanagement im Konzern

In Kapitel II.3 wurde darauf hingewiesen, daß das Hervorbringen von Innovationen ergänzend zu den drei anderen Innovativen Bausteinen der Stabilisierung in Form eines Innovationsmanagements bedarf. Die Ausgestaltung des Innovationsmanagements wird im Gegensatz zu den drei anderen Innovativen Bausteinen nicht unmittelbar von den genannten Kontextfaktoren beeinflußt. Die Ausgestaltung des Innovationsmanagements hängt vielmehr davon ab, welche Aufgaben das Innovationsmanagement wahrnehmen muß, um die anderen Innovativen Bausteine zu unterstützen und den Innovationsprozeß zu stabilisieren (Abschnitt III.4.1). Sind die Aufgaben des Innovationsmanagements festgelegt, kann es sodann auf unterschiedliche Art und Weise institutionalisiert werden (Abschnitt III.4.2).

III.4.1   Der Aufgabenumfang eines Innovationsmanagements im Konzern

Die einzelnen Aufgaben, die ein Innovationsmanagement im Rahmen einer Organisation der Innovation im Konzern zu erfüllen hat, wurden in Kapitel II.3 bereits aufgezeigt, um ein Grundverständnis des Innovationsmanagements im Rahmen einer Organisation der Innovation zu schaffen. Diese Aufgaben seien zur Verdeutlichung kurz wiederholt: Eine erste Aufgabe des Innovationsmanagements liegt in der Abstimmung der geschaffenen Bausteine einer Innovativen Organisation untereinander (Integrationsfunktion). Eine zweite Aufgabe für das Innovationsmanagement stellt die Sammlung und Bewertung vorhandener Ideen dar, wobei die für erfolgversprechend erachteten, selektierten Ideen in ihrem Entwicklungsverlauf weiterhin bewertet werden müssen (Selektions- und Bewertungsfunktion). Darüber hinaus gilt es, verschiedene Innovationsvorhaben untereinander abzustimmen und zu koordinieren (Koordinationsfunktion). Eine vierte Aufgabe liegt in dem zusätzlichen Schutz des Neuen respektive der Innovativen Bausteine gegenüber dem Etablierten im Konzern (Mentorfunktion). Schließlich kann das Innovationsmanagement Implementierungsfunktionen für die Innovativen Bausteine übernehmen.

Die Aufzählung dieser Funktionen skizziert zunächst nur den prinzipiellen Aufgabenrahmen einer Innovationsmanagementeinheit. Der eigentliche Aufgabenumfang, den eine Innovationsmanagementeinheit übernehmen muß, hängt in einem ersten Zugriff vom auftretenden Bedarf an Managementfunktionen ab (1). Darüber hinaus beruht er darauf, inwieweit andere Innovative Bausteine diese Funktionen übernehmen (2).

(1)   Innovationsmanagementbedarf

Ausschlaggebend für den Innovationsmanagementbedarf der einzelnen Funktionen ist zunächst die Anzahl im Konzern forcierter Innovationsvorhaben. Prinzipiell gilt, daß mit zunehmender Anzahl initiierter Innovationsvorhaben im Konzern auch entsprechend der Bedarf an Innovationsmanagement steigt. Die Anzahl der Innovationsvorhaben spielt aber nicht für alle Innovationsmanagementfunktionen eine Rolle. Lediglich die Selektions- und Bewertungsfunktion, die Koordinationsfunktion und die Mentorfunktion des Innovationsmanagements stehen in direkter Abhängigkeit zur Anzahl der jeweils im Konzern forcierten Innovationsvorhaben. Mehrere Innovationsvorhaben erfordern mehr Selektions-, Bewertungs-, Koordinations- und Mentoraufwand, denn es müssen zunächst mehr Innovationsprojekte ausgewählt, bewertet, untereinander abgestimmt und protegiert werden.

Die Integrationsfunktion und die Implementierungsfunktion dagegen bleiben im großen und ganzen von der Anzahl der im Konzern forcierten Innovationsvorhaben unberührt. Ausschlaggebend für den Aufgabenumfang, der mit der Integration und Implementierung verbunden ist, sind vielmehr Anzahl und Institutionalisierungsgrad der Innovativen Bausteine. Je mehr Innovative Bausteine in Form von F&E-Einheiten, Innovationsteams und Innovativen Einheiten und je stärker diese Bausteine institutionalisiert werden, um so umfangreicher müssen die damit verbundenen Integrations- und Implementierungsaufgaben sein.

(2)   Übernahme von Innovationsmanagementfunktionen durch andere Innovative Bausteine

Die institutionalisierten Innovativen Bausteine erfordern nicht nur Integrations- und Implementierungsaufgaben von seiten einer Innovationsmanagementeinheit, sie können selbst Innovationsmanagementaufgaben durchführen. So werden die

Selektionsfunktion, Aufgaben der Projektinitiierung, der Projekttransfer in Innovative Einheiten, aber auch das Management der verschiedenen Innovationsteams oftmals von der F&E-Einheit übernommen. Vorteil dabei ist die Nähe zum Ort der Ideengenerierung. Block und MacMillan warnen jedoch davor, daß die Innovationsvorhaben zu technisch ausgerichtet seien, sobald sich die F&E-Abteilung darum kümmere.[724]

Die Innovationsteams können ebenfalls gewisse Bewertungsaufgaben für die von ihnen forcierten Innovationsvorhaben ausführen. Darüber hinaus übernehmen die Innovationsteams quasi automatisch eine Mentorfunktion für die von ihnen betreuten Innovationsprojekte. Das gleiche gilt für die Innovativen Einheiten. Werden die Innovativen Einheiten zu einer Innovativen Division zusammengefaßt, kann die Leitung dieser Innovativen Division - wie bereits in Abschnitt III.3.2 erwähnt - Bewertungs- und Koordinationsfunktionen, aber auch Mentorfunktionen und die Implementierung der Innovativen Einheiten übernehmen.

Der Aufgabenumfang wird darüber hinaus auch durch die jeweilige Eingriffstiefe bei der Durchführung dieser Aufgaben bestimmt. Die einzelnen Aufgaben, die vom Innovationsmanagement erfüllt werden müssen, können nämlich in unterschiedlicher Intensität wahrgenommen werden.[725]

III.4.2   Gestaltung des Innovationsmanagements im Konzern

Die Institutionalisierungsform des Innovationsmanagements im Konzern ist allein deshalb schon von großer Bedeutung, weil damit der Status und der Einfluß, den das Innovationsmanagement gegenüber der Restorganisation besitzt, widergespiegelt wird. Die Institutionalisierungsentscheidung hat damit einen großen symbolischen Wert. Dies wird insbesondere deutlich bei der Frage nach der Verankerungsebene des Innovationsmanagements (1). Zweiter wesentlicher Gestaltungsparameter bei der Institutionalisierung des Innovationsmanagements im Konzern ist die Eigenständigkeit, d.h. Autonomie und Autarkie einer derartigen organisatorischen Einheit (2).

---

724   Vgl. Block/MacMillan (1993), S. 152.
725   Vgl. Anthony/McKay (1992), S. 142f.

(1)   Verankerungsebene des Innovationsmanagements

Auch beim Integrationsbaustein des Innovationsmanagements stellt sich die Frage, auf welcher Ebene des Konzerns er zu verankern ist. Die Verankerungsebene des Innovationsmanagements ist von besonderer Bedeutung für den Status und den Einfluß des Innovationsmanagements im Konzern. In der Literatur wird immer wieder betont, daß das Innovationsmanagement einer Verankerung an "oberster" Stelle bedarf, um ernst genommen zu werden.[726] Nur so kann das Innovationsmanagement die ihm zugedachten Aufgaben erfüllen. Insbesondere die Mentorfunktion erfordert eine Institutionalisierung auf höherer Ebene. Day et al. propagieren sogar ein Führungskonzept, welches vorsieht, neben dem CEO ("Chief Executive Officer") die Position eines LEO ("Long-Term Executive Officer") im Konzern zu schaffen, der letztlich die Verantwortung für sämtliche Innovationen mit langfristigem Charakter übernimmt.[727]

Die Frage nach der Verankerungsebene des Innovationsmanagements ist also bereits beantwortet. Bei der Gestaltungsvariable "Verankerungsebene" handelt es sich somit in Zusammenhang mit der Gestaltung des Innovationsmanagements um keine "echte", sondern lediglich um eine "scheinbare" Gestaltungsvariable.

(2)   Eigenständigkeit des Innovationsmanagements

Die erforderliche Eigenständigkeit einer Innovationsmanagementeinheit hängt nur mittelbar von den oben eingeführten Kontextfaktoren ab. Autarkie und Autonomie sind unmittelbar vor allem in Abhängigkeit vom Aufgabenumfang des Innovationsmanagements zu gewähren. Je größer der Aufgabenumfang des Innovationsmanagements, d.h. der Innovationsmanagementbedarf abzüglich einer Übernahme des Innovationsmanagements durch andere Innovative Bausteine, desto eigenständiger sollte auch die organisatorische Einheit sein, die die Innovationsmanagementaufgaben erfüllt. Da der zu erfüllende Aufgabenumfang aber von dem Vorhandensein bzw. der Ausgestaltung der anderen Innovativen Bausteine beeinflußt wird, und diese Ausgestaltung der Innovativen Bausteine - wie in den Kapiteln III.1, III.2 und III.3 dargestellt - wiederum von den genannten Kontextfaktoren abhängt, ergibt sich ein mittelbarer Zusammenhang zwischen Kontextfaktoren und

---

726   Vgl. z.B. Perillieux (1994), S. 235.
727   Vgl. Day et al. (1994), S. 74.

Ausgestaltung einer Innovationsmanagementeinheit. So werden beispielsweise mit hoher Eigenständigkeit gestaltete Innovative Bausteine ein weniger autarkes und autonomes Innovationsmanagement benötigen, da sie einen Großteil ihrer Managementaufgaben selbst erfüllen können. Derartige mittelbare Zusammenhänge an dieser Stelle darzulegen, erscheint mir jedoch zu spekulativ. Ich möchte mich deshalb darauf beschränken, den direkten Zusammenhang zwischen Aufgabenumfang und Eigenständigkeit des Innovationsmanagements darzustellen.

Als Institutionalisierungsformen für ein Innovationsmanagement, die sich durch eine unterschiedlich große Eigenständigkeit auszeichnen, sind prinzipiell sowohl permanente als auch temporäre Formen denkbar. Beispiel für temporäre Formen sind Ausschüsse (b). Permanent lassen sich vollzeitliche Innovationsmanager (a) und Innovationsmanagementabteilungen (c) bilden. Je nach dem von der Innovationsmanagementeinheit zu erfüllenden Aufgabenumfang, erscheinen unterschiedliche Institutionalisierungsformen, die sich durch unterschiedliche Autonomie- und Autarkiegrade auszeichnen, geeignet (vgl. Abb. 26).

(a) Innovationsmanager: Im Fall des "Innovationsmanagers"[728] ist eine Einzelperson für das Management der Innovationsvorhaben zuständig, die unter Umständen von einem kleinen Stab unterstützt werden kann.[729] Die Institutionalisierung eines Innovationsmanagements in Form eines Innovationsmanagers eignet sich jedoch lediglich für ein relativ enges Aufgabenspektrum. Ganz abgesehen davon, daß der einzelne Innovationsmanager keine Autarkie in Form von Kapazitäten besitzt, um alle Aufgabenfelder des Innovationsmanagements in großer Tiefe wahrzunehmen, fehlen ihm in der Regel entsprechende Einfluß- und Entscheidungsmöglichkeiten (Autonomie).

---

[728] Wind und Goldhar sprechen in diesem Zusammenhang von einem "Vice President of Innovation" (Wind/Goldhar 1977, zitiert in Sands 1983, S. 27), während Tebbe (1990, S. 287) vom "Neuproduktmanager" schreibt.

[729] Siemer spricht (1991, S. 177) in diesem Zusammenhang vom "Venture-Direktor".

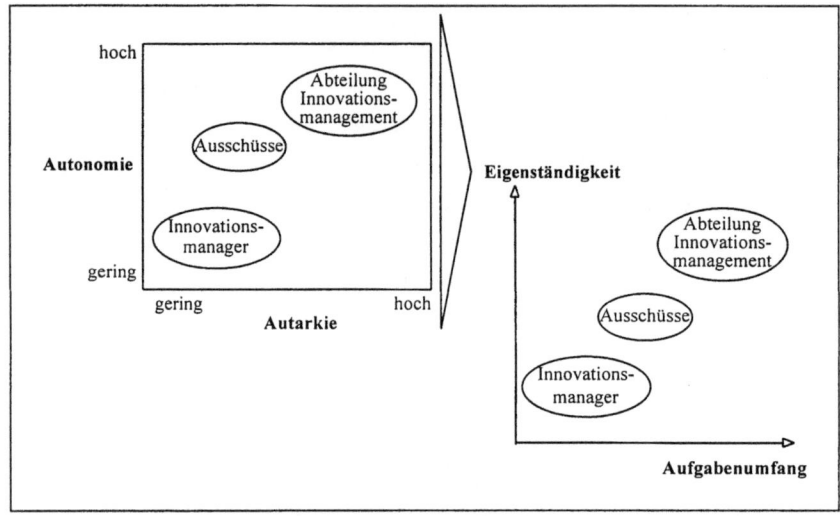

Abb. 26:   *Eigenständigkeit der verschiedenen Institutionalisierungsformen eines Inno-*
              vationsmanagements in Abhängigkeit vom Aufgabenumfang

(b) Ausschüsse: Anthony und McKay empfehlen für die Durchführung der Innovationsmanagementaufgaben die Institutionalisierung eines Lenkungsausschusses
("Product Approval Committee"[730]). Es handelt sich um ein Gremium, das aus
Mitgliedern der Leitungen des Konzerns oder der Teileinheiten und unter Umständen auch aus den jeweiligen Funktionsbereichsleitern besteht, die sich regelmäßig
treffen. Die Mitglieder dieses Gremiums sind insbesondere zuständig für die
Handhabung der Probleme zwischen verschiedenen Projekten, für die Prioritäten-
setzung im Projektportfolio und für die Ressourcenzuteilung. NEC hat in diesem
Sinne eine komplexe Struktur von "coordinating committees"[731] installiert, die
konzernübergreifend alle Teileinheiten umfassen und eine "multi-unit"-Perspektive
erlauben.[732] Diese Variante ermöglicht zwar prinzipiell einen verhältnismäßig
großen Aufgabenumfang, denn Ausschüsse besitzen in der Regel zwar eine ausreichende Autonomie, um theoretisch alle Innovationsmanagementfunktionen wahrnehmen zu können, die Autarkie ist jedoch tendenziell eher gering ausgeprägt.

---

730   Anthony/McKay (1992), S. 144.
731   Doz et al. (1986), S. 19.
732   Vgl. Doz et al. (1986), S. 19.

(c) Abteilung "Innovationsmanagement": Bei einer Abteilung "Innovationsmanagement"[733] handelt es sich um eine eigene Abteilung, die sich ausschließlich mit dem Innovationsmanagement befaßt. Insbesondere in Konzernen sind derartige Abteilungen nicht mehr selten.[734] Die Mitarbeiter dieser Abteilung üben ihre Tätigkeit dort vollständig und unbefristet aus und sind somit für mehrere Innovationsvorhaben nacheinander und gleichzeitig zuständig.[735]

In der Regel ist eine Abteilung für Innovationsmanagement auch mit entsprechend großer Autonomie und Autarkie ausgestattet, so daß sie ein sehr breites Spektrum der Innovationsmanagementfunktionen wahrnehmen kann. Es ist auch möglich, daß eine oder mehrere entsprechende Abteilungen institutionalisiert werden, die jeweils nur Teilaufgaben des Innovationsmanagements übernehmen. Es gibt dann beispielsweise eine Abteilung für Selektions-, Bewertungs-, Koordinations- und Mentoraufgaben und eine zweite, die die Integration und Implementierung der Innovativen Bausteine übernimmt.

III.5   Zwischenbilanz: Zusammenführung der Innovativen Bausteine

Die Skizze möglicher Erscheinungsformen der einzelnen Innovativen Bausteine verdeutlicht, daß die Antwort auf die in diesem Teil eingangs gestellte Frage nach der "richtigen" Organisation der Innovation im Konzern nicht einfach zu geben ist. Es konnten lediglich Hypothesen aufgestellt, d.h. die Bedingungen beschrieben und systematisiert werden, unter denen die eine oder andere Ausgestaltung der einzelnen Bausteine vorteilhaft erscheint. Die Analyse wurde zusätzlich dadurch erschwert, daß die einzelnen Bausteine in ihrer spezifischen Ausgestaltung untereinander abhängig sind. Dies wurde insbesondere bei den Ausführungen zur Gestaltung des Innovationsmanagements deutlich. Trotz dieser prinzipiellen Abhängigkeit wurden die einzelnen Innovativen Bausteine separat betrachtet. Im folgenden

---

733   Tebbe (1990, S. 293) spricht von einer "Neuproduktabteilung", Siemer (1991, S. 108) von einer "Venture-Planungsabteilung".

734   Bei der Mercedes-Benz AG übernimmt die Funktionen des Innovationsmanagements beispielsweise eine Abteilung mit dem Namen "Ideenhaus" (Zetsche 1996, S. 34).

735   Vgl. Tebbe (1990), S. 287.

möchte ich die Überlegungen aus den vorangegangenen Kapiteln dieses Teils zu-
sammenführen (2). Zuvor sollen jedoch die Ergebnisse dieses Teiles resümiert
werden (1).

(1)   Zusammenfassung der (Teil-) Ergebnisse

In Abb. 27 werden die Ergebnisse der vorangegangenen Kapitel dieses Teiles zusammengefaßt, indem die Kontextfaktoren den Gestaltungsvariablen der Innovationsteams, F&E-Einheiten und Innovativen Einheiten gegenübergestellt werden.
Die Kreise symbolisieren den in den vorangegangenen Ausführungen als plausibel
konstatierten Einfluß des jeweiligen Kontextfaktors auf die Gestaltungsvariablen
der Innovativen Bausteine. Die Gestaltung des Innovationsmanagements hängt
nicht direkt von den genannten Kontextfaktoren ab, sondern vielmehr vom zu
erfüllenden Aufgabenvolumen, das wiederum auf der Ausgestaltung der drei anderen Innovativen Bausteine basiert.

Festzuhalten bleibt, daß es sich beim Neuigkeitsgrad der Produktinnovation um
einen besonders bedeutenden Kontextfaktor für die Gestaltung der Innovativen
Bausteine handelt. Das Hervorbringen von Innovationen mit hohem Neuigkeitsgrad erfordert eine hohe Autonomie und Autarkie von Innovationsteams und Innovativen Einheiten sowie eine zentrale Verankerung der F&E- und der Innovativen
Einheiten.

Die Diversität des Konzerns wirkt sich schwerpunktmäßig auf die Verankerungsebene der F&E-Einheiten aus. Bei hoher Diversität ist eine zentrale Verankerung insbesondere der Entwicklung kaum sinnvoll. Die (Grundlagen-) Forschung
dagegen kann selbst in stark diversen Konzernen zentral verankert werden.

Die Grundstrategie der Konzernleitung beeinflußt die Autonomie und Autarkie
der Innovationsteams sowie die Verankerungsebene der F&E- und Innovativer
Einheiten. Bei einer Mobilisierungsstrategie der Konzernleitung erscheint es plausibel, daß auch die Innovationsteams weitgehend autonom und autark gehandhabt
werden. Die F&E- und Innovativen Einheiten werden in diesem Fall dezentral verankert, um den Teileinheiten Autarkie als Voraussetzung für deren Mobilisierung
zu gewährleisten. Verfolgt die Konzernleitung dagegen eine Koordinationsstrategie, erscheint es plausibel, Autonomie und Autarkie der Innovationsteams zugunsten von Spezialisierungsvorteilen einzuschränken. Vor diesem Hintergrund

besteht jedoch die Gefahr, daß die Innovationsteams ihre Eigenständigkeit vollkommen verlieren, so daß das eigentliche Ziel der Institutionalisierung von Innovationsteams zur Forcierung des Neuen, getrennt vom Widerstand des Etablierten, konterkariert wird. Bei einer Koordinationsstrategie erscheint darüber hinaus die Verankerung von F&E- und Innovativen Einheiten auf zentraler Ebene zweckmäßig, um Spezialisierungsvorteile zu verwirklichen. Liegt der Schwerpunkt der Koordinationsstrategie auf der Realisierung von Synergievorteilen, wird allerdings unter Umständen eine dezentrale Verankerung sinnvoll, da die Realisierung von Synergien eigenständige, d.h. autarke Teileinheiten voraussetzt.

Gestaltungsvariablen \ Kontextfaktoren	Innovationsteams			F&E-Einheiten			Innovative Einheiten			Innovationsmanagement
	Autonomie	Autarkie	Verankerungsebene	Autonomie	Autarkie	Verankerungsebene	Autonomie	Autarkie	Verankerungsebene	
Innovationsspezifischer Kontext										
Neuigkeitsgrad	●	●		●	●		●	●		
Konzernspezifischer Kontext										
Diversität						●				Aufgabenvolumen
Grundstrategie	●	●	●						●	Aufgabenvolumen
Ressourcensituation	●	●					●	●		Aufgabenvolumen
Umfeldspezifischer Kontext										
Einstellung						●				

Abb. 27:   *Der Zusammenhang zwischen Kontextfaktoren und Gestaltungsvariablen der Innovativen Bausteine*

Die Ressourcensituation des Konzerns wird bei der Gestaltung der Innovativen Bausteine dann zu einem relevanten Kontextfaktor, wenn sich der fokale Konzern in einem Ressourcenengpaß befindet. Unter diesen Umständen kann den Innovationsteams möglicherweise nicht die "optimale" Autarkie gewährt werden. Den Innovativen Einheiten kann trotz Ressourcenengpässen eine ausreichende Autarkie gewährt werden, indem Dritte daran finanziell beteiligt werden. Darüber hinaus

empfiehlt sich bei einem Ressourcenengpaß eine zentrale Verankerung der F&E-
und Innovativen Einheiten, da auf diese Weise Spezialisierungsvorteile genutzt
und Doppelarbeiten vermieden werden können.

Die Einstellung des Umfeldes beeinflußt vor allem die Wahl der Verankerungsebene von F&E-Einheiten. Insbesondere wenn ein positiv eingestelltes Umfeld mit
entsprechenden gesetzlichen Rahmenbedingungen und verfügbaren Ressourcen in
der regionalen Umgebung der Konzernzentrale nicht gegeben ist, stellt sich eine
dezentrale Verankerung als zweckmäßig dar.

(2)   Eine Kombinationsmöglichkeit Innovativer Bausteine

Bisher wurden die einzelnen Innovativen Bausteine unabhängig voneinander betrachtet. Im folgenden möchte ich mich in eine Gesamtperspektive begeben und
die Überlegungen aus den vorangegangenen Kapiteln dieses Teils zusammen-
führen. Denkbar sind prinzipiell die verschiedensten Kombinationsmöglichkeiten
der einzelnen Innovativen Bausteine, die je nach Ausprägung und Kombination der
genannten Kontextfaktoren mehr oder weniger sinnvoll erscheinen. Zwar habe ich
die einleitend zu diesem Teil errechnete Möglichkeit von 65536 prinzipiell möglichen Konstellationen durch die gezielte Auswahl der besonders relevant
erscheinenden Gestaltungsvariablen eingeschränkt, dennoch verbleiben mehr
Kombinationsmöglichkeiten, als hier abgehandelt werden könnten. Daher werde
ich an dieser Stelle lediglich eine Kombinations*möglichkeit* Innovativer Bausteine
darstellen, die in meiner Wahrnehmung besonders plausibel erscheint (vgl. Abb.
28). Die Beschreibung besonders plausibel erscheinender Kombinationen der
Innovativen Bausteine weist selbstverständlich immer auch spekulative Züge auf.

Als Ausgangssituation möchte ich annehmen, daß die Konzernleitung eine
Grundstrategie der Mobilisierung verfolgt. Dieser Trend entspricht der wachsenden Kompliziertheit und Dynamik der Umfelder der einzelnen Basisteileinheiten
und der wachsenden Diversität von Konzernportfolios.[736] Darüber hinaus soll
davon ausgegangen werden, daß der Konzern bestrebt ist, sowohl Durchbruchinnovationen hervorzubringen als auch diese Durchbruchinnovationen durch entsprechende Inkrementalinnovationen auszunutzen.

---

736   Vgl. Ringlstetter (1995a), S. 322.

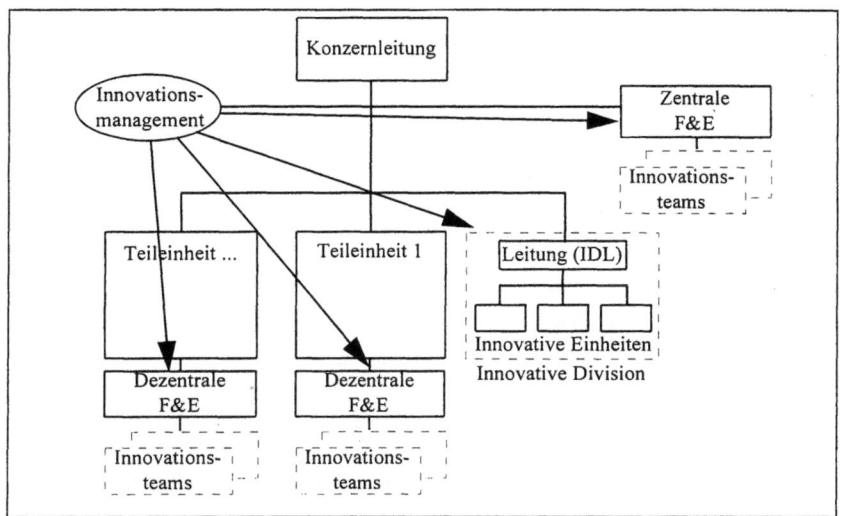

Abb. 28:   Eine Kombinationsmöglichkeit Innovativer Bausteine im Konzern

Beim Hervorbringen von komplexen Durchbruchinnovationen ist der Konzern zunächst auf F&E-Einheiten angewiesen, in denen entsprechende Ideen generiert werden. Bei Produktinnovationen mit hohem Neuigkeitsgrad empfiehlt sich - wie in Abschnitt III.2.2 erläutert - eine zentrale Verankerung dieser F&E-Einheiten. Nur so ist ein Gener"erieren radikal neuer Innovationen möglich. Die eigentliche Entwicklung der Produkte wird in Innovationsteams forciert, die später zu vollkommen eigenständigen Innovativen Einheiten transformiert werden. Für die F&E-Einheiten bedeutet dies, daß sie einen Großteil ehemals ureigener Aufgaben an die Innovationsteams abgeben. In den funktionsübergreifenden Innovationsteams werden dann die eigentlichen Innovationsvorhaben abgewickelt. Die F&E-Abteilungen sind nur noch ein Überbleibsel ihrer selbst und stellen lediglich einen Pool von immateriellen (in Form von Forschern) und materiellen (zum Beispiel Laboranlagen) Ressourcen zur Verfügung, aus denen sich die Innovationsteams "bedienen".[737] Im Extremfall kann ganz auf die zentrale F&E-Einheit verzichtet werden. Die Innovationsteams werden direkt in den Produktionseinheiten stationiert.[738,739]

---

737   Vgl. auch Amara (1990), S. 151.
738   Vgl. Jelinek/Schoonhoven (1990), S 293. Als Beispiel nennen die beiden Autoren Intel.

Weniger radikale Innovationen werden in Innovationsteams auf Teileinheitenebene entwickelt. Die Ideen dazu können in dezentralen F&E-Einheiten generiert
werden. Eine Verankerung der Innovationsteams und F&E-Einheiten auf Teileinheitenebene ist besonders ratsam, wenn die Konzernleitung eine Grundstrategie der
Mobilisierung verfolgt, und sich der Konzern nicht in einem Ressourcenengpaß
befindet. Bei inkrementalen Innovationen erübrigt sich in der Regel die Institutionalisierung einer Innovativen Einheit, da die neuen Geschäfte direkt von den Teileinheiten übernommen werden können.

Insbesondere in High-Tech-Branchen sind Konzerne - in Anbetracht der Res-
sourcenintensität der dortigen Innovationsaktivitäten - darauf angewiesen, trotz
einer grundsätzlichen Mobilisierungsstrategie, bei der Hervorbringung von Innovationen Synergiepotentiale zu nutzen. Eine derartige Synergienutzung wird in der
Praxis bereits vereinzelt durch eine sogenannte "Pizza-Bin"[741]-Organisation angestrebt.[742,743] In den einzelnen Teileinheiten des Konzerns werden dabei in den dezentralen F&E-Einheiten aussichtsreiche Schlüsseltechnologien identifiziert. Basierend auf diesen Schlüsseltechnologien, werden auf Teileinheitenebene jeweils
organisatorische Vorkehrungen in Form von "Pizza-Bins", was soviel bedeutet wie
Pizzaschachteln oder -kästen, getroffen, in denen diese Schlüsseltechnologien
weiterentwickelt werden sollen. Es handelt sich im Prinzip um spezifische
"Competence Center"[744], die über den ganzen Konzern verteilt sind. Eine ähn-
liches Organisationsmodul stellen Forschungsplattformen dar, die sich in zahlreichen Branchen vermehrt herauskristallisieren. Eine Forschungsplattform ist auf
einzelne Komponenten spezialisiert, die in (fast) allen Baureihen des Konzerns
eine Rolle spielen.[745] So befindet sich im VW-Konzern bei einer Teileinheit eine
Forschungsplattform für Getriebe, bei einer anderen eine für Motoren.

---

740   Vgl. ausführlich zu den Nachteilen, wenn Innovationen außerhalb der Produktion stattfin-
       den Florida/Kenney (1990), S. 26ff.
741   Wheelwright/Clark (1992), S. 39f.
742   Vgl. Wheelwright/Clark (1992), S. 39f. und Servatius (1994), S. 78f.
743   Bei der "Pizza-Bin-Organisation" werden nicht nur technische "Schlüsseltechnologien" in
       der F&E forciert, sondern auch besonders geeignete Techniken anderer Funktionalbereiche
       in den Teileinheiten wie beispielsweise spezifische Markterschließungs- oder Finanzie-
       rungstechniken (vgl. Wheelwright/Clark 1992, S. 39f.).
744   Servatius (1994), S. 79.
745   Vgl. Perillieux (1994), S. 232. Beispiele sind Forschungsplattformen in der Luftfahrt-
       industrie für Flugzeugmuster (z.B. Boeing 747) oder in der Automobilindustrie für die
       Baureihen.

Die "Pizza-Bins" oder "Forschungsplattformen" sind Grundlage für die Produktinnovationen des Konzerns. Aufbauend auf den dort generierten Erkenntnissen, wird in den Innovationsteams die spezifische Anwendungsentwicklung betrieben. Dieser Trend ist eine Antwort auf den Konflikt zwischen der Forderung nach immer kürzeren Entwicklungszeiten einerseits und der Forderung nach Kostenbegrenzungen und Wirtschaftlichkeit andererseits.[746] Bei der dafür erforderlichen Zusammenarbeit zwischen den Teileinheiten handelt es sich allerdings um eine schwierige Gratwanderung zwischen der Eigenständigkeit der Teileinheiten auf der einen Seite und der geforderten Zusammenarbeit im Rahmen der F&E auf der anderen Seite.[747] An dieser Stelle wird die Notwendigkeit eines Innovationsmanagements deutlich. Denn obwohl vor allem immaterielle Synergiepotentiale genutzt werden, die die Flexibilität der Teileinheiten lediglich in geringem Maße einschränken,[748] wird es schwer sein, die (mobilisierten) Teileinheiten von der Zusammenarbeit zu überzeugen. Um dennoch so etwas wie eine Zusammenarbeit zu "erzwingen", ist die Institutionalisierung einer gewissen "Zusammenarbeitspflicht", d.h. die Schaffung entsprechender Arenen, Voraussetzung. Eine derartige Arena könnte wiederum die zentrale F&E-Einheit zur Verfügung stellen. Die Schlüsseltechnologien werden dann in der zentralen F&E gepoolt. So hat Chrysler ein "Chrysler Technology Center" etabliert, in dem sämtliche Schlüsseltechnologien forciert werden.[749] Wolfrum propagiert vor diesem Hintergrund ein Netzwerk rund um ein Zentrallabor, das direkte Kontakte und intensiven Informationsaustausch zwischen allen Labors zuläßt.[750]

---

746   Vgl. Perillieux (1994), S. 232.
747   Vgl. Rubenstein (1989), S. 17.
748   Vgl. Ringlstetter (1995a), S. 326.
749   Vgl. Hunt (1993), S. 85f.
750   Vgl. Wolfrum (1994), S. 439.

SCHLUSSBETRACHTUNG

In der Einführung zu dieser Arbeit wurde ein Forschungsdefizit für den Themenbereich der Gestaltung innovativer Konzernstrukturen diagnostiziert. Vor diesem Hintergrund lag die Zielsetzung der vorliegenden Arbeit darin, Optionen für die Gestaltung innovativer Konzernstrukturen aufzuzeigen, um einen Beitrag zum Schließen dieser Forschungslücke zu leisten. Im folgenden möchte ich die zentralen Ergebnisse rekapitulieren (1). Abschließend werden die dargestellten Ergebnisse zur Gestaltung innovativer Konzernstrukturen in Hinblick auf ihren beschränkten Fokus und ihre Anwendungsprobleme relativiert (2).

(1)   Rekapitulation zentraler Ergebnisse

In *Teil I* dieser Arbeit wurde der Fokus in einem ersten Schritt auf komplexe und radikale Produktinnovationen begrenzt. Dieser Spezialfall erscheint in Hinblick auf die Gestaltung von Konzernen der schwierigere und damit der interessantere zu sein. Die auf den Spezialfall zugeschnittenen Gestaltungshinweise können auch für weniger extreme Formen der Innovation genutzt werden.

Darüber hinaus galt es, die Perspektive der Organisationsstruktur im Hinblick auf die Tauglichkeit zur Hervorbringung von Innovationen zu spezifizieren. Ich habe aufgezeigt, daß Organisationen nicht unbedingt "ordnungsgenerierende Trivialmaschinen" sein müssen, die ein Ausbrechen aus dieser Ordnung und damit Innovationen nicht erlauben. Die Organisationsstruktur kann vielmehr auch Vehikel und Antrieb zum Hervorbringen von Innovationen sein.

Die Bedeutung der Organisation für Innovationen wird besonders deutlich bei der Betrachtung des Konzerns als Ursprung von Innovationen. Die spezifischen Innovationspotentiale des Konzerns liegen nämlich nur partiell in seinen vorhandenen finanziellen, materiellen und immateriellen Ressourcen. Das eigentliche Innovationspotential des Konzerns liegt in seiner Organisationsform begründet. Diese Organisationsform gewährleistet die innovationsspezifische Nutzung der vorhandenen, insbesondere der immateriellen Ressourcen auf besondere Weise; sie übernimmt eine Katalysatorfunktion.

Vor diesem Hintergrund stellte sich die Frage, inwieweit diese a priori innovationsfreundliche Organisationsform des Konzerns auf das Hervorbringen komplexer und radikaler Produktinnovationen ausgerichtet werden kann. Um die Analyse nicht von vornherein zu verengen und in Anbetracht des konstatierten Forschungsdefizites, habe ich in einem ersten Zugriff die (konzernunspezifische) Literatur zur Organisation der Innovation auf ihre Lösungskapazität bezüglich meiner Problemstellung durchleuchtet. Dabei wurde im Rahmen der Ausführungen zu *Teil II* dieser Arbeit deutlich, daß sich die Literatur zu einer Organisation der Innovation in einem "klassischen" Bezugsrahmen bewegt, der zwar durchaus nützlich ist, aber nicht ausreicht, um die komplexe Thematik in den Griff zu bekommen. Aufbauend auf meinen Erkenntnissen aus der Konzernpraxis und weiteren Literaturrecherchen konnte ich diesen klasssischen Bezugsrahmen erweitern. Wesentliche Erweiterungsaspekte waren erstens die Herausarbeitung der Bedeutung einer Trennung des "Neuen" vom "Alten", zweitens der Prozeßfokus und drittens die Relativierung des vorherrschenden Dogmas einer Existenz von zwei Innovationsphasen.

Die mit der Bezugsrahmenerweiterung verbundenen Überlegungen mündeten in der Forderung nach einer institutionellen Verankerung einer Organisation der Innovation im Konzern, konkretisiert durch vier generische Innovative Bausteine. Dabei handelt es sich erstens um die ohnehin üblichen F&E-Einheiten, zweitens um die auf den Innovationsprozeß fokussierten Innovationsteams, drittens um die Innovativen Einheiten zur eigentlichen Realisierung der Innovation und viertens um ein Innovationsmanagement, welches den gesamten Innovationsprozeß und die anderen drei Bausteine zusätzlich stabilisieren soll.

In *Teil III* dieser Arbeit galt es, die vier Innovativen Bausteine und ihre spezifische Bedeutung und Ausgestaltung im Konzern näher zu beleuchten. Es wurden die prinzipiellen Gestaltungsoptionen dieser vier Bausteine dargestellt und in Bezug zu verschiedenen Rahmenbedingungen gesetzt. Dabei wurden die Rahmenbedingungen zunächst durch verschiedene Prämissen eingeschränkt und dann durch fünf Kontextfaktoren (den Neuigkeitsgrad einer Innovation, die Diversität und Ressourcensituation des Konzerns, die Grundstrategie der Konzernleitung und die Einstellung des Umfeldes) konkretisiert. Um nicht von der Masse möglicher Gestaltungsoptionen der Innovativen Bausteine, basierend auf unterschiedlichen Ausprägungen unzähliger Gestaltungsvariablen, "erschlagen" zu werden, habe ich mich auf vier der wichtigsten Variablen beschränkt. Es handelt sich dabei um die

Eigenständigkeit der Innovativen Bausteine, präzisiert durch ihre Autonomie und Autarkie sowie um die Verankerungsebene und Verankerungsform der Innovativen Bausteine im Konzern.

In einem ersten Zugriff habe ich die Gestaltungsoptionen der Innovativen Bausteine in Abhängigkeit von den genannten Rahmenbedingungen isoliert voneinander betrachtet. Darauf aufbauend habe ich mich in eine Gesamtperspektive begeben und eine in meiner Wahrnehmung besonders plausible Kombinationsmöglichkeit der Innovativen Bausteine herausgegriffen.

(2) Relativierende Anmerkungen zur Anwendung innovativer Konzernstrukturen

Der von mir dargestellte Bezugsrahmen einer Organisation der Innovation im Konzern weist gewisse Anwendungsgrenzen auf. So berücksichtigt er nicht die Alternative von Innovationsaktivitäten jenseits der Konzerngrenzen. Diese Alternative soll im folgenden angedacht werden (a). Darüber hinaus handelt es sich, wie bereits in der Einführung dieser Arbeit erwähnt, bei der Organisationsstruktur nur um einen, wenn auch einen wesentlichen Faktor, der das Innovationsverhalten eines Konzerns beeinflußt. An dieser Stelle möchte ich das Vorhandensein anderer Faktoren, insbesondere von Humanressourcen, nochmals hervorheben (b). Jenseits dessen muß die vom Konzern gewählte Kombination der Innovativen Bausteine erst einmal institutionalisiert, d.h. implementiert werden. Denn beim dargestellten Bezugsrahmen handelt es sich lediglich um einen Organisationsentwurf, der einen eingeschwungenen Zustand repräsentiert. Bisher habe ich vorausgesetzt, daß dieser Organisationsentwurf respektive die in dieser Arbeit dargestellten Gestaltungsvorschläge für eine Organisation der Innovation im Konzern ohne weiteres praktisch zu verwirklichen sind. Die einzelnen Bausteine müssen jedoch zunächst sukzessive aufgebaut und implementiert werden. Eine derartige Implementierung ist in der Regel mit Problemen verbunden, denn bei den dargestellten Gestaltungsoptionen handelt es sich in einem ersten Zugriff lediglich um Ideen, die auf Widerstand stoßen (c).

(a) Innovative Aktivitäten jenseits der Konzerngrenzen: Die von den Innovativen Bausteinen wahrzunehmenden Innovationsaufgaben können auch jenseits der

Konzerngrenzen ausgeführt werden.[751] Da technologische Entwicklungen auf zahlreichen Feldern immer aufwendiger und kostspieliger werden, greifen Konzerne zunehmend auf "externe" Innovationsarrangements zurück.[752] Theoretisch kann jede für die Entwicklung neuer Produkte erforderliche Aktivität - im Extremfall der ganze Innovationsprozeß - an Dritte übertragen werden.[753] Es lassen sich sehr unterschiedliche Formen identifizieren, mit deren Hilfe Konzerne die Grenzen der eigenen Organisation transzendieren bzw. erweitern.[754] Diese Formen finden sich auf dem gesamten Kontinuum zwischen Markt und Hierarchie. Dieses beginnt mit dem Kauf innovativer Leistungen und umfaßt darüber hinaus das ganze Spektrum aller möglichen Allianzformen (zum Beispiel Technologieaustausch-Vereinbarungen, Minderheitsbeteiligungen, gemeinsame F&E-Projekte und Joint Ventures).[755]

Die Angemessenheit der jeweils geeigneten Form wird in der Regel von der Kenntnis der zugrundeliegenden Technologien und des angestrebten Marktsegments, d.h. vom Neuigkeitsgrad der Produktinnovation, abgeleitet. So empfehlen Roberts und Berry, bei unbekannten Technologien und Märkten zuerst durch eine "Learning Acquisition" Wissen über dieses Feld zu erlangen, um später die Innovation durch eigene Entwicklungen voranzutreiben.[756] Dies würde bedeuten, daß keine Durchbruchinnovation, die mit einem neuen technologischen Paradigma einhergeht, innerhalb des Konzerns entwickelt werden dürfte. Ganz abgesehen davon, daß es nicht leicht sein wird, Unternehmen zu finden, deren Innovationsschwerpunkt der gewünschten Entwicklung des Konzernportfolios entspricht und die obendrein gerade zum Verkauf stehen, gibt es Gründe, die für eine interne Entwicklung sprechen. So ist insbesondere bei strategisch relevanten Innovationen

---

751 Zwischen externen und internen Innovationsaktivitäten als Vehikel zur Erweiterung des Konzernportfolios ergibt sich ein "Trade-Off" (vgl. Hitt/Hoskisson 1990, S. 29 und Hitt et al. 1989, S. 22ff.).
752 Vgl. Bieber/Möll (1993), S. 361.
753 Vgl. Crawford (1992), S. 309.
754 Vgl. Bieber/Möll (1993), S. 361.
755 Vgl. zu den einzelnen Formen Strategischer Allianzen Ringlstetter/Morner (1995), S. 92ff. Zum Spezialfall des Joint Ventures vgl. Kutschker (1995a).
756 "Learning Acquisition" bedeutet, daß der Konzern zwar formal die Kontrolle über das die Innovation hervorbringende Unternehmen erlangt, die formale Kontrolle jedoch nicht zur Beeinflussung des operativen Tagesgeschäftes nutzt. Es sollte vielmehr versucht werden, alles über die entsprechende Innovation zu lernen, indem die eigenen Mitarbeiter möglichst intensiv an den Aktivitäten des erworbenen Unternehmens partizipieren.

eine interne Entwicklung empfehlenswert.[757] Nach Meinung von Chesbrough und Teece basiert die Auszeichnung der Innovations- und Wettbewerbsfähigkeit virtueller Unternehmen auf einer zu kurzfristigen Sichtweise. Temporäre Erfolge durch "Outsourcing" von Innovationsaktivitäten werden nämlich unter Umständen langfristig zu Mißerfolgsfaktoren. Als Beispiel nennen die beiden Autoren die Entwicklung des Personalcomputers durch IBM.[758] IBM hatte nahezu die Entwicklung aller wesentlichen Komponenten ausgelagert und konnte so die Entwicklungszeit stark verkürzen. Erst später wurden die Schattenseiten des verfolgten Ansatzes sichtbar. Die offene Architektur von IBM führte dazu, daß andere Unternehmen die verschiedenen Komponenten bei den einzelnen autonomen Partnern wie beispielweise Intel und Microsoft kaufen konnten. IBM blieb kaum ein Wettbewerbsvorteil. Um die technologische Führerschaft zu erhalten, entschied IBM, den Personalcomputer zu verfeinern; aber die früheren Partner wollten sich nicht mehr daran beteiligen. Als IBM das neue Betriebssystem OS/2 einführte, brachte schließlich Microsoft Windows, das mit dem alten DOS-Betriebssystem arbeitet, auf den Markt.

Dieses Beispiel verdeutlicht die strategische Bedeutung einer Organisation der Innovation im Konzern. Gerade bei Innovationen, die eine wesentliche Grundlage des zukünftigen Geschäftes darstellen sollen, empfiehlt sich eine interne Entwicklung, die eine entsprechende Organisation erfordert.[759] Die Entwicklungen der weniger wichtigen Teile können von externen Partnern übernommen werden.

Je nachdem, welche Innovationsaktivität in welchem Ausmaß intern oder extern entwickelt wird, fällt die Gestaltung Innovativer Bausteine unterschiedlich aus. Im Extremfall eines vollständigen externen Innovationserwerbs werden die Innovativen Bausteine - jenseits einer Innovationsmanagementeinheit, die entsprechende Koordinationsaufgaben wahrnehmen kann - buchstäblich überflüssig, während bei hundertprozentiger Eigenentwicklung eine Implementierung einer Organisation der Innovation im Konzern unerläßlich ist.

(b) Die Bedeutung von Humanressourcen beim Hervorbringen von Innovationen: Die im Rahmen dieser Arbeit dargestellten Gestaltungsoptionen innovativer Kon-

---

757   Vgl. Chesbrough/Teece (1996), S. 71.
758   Vgl. zu diesem Beispiel Chesbrough/Teece (1996), S. 68f.
759   Vgl. Chesbrough/Teece (1996), S. 71.

zernstrukturen sind lediglich notwendige, aber bei weitem nicht hinreichende Bedingung für das Hervorbringen von Innovationen. Innovationen können nicht einfach durch eine Organisation "befohlen" werden. Es gibt viele andere Faktoren, die auf das Innovationsverhalten von Konzernen einwirken. Eine besondere Bedeutung besitzt sicherlich der Mensch. Auch wenn der "heroische Einzelerfinder" nicht mehr die Rolle innehat, die er früher spielte, so ist doch die Kreativität und das Engagement der Einzelnen unerläßlich für das Hervorbringen von Innovationen. Innovationen sind auf Promotoren angewiesen.[760] Würde man den Innovationsprozeß jedoch nur dem Menschen überlassen, würde man ihn damit dem Zufall aushändigen, denn Promotoren kann man nicht ernennen. Promotoren finden sich mehr oder weniger zufällig - am besten im Gespann, denn die Kombination zwischen Fach- und Machtpromotor hat sich beim Hervorbringen von Innovationen als am effizientesten erwiesen.[761] Die gezielte Organisation von Innovationen kann helfen, "Zufälle" zu forcieren. Hilfsmittel dafür sind entsprechende Managementsysteme, insbesondere aber sogenannte "aktorenorientierte Ansätze"[762]. Dabei geht es darum, die Denkweisen und Interessenlagen der Aktoren entsprechend zu beeinflussen.[763] Ein aktorenorientierter Ansatz zur Beeinflussung des Entscheidungsverhaltens der Mitarbeiter, aber auch der organisatorischen Einheiten ist die Institutionalisierung von Anreizsystemen.[764] Die gleichen Effekte können auch durch personalpolitische Maßnahmen erzielt werden.[765] Ein Beispiel ist die Personalauswahl, die sich an Persönlichkeitsmerkmalen orientiert und diese auf die jeweils im Rahmen der Innovationsaktivitäten zu erfüllenden Aufgaben abzustimmen versucht.[766] Aufgrund der besonderen Bedeutung, die dem Menschen beim Hervorbringen von Innovationen zukommt, gilt es, diese aktorenorientierten Ansätze in weiteren Forschungsüberlegungen zu berücksichtigen.

---

[760] Vgl. Witte (1973b), S. 14ff.

[761] Vgl. Witte (1973b).

[762] Ringlstetter (1995a), S. 212.

[763] Vgl. Ringlstetter (1995a), S. 213. Ringlstetter bezeichnet derartige aktorenorientierte Ansätze als "funktionales Äquivalent" zu Managementsystemen.

[764] Vgl. Ringlstetter (1995a), S. 213ff. Anreizsysteme sind spezifische Managementsysteme, die ein mehr oder weniger detailliertes Regelwerk darstellen, daß das Management bei der Gewährung von Anreizen und Sanktionen unterstützt.

[765] Vgl. Ringlstetter (1995a), S. 220ff. Ringlstetter nennt als personalpolitische Ansatzpunkte Personalunionen, Personalauswahl und Indoktrination.

[766] Vgl. Ringlstetter (1995a), S. 225.

(c) Die Implementierung einer Innovativen Organisation im Konzern: Die hier geschilderte Organisation der Innovation ist, abgesehen von einer F&E-Abteilung, in
der Regel nicht von vornherein im Konzern vorhanden, sondern muß vielmehr zunächst implementiert werden.[767] Für die Implementierung gibt es grundsätzlich
zwei Alternativen: Die geforderte Organisationsstruktur kann entweder per "Bombenwurf"[768] oder sukzessive durchgesetzt werden. Probleme bei einem Bombenwurf können darin liegen, daß zwar die Strukturen und Abläufe geändert werden,
die Betroffenen aber zunächst immer noch in den alten Zusammenhängen denken.[769] Denn die Teilnehmer im Entwicklungsprozeß haben bestimmte Erfahrungen und Vorstellungen darüber, wie und warum der Prozeß so organisiert ist, wie
er ist. Diese alten, tiefergehenden Vorstellungen der Betroffenen - genannt Tiefen-
strukturen - konfligieren nun mit der neuen Oberflächenstruktur.[770] Darüber hinaus
sind wahrscheinlich a priori nicht ausreichend viele Innovationsvorhaben, geschweige denn ausreichende Ressourcen, wie zu rekrutierende Innovationsteam-
mitglieder, vorhanden, um das hier beschriebene Konzept in vollem Umfang als
Bombenwurf umzusetzen. Deshalb empfiehlt es sich, bei der Implementierung in
einzelnen Schritten vorzugehen (vgl. Abb. 29).

In einer ersten *Konzeptionsphase* gilt es, das Konzept der Innovativen Organisation zu autorisieren und die ersten institutionellen Voraussetzungen für eine Innovative Organisation zu schaffen. Erste Schritte dazu sind die Auswahl geeigneter
Führungskräfte und die Etablierung eines Innovationsmanagements mit zunächst
geringem Institutionalisierungsgrad. In einem zweiten Schritt, der *Gründungspha-
se*, werden dann durch das Innovationsmanagement die ersten Strukturen geschaffen, innerhalb derer Ideen getestet und selektiert werden können. Für die Forcierung der auf diesen Ideen basierenden Innovationen werden Innovationsteams zu-
sammengestellt.

---

767   Wie bereits in Abschnitt II.3.3 erläutert, kann diese Implementierungsaufgabe das Innova-
      tionsmanagement übernehmen.
768   Kirsch et al. (1979), S. 180ff. und Kirsch (1988), S. 240f.
769   Vgl. Kutschker (1994), S. 15f.
770   Vgl. Kutschker (1994), S. 15f.

	Konzeptions- phase	Gründungs- phase	Entwicklungs- phase	Betriebs- phase
Ziel	- Autorisierung - Schaffung erster institutioneller Voraussetzungen	- Schaffung erster Strukturen inner- halb derer Ideen getestet werden	- Vervollständigung der innovativen Strukturen	- Vollständige Ein- bindung des Inno- vationsprozesses in den organisato- rischen Kontext
Schritte	- Etablierung des Innovations- managements - Auswahl ent- sprechender Führungskräfte	- Initiierung von Innovations- teams	- Ausbau der Innovationsteams zu selbständigen Innovativen Ein- heiten (IE) - Aufbau einer Inno- vativen Division - Bereitstellung ent- sprechender Führungskräfte	- Laufendes Management ideenspezifischer Aktivitäten

Abb. 29:   Sukzessiver Aufbau einer "Innovativen Organisation" im Konzern

In einer *Entwicklungsphase* werden die Innovationsteams, sofern möglich, mit weiteren Ressourcen versorgt und sukzessive zu Innovativen Einheiten ausgebaut. Die Mitglieder der Innovationsteams gehen in ihre ursprünglichen Linienfunktionen zurück, bilden aus neuen Ideen neue Innovationsteams oder übernehmen das Management der aus den Innovationsteams transformierten Innovativen Einheiten. Sofern bereits mehrere Innovative Einheiten institutionalisiert wurden, kann zu diesem Zeitpunkt die Innovative Division aufgebaut werden. Dafür müssen geeignete Führungskräfte bereitgestellt werden. Darüber hinaus sollte das Innovationsmanagement - je nach Bedarf - zunehmend mehrere Aufgaben übernehmen und entsprechend institutionalisiert werden. Auf jeden Fall sollte es in der Lage sein, laufend neue Ideen zu bewerten, zu selektieren sowie entsprechende Innovationsteams ins Leben zu rufen und zu managen. In der *Betriebsphase* wird der Innovationsprozeß vollständig in den organisatorischen Kontext des Konzerns eingebunden. Alle Innovativen Bausteine sind umfassend ausgebildet. Die eingangs geforderte Organisation der Innovation im Konzern ist - im Idealfall - voll verwirklicht und komplett im Einsatz.

Vergleicht man die in der Literatur vorhandenen theoretischen Versuche zur Organisation der Innovation mit der Praxis, wird deutlich, daß viele theoretische

Organisationsentwürfe nie transferiert wurden. Damit taucht zum einen die Frage nach dem Grund für die fehlende Anwendung, zum anderen die Frage nach dem "Wert" der "unangewandten" Ansätze auf. Letztere Frage will und kann ich nicht beantworten. Eine Antwort auf die erstgestellte Frage könnte in der Nichtberücksichtigung vorhandener Implementierungswiderstände liegen, welche den Organisationsvorschlag für "mehr" Innovation schon vor seiner Anwendung im Prinzip nutzlos machen. Derartige Anwendungsschwierigkeiten sind nicht nur im Zusammenhang mit Innovationen ein Problem. Vor diesem Hintergrund wird das inzwischen hinlänglich bekannte und zur Genüge strapazierte Weber'sche Wechselspiel von Ideen und Interessen relevant,[771] denn nur diejenigen Ideen haben eine Chance, in irgendeiner Form in die Praxis einzugehen, die sich mit Interessen verbünden können. Abschließend sei darauf hingewiesen, daß auch die in den vorangegangenen Überlegungen beschriebene "Organisaton der Innovation im Konzern", die zur Forcierung neuer Ideen gedacht ist, wiederum selbst nur eine Idee ist:

> "Man befindet sich also in der paradox anmutenden Situation, daß eine Idee, die hilft, neue Ideen zu berücksichtigen, erst selbst als Idee akzeptiert werden muß; und dabei kann sie sich nicht selbst unterstützen. Ansonsten müßte sich die Idee nämlich 'an den eigenen Haaren aus dem Sumpf ziehen'."
> (Ringlstetter 1995a, S. 328)

Die Ausführungen der vorliegenden Arbeit sollten aufzeigen, welche Gestaltungsoptionen der Konzern für das Hervorbringen von Innovationen bietet. Vielleicht konnten wenigstens Hinweise gegeben werden, wo man überall suchen könnte. Tatsächlich ging es nicht darum, *ein* bestimmtes Modell einer Organisation der Innovation im Konzern zu konstruieren, sondern vielmehr darum, Gestaltungsperspektiven aufzuzeigen, welche die Vielschichtigkeit der Problematik demonstrieren. Festzuhalten bleibt, daß gerade Konzerne dazu geeignet sein können, Innovationen hervorzubringen - auch wenn sie nicht "fliegen" können. Zum Innovieren muß man nicht "fliegen"; genausowenig wie Elefanten fliegen müssen, um zu überleben:

> "[W]ho said, that elephants need to fly to prosper and survive? While it is still to be proved that butterflies are happier than elephants, it is certain that their life is much shorter. Furthermore a talent for flying did not preserve terodactyles from extinction." (Grossi 1990, S. 41)

---

771   Vgl. Weber (1963).

LITERATURVERZEICHNIS

Aaker, D.A. und Jacobson, R. (1987), The Role of Risk in Explaining Differences in Profitability, in: Academy of Management Journal, Vol. 30 (1987), No. 2, S. 277-296

Abell, D.F. (1980), Defining the Business. The Starting Point of Strategic Planning, Englewood Cliffs 1980

Abernathy, W.J. (1978), The Productivity Dilemma: Roadbloacks to Innovation in the Automobile Industry, Baltimore und London 1978

Abernathy, W.J. und Utterback, J.M. (1982), Patterns of Industrial Innovation, in: Tushman/Moore (1982; Hrsg.), S. 97-108

Acs, Z.J. und Audretsch, D.B. (1988), Innovation in Large and Small Firms: An Empirical Analysis, in: American Economic Review, Vol. 78 (1988), No. 4, S. 678-690

Acs, Z.J. und Audretsch, D.B. (1990), Innovation and Small Firms, Cambridge 1990

Acs, Z.J. und Audretsch, D.B. (1993), Small Firms and Entrepreneurship: An East-West Perpective, Cambridge 1993

Adams, R.M. (1969), An Approach to New Business Ventures, in: Research Management, Vol. 12 (1969), S. 255-260

Adler, N.J. (1991), International Dimensions of Organizational Behavior, 2. Auflage, Boston 1991

Adler, P.S., Mandelbaum, A., Nguyen, V. und Schwerer, E. (1996), Getting the Most out of Your Product Development Process, in: Harvard Business Review (1996), March-April, S. 134-152

Albach, H. (Hrsg.; 1989), Organisation - Mikroökonomische Theorie und ihre Anwendungen, Wiesbaden 1989

Albach, H. et al. (Hrsg.; 1988), Unsere Forschung in Deutschland, Band IV, Hamburg 1988

Albach, H., De Pay, D. und Rojas, R. (1991), Quellen, Zeiten und Kosten von Innovationen, Deutsche Unternehmen im Vergleich zu ihren japanischen und amerikanischen Konkurrenten, in: Zeitschrift für Betriebswirtschaft, 61. Jg. (1991), S. 309-324

Allen, T.J. (1986), Organizational Structue, Information, Technology, and R&D Productivity, in: IEEE Transactions on Engineering Management, Vol. 33 (1986), No. 4, S. 212-217

Amara, H. (1990), New Directions for Innovation, in: Futures, (1990) March, S. 142-152

Anderson, P. und Tushman, M. (1990), Technological Discontinuities and Dominant Designs: A Cyclical Model of Technological Change, in: Administrative Science Quarterly, Vol. 35 (1990), S. 605-633

Angle, H.L. und Van de Ven, A.H. (1989), Suggestions for Managing the Innovation Journey, in: Van de Ven et al. (1989; Hrsg.), S. 663-697

Ansoff, H.I. (1965), Corporate Strategy. Business Policy for Growth Expansion, New York et al. 1965

Ansoff, H.I. (1984), Implanting Strategic Management, London 1984

Ansoff, H.I., Declerk, R.P. und Hayes, R.L. (Hrsg.; 1976), From Strategic Planning to Strategic Management, London und New York 1976

Anthony, M.T. und McKay, J. (1992), From Experience: Balancing the Product Development Process: Achieving Product and Cycle-Time Excellence in High-Technology Industries, in: Journal of Product Innovation Management (1992), No. 9, S. 140-147

Aregger, K. (1976), Innovation in sozialen Systemen, Band 1, Bern und Stuttgart 1976

Argyres, N.S. (1995), Technology Strategy, Governance Structure and Interdivisional Coordination, in: Journal of Economic Behavior and Organization, Vol. 28 (1995), S. 337-358

Arrow, K.J. (1971), Essays in the Theory of Risk-Bearing, Chicago 1971

Arthur D. Little (Hrsg.; 1986), Management der Geschäfte von Morgen, Wiesbaden 1986

Arthur D. Little (Hrsg.; 1987), Management der Geschäfte von Morgen, 2. Auflage, Wiesbaden 1987

Arthur D. Little (Hrsg.; 1988), Innovation als Führungsaufgabe, Frankfurt 1988

Ashton, W.B., Kinzey, B.R., Gunn, M.E. Jr. (1991), A Structured Approach for Monitoring Science and Technology Developments, in: International Journal of Technology Management, Vol. 6 (1991), No. 1/2, S. 91-111

Audretsch, D.B. (1993), Marktprozeß und Innovation, Discussion Paper FS IV 93-22, Wissenschaftszentrum Berlin für Sozialforschung (WZB), Berlin 1993

Augustin, S. (1990), Information als Wettbewerbsfaktor: Informationslogistik - Herausforderung an das Management, Zürich 1990

Avishai, B. und Taylor, W. (1989), Customers Drive a Technology Driven Company: An Interview with George Fisher, in: Harvard Business Review, (1989) Nov/Dec, S. 107-114

Ayal, I. und Rothberg, R. (1986), Strategic Control of R&D Resource Allocation in Diversified Businesses, in: Journal of Product Innovation Management, Vol. 3 (1986), S. 238-250

Badaracco, J.L. (1991), The Knowledge Link: How Firms Compete Through Strategic Alliances, Boston 1991

Baden-Fuller, C. und Stopford, J.M. (1992), Rejuvenating the Mature Business - The Competitive Challenge, London und New York 1992

Bahrami, H. und Evans, S. (1987), Stratocracy in High-Technology Firms, in: California Management Review, Vol. 30 (1987), S. 51-66

Bailin, S. (1994), Achieving Extraordinary Ends - An Essay to Creativity, Norwood 1994

Bain, S. (1956), Barriers to New Competition, Cambridge 1956

Baldridge, J.V. und Burnham, R.A. (1975), Organizational Innovation: Individual, Organizational, and Environmental Impacts, in: Administrative Science Quarterly, Vol. 20 (1975), S. 165-176

Barczak, G. (1995), New Product Strategy, Structur, Process, and Performance in the Telecommunications Industry, in: Journal of Product Innovation Management, (1995), No. 12, S. 224-234

Barnett, H.G. (1953), Innovation: The Basis of Cultural Change, New York et al. 1953

Barney, J.B. (1991), Firm Resources and Sustained Competitive Advance, in: Journal of Management, Vol. 17 (1991), No. 1, S. 99-120

Bart, C.K. (1988a), Organizing for New Product Development, in: The Journal of Business Strategy, (1988) July/August, S. 34-38

Bart, C.K. (1988b), New Venture Units: Use Them Wisely to Manage Innovation, in: Sloan Managment Review (1988) Summer, S. 35-43

Bartlett, C.A. und Ghoshal, S. (1987), Managing Across Borders: New Strategic Requirements, in: Sloan Management Review Vol. 28 (1987), S. 19-43

Bartlett, C.A. und Ghoshal, S. (1989), Managing Across Borders, The Transnational Solution, Boston 1989

Bartlett, C.A. und Ghoshal, S. (1990), Internationale Unternehmensführung: Innovation, globale Effizienz, differenziertes Marketing, Frankfurt am Main und New York 1990

Bartlett, C.A. und Ghoshal, S. (1995a), Changing the Role of Top Management: Beyond Structure to Processes, in: Harvard Business Review, Vol. 73 (1995), No. 1, S. 86-96

Bartlett, C.A. und Ghoshal, S. (1995b), Changing the Role of Top Management: Beyond Systems to People, in: Harvard Business Review, Vol. 73 (1995), No. 3, S. 132-142

Bartlett, C.A. und Ghoshal, S. (1995c), Building Entrepreneurial Corporation: New Organizational Processes, New Managerial Tasks, in: European Management Journal, Vol. 13 (1995), No. 2, S. 139-155

Baumol, W.J., Panzar, J.C. und Willig, R.D. (1982), Contestable Markets and the Theory of Industry Structure, New York 1982

Beck, C. (1994), Interorganisationales Projekt-Management: Eine alternative Kooperationsform, Diss., Hamburg 1994

Becker, S. und Whisler, T. (1967), The Innovative Organization: A Selective View of Current Theory and Research, in: Journal of Business, Vol. 40 (1967), No. 4, S. 462-469

Beglinger, V., Block, W. und Rühli, E. (1992), Multiplikation von Know-how in fragmentierten Geschäftsbereichen, in: Die Unternehmung, (1992), Nr. 3, S. 153-164

Berthel, J., Herzhoff, S. und Schmitz, G. (1990), Strategische Unternehmensführung und F&E-Management, Berlin et al. 1990

Bieber, D. und Möll, G. (1993), Technikentwicklung und Unternehmensorganisation - Zur Rationalisierung von Innovationsprozessen in der Elektroindustrie, Frankfurt am Main und New York 1993

Bierly, P. und Chakrabarti, A. (1996), Determinants of Technology Cycle Time in the U.S. Pharmaceutical Industry, in: R&D Management, Vol. 26 (1996), No. 2, S. 115-xx

Blankart, C.B. (1994), Öffentliche Finanzen in der Demokratie, 2. Auflage, München 1994

Blaseio, H. (1986), Das Kognos-Prinzip. Zur Dynamik sich-selbst-organisierender wirtschaftlicher und sozialer Systeme, Berlin 1986

Blau, P.M. (1955), The Dynamics of Bureaucracy, Chicago 1955

Blau, P.M. und Schoenherr, F. (1971), The Structure of Organizations, New York 1971

Bleicher, F. (1990), Effiziente Forschung und Entwicklung: Personelle, organisatorische und führungstechnische Instrumente, Wiesbaden 1990

Bleicher, K. (1991), Organisation: Strategien - Strukturen - Kulturen, 2. vollständig neu bearbeitete und erweiterte Auflage, Wiesbaden 1991

Block, Z. (1982), Can Corporate Venturing Suceed?, in: The Journal of Business Strategy, (1982), Fall, S. 21-33

Block, Z. und MacMillan, I.C. (1993), Corporate Venturing: Creating New Businesses within the Firm, Boston 1993

Boothroyd, G. und Dewhurst, P. (1987), Early Cost Estimating in Product Design, Department of Industrial and Manufacturing Engineering University of Rhode Island, Kingston 1987

Booz-Allen & Hamilton (1982), New Products Management for the 1980s, New York 1982

Booz-Allen & Hamilton (Hrsg.; 1991), Integriertes Technologie- und Innovationsmanagement, Berlin 1991

Booz-Allen & Hamilton (Hrsg.; 1994), Gewinnen im Wettbewerb - Erfolgreiche Unternehmensführung in Zeiten der Liberalisierung, Stuttgart 1994

Börner, C.J. (1996), Öffentlichkeitsarbeit als Management gesellschaftlicher Exponiertheit von Unternehmen, in: Zeitschrift für Betriebswirtschaft, 66. Jg. (1996), Nr. 4, S. 419-436

Borschberg, E. (1969), Die Diversifikation als Wachstumsform der industriellen Unternehmung, Bern und Stuttgart 1969

Boston Consulting Group (1988), Perspectives. Time-based Competition Series, o.O. 1988

Bowman, E. (1980), A Risk/Return Paradox for Strategic Management, in: Sloan Management Review, Vol. 21 (1980), Spring, S. 17-31

Braun, C.-F. von (1994), Der Innovationskrieg: Ziele und Grenzen der industriellen Forschung und Entwicklung, München und Wien 1994

Braun, C.C. (1995), Innovationsstrategien multinationaler Unternehmungen, Frankfurt am Main et al. 1995

Brockhoff, K. (1987), Wettbewerbsfähigkeit und Innovation, in: Dichtl et al. (1987; Hrsg.), S. 53-74

Brockhoff, K. (1989), Forschung und Entwicklung - Planung und Kontrolle, 2. Auflage, München und Wien 1989

Brockhoff, K. (1994), Forschung und Entwicklung - Planung und Kontrolle, 4. erg. Auflage, München und Wien 1994

Bürgel, H.D., Hess, K., Binder, M. und Ohl, S. (1996), Nutzenbewertung von produktübergreifenden Technologie-Projekten, in: Controlling, (1996), Heft 1, S. 14-21

Burgelman, A.B. (1984), Designs for Corporate Entrepreneurship in Established Firms, in: California Management Review, (1984), No. 4, S. 154-166

Burgelman, A.B. (1985), Managing the New Venture Division: Research Findings and Implications for Strategic Management, in: Strategic Management Journal, Vol. 6 (1985), S. 39-54

Burgelman, A.B. (1986), Managing Corporate Entrepreneurship: New Structures for Implementing Technological Innovation, in: Horwitch (Hrsg.; 1986), S. 1-13

Burgelman, A.B. und Sayles, L.R. (1986), Inside Corporate Innovation - Strategy, Structure and Managerial Skills, New York 1986

Burghardt, M. (1993), Projektmanagement - Leitfaden für die Planung, Überwachung und Steuerung von Entwicklungsprojekten, 2. überarbeitete Auflage, Berlin und München 1993

Burns, T. und Stalker, G.M. (1961), The Management of Innovation, 1. Auflage, London 1961

Burns, T. und Stalker, G.M. (1977), The Management of Innovation, 2. Auflage, London 1977

Carqueville, P., Esser, W.M., Kirsch, W. und Müller-Stewens, G. (1991), Prozeßberatung zur Einführung eines Strategischen Managements - A-Projekt, in: Kirsch (1991; Hrsg.), S. 41-161

Castiglioni, E. (1994), Organisatorisches Lernen in Produktinnovationsprozessen: Eine empirische Untersuchung, Wiesbaden 1994

Chakravarthy, B.S. und Doz, Y. (1992), Strategy Process Research: Focusing on Corporate Self-renewal, in: Strategic Management Journal, Vol. 13 (1992), S. 5-14

Chakravarthy, B.S. und Lorange, P. (1991), Managing the Strategy Process - A Framework for a Multibusiness Firm, Englewood Cliffs 1991

Chamberlain, E.H. (1953), The Product as an Economic Variable, in: Quarterly Journal of Economics, Vol. 67 (1953), S. 1-29

Chamberlain, E.H. (1962), The Theory of Monopolistic Competition, 8. Auflage, Cambridge 1962

Champy, J. (1995), Reengineering im Management - Die Radikalkur für die Unternehmensführung, Frankfurt am Main und New York 1995

Chandler, A.D. (1962), Strategy and Structure, New York 1962

Chatterjee, S. und Wernerfelt, B. (1991), The Link between Resources and Type of Diversification: Theory and Evidence, in: Strategic Management Journal, Vol. 12 (1991), S. 33-48

Chesbrough, H.W. und Teece, D.J. (1996), When Is Virtual Virtuous? - Organizing for Innovation, in: Harvard Business Review, 1996, January-February, S. 65-73

Chiesa, V. (1995), Globalizing R&D Around Centres of Excellence, in: Long Range Planning, Vol. 28 (1995), No. 6, S. 19-28

Chrubasik, B. und Zimmermann, H.J. (1987), Evaluierung der Modelle zur Bestimmung strategischer Schlüsselfaktoren, in: Die Betriebswirtschaft, 47. Jg. (1987), Heft 4, S. 426-450

Clark, K.B. und Fujimoto, T. (1991), Product Development Performance: Strategy, Organization, and Management in the World Auto Industry, Boston 1991

Cleland, D.I. und King, W.R. (Hrsg.; 1983), Project Management Handbook, New York et al. 1983

Cohen, W.M. und Levinthal, D.A. (1990), Absorptive Capacity: A New Perspective on Learning and Innovation, in: Administrative Science Quarterly, Vol. 35 (1990), S. 128-152

Colmen, K., Perel, M. und Piniella, J. (1984), Making Growth Strategies Work: The Changing Role of R&D and New Ventures, in: Research Management (1984), Juli-August, S. 21-25

Conference Board, The (1989), Current Practices in Measuring Quality, in: Research Bulletin, (1989), No. 234, New York 1989, o.S.

Connel, R. (1996), Learning to Share, in: Journal of Business Strategy, (1996), March/April, S. 55-58

Coombs, R. und Kleinknecht, A. (1984), New Evidence on the Shift Toward Process Innovation During the Long-Wave Upswing, in: Freeman (Hrsg.; 1984), S. 78-103

Cooper, R.G. (1983), The New Product Process: An Empirical-based Classification Scheme, in: R&D-Management, (1983), No. 1, S. 1-13

Cooper, R.G. (1984), New Product Strategies: What Distinguishes the Top Performers?, in: The Journal of Product Innovation (1984), No. 1, S. 151-164

Cooper, R.G. (1985), Selecting Winning New Product Projects: Using the NewProd System, in: Journal of Product Innovation Management, (1985), No. 2, S. 34-44

Cooper, R.G. (1992), Formal Organization as Representation: Remote Control, Displacement, and Abbreviation, in: Reed/Hughes (1992; Hrsg.), S. 254-272

Cooper, R.G. (1994), Third-Generation New Product Processes, in: Journal of Product Innovation Management, Vol. 11 (1994), S. 3-14

Cooper, R.G. und Kleinschmidt, E.J. (1986), An Investigation into the New Product Process: Steps, Deficiencies and Impact, in: Journal of Product Innovation Management (1986), No. 3, S. 71-85

Corsten, H. (1982), Der nationale Technologietransfer, Formen - Elemente - Gestaltungsmöglichkeiten - Probleme, Berlin 1982

Corsten, H. (1991), Produktionswirtschaft, 2. Auflage, München 1991

Corsten, H. und Reiß, M. (Hrsg.; 1995), Handbuch der Unternehmensführung, Wiesbaden 1995

Corsten, H. und Will, T. (Hrsg.; 1995), Unternehmensführung im Wandel. Strategien zur Sicherung des Erfolgspotentials, Stuttgart et al. 1995

Crawford, C.M. (1987), New Product Failure Rates: A Reprise, in: Research Management (1987), Juli-August, S. 20-24

Crawford, C.M. (1991), New Products Management, Homewood und Boston 1991

Crawford, C.M. (1992), Neuprodukt-Management, Frankfurt am Main und New York 1992

Croizier, M. (1964), The Bureaucratic Phenomen, London 1964

Croizier, M. (1973), The Stalled Society, New York 1973

Cyert, R. M. und March, J. G. (1963), A Behavioral Theory of the Firm, Englewood Cliffs, 1963

Czinkota, M. und Kotabe, M. (1990), Product Development the Japanese Way, in: The Journal of Business Strategy, (1990), Nov/Dec, S. 31-36

Daft, R.L. (1978), A Dual-Core Model of Organizational Innovation, in: Academy of Management Journal, Vol. 21 (1978), No. 2, S. 193-210

Davenport, T.H. (1993), Process Innovation: Reengineering Work through Information Technology, Boston 1993

Davenport, T.H. und Short, J.E. (1990), The New Industrial Engineering: Information Technolgy and Business Process Redesign, in: Sloan Management Review, Vol. 31 (1990), Summer, S. 11-27

Davidow, W.H. und Malone, M.S. (1993), Das virtuelle Unternehmen - Der Kunde als Co-Produzent, Frankfurt am Main und New York 1993

Day, G. (1981), The Product Life Cycle, in: Journal of Marketing, 45. Jg. (1981), S. 60-67

Day, G., Gold, B. und Kuczmarski, T.D. (1994), Significant Issues for the Future of Product Innovation, in: Journal of Product Innovation Management, Vol. 11 (1994), S. 69-75

De Pay, D. (1989a), Die Organisation von Innovationen - Ein transaktionskostentheoretischer Ansatz, Wiesbaden 1989

De Pay, D. (1989b), Die Organisation von Innovationen: Die Anwendung des Dekompositionsprinzipes von Williamson, in: Albach, H. (Hrsg.; 1989), S. 289-320

DeBresson, C. und Lampel, J. (1985), Beyond the Life Cycle: Organizational and Technological Design. An Alternative Perspective, in: Journal of Product Innovation Management, Vol. 3 (1985), S. 170-187

Dewey, J. (1951), Wie wir denken - Eine Untersuchung über die Beziehung des reflektiven Denkens zum Prozeß der Erziehung, Zürich 1951

Dichtl, E., Gerke, W. und Kieser, A. (Hrsg.; 1987;), Innovation und Wettbewerbsfähigkeit, Wiesbaden 1987

Dierkes, M. und Williams, M. (1993), Organizational Culture and the Management of Business' Innovation, Arbeitspapier FS II 93-102 des Wissenschaftszentrums Berlin für Sozialforschung (WZB), Berlin 1993

Dietz, J.-W. und Roski, R. (1988), Management von Innovationen, Ventures und Diskontinuitäten, Arbeitsbericht des Seminars für betriebswirtschaftliche Produktionsforschung 1/88, Göttingen 1988

Dixon, R.J. et al. (1995), Reengineering: Mit Ausdauer ist es machbar, in: Harvard Business Manager, 17. Jg. (1995), Heft 2, S. 105-114

Donnellon, A. (1993), Crossfunctional Teams in Product Development: Accomodating the Structure to the Process, in: Journal of Product Innovation Management, Vol. 10 (1993), S. 377-392

Dosi, G. (1982), Technological Paradigms and Technological Trajectories, in: Research Policy, Vol. 11 (1982), No. 3, S. 147-162

Dosi, G. (1988a), Sources, Procedures, and Microeconomic Effects of Innovation, in: Journal of Economic Literature, Vol. 26 (1988), S. 1120-1171

Dosi, G. (1988b), The Nature of the Innovative Process, in: Dosi et al. (1988; Hrsg.), S. 221-238

Dosi, G., Freeman, C., Nelson, R., Silverberg, G. und Soete, L. (1988; Hrsg.), Technical Change and Economic Theory, London und New York 1988

Dougherty, D. (1992), A Practice-Centered Model of Organizational Renewal Through Product Innovation, in: Strategic Management Journal, Vol. 13 (1992), S. 77-92

Dougherty, D. und Hardy, C. (1996), Sustained Product Innovation in Large, Mature Organizations: Overcoming Innovation-To-Organization Problems, in: Academy of Management Journal 1996, Vol. 39, No. 5, S. 1120-1153

Doz, Y. (1993), Managing Core Competences for Corporate Renewal: Towards a Managerial Theory of Core Competences, Working Paper, INSEAD, Fontainebleau 1993

Doz, Y., Angelmar, R. und Prahalad, C.K. (1986), Technological Innovation and Interdependence, in: Horwitch (Hrsg.; 1986), S. 14-34

Draeger, W. (1991), Innovation - Invention - Kreativität. Durch Erneuerung zum Erfolg, Düsseldorf 1991

Drucker, P. (1985), The Discipline of Innovation, in: Harvard Business Review, (1985), May-June, S. 67-72

Drucker, P. (1986), Innovations-Management für Wirtschaft und Politik, 3. Auflage, Düsseldorf und Wien 1986

Drucker, P. (1991), The Discipline of Innovation, in: Henry/Walker (1991; Hrsg.), S. 9-17

Drucker, P. (1993), Post-Capitalist Society, New York 1993

Duncan, R. und Weiss, A. (1979), Organizational Learning: Implications for Organizational Design, in: Research in Organizational Behaviour, Vol. 1 (1979), S. 75-123

Duncan, R.B. (1976), The Ambidextrous Organization: Designing Dual Structures for Innovation, in: Kilman et al. (Hrsg.; 1976), S. 167-188

Dunst, K.H. (1983), Portfolio-Management. Konzeption für die strategische Unternehmensplanung, 2. Auflage, Berlin 1983

Durkheim, E. (1977), Über die Teilung der sozialen Arbeit, Frankfurt am Main 1977

Edwards, C.D. (1955), Conglomerate Bigness as a Source of Power, in: Business Concentration and Price Policy, hrsg. von National Bureau Committee of Economic Research, Princeton 1955, S. 331-352

Eilenberger, G. (1990), Bankbetriebswirtschaftslehre: Grundlagen - Internationale Bankleistungen - Bank-Management, 4. Auflage, München und Wien 1990

Emans, H. (1988), Konzepte zur strategischen Führung, in: Henzler (1988; Hrsg.), S. 109-131

Emery, F.E. und Trist, E.L. (1965), The Causal Texture of Organizational Environments, in: Human Relations, Vol. 18 (1965), S. 21-32

Engeleiter, H.J. und Corsten, H. (1982), Gesamtwirtschaftliche und einzelwirtschaftliche Probleme, Festschrift für H. Wilhelm, Berlin 1982

Ettlie, J.E., Bridges, W.P. und O'Keefe, R.D. (1984), Organization, Strategy and Structural Differences for Radical versus Incremental Innovation, in: Management Science, Vol. 30 (1984), No. 6, S. 682-695

Etzioni, A. (1968), The Active Society - A Theory of Societal and Political Processes, London und New York 1968

Etzioni, A. (1975), Die aktive Gesellschaft - Eine Theorie gesellschaftlicher und politischer Prozesse, Opladen und New York 1975

Evan, W.M. (1966), Organizational Lag, in: Human Organization, Vol. 25 (1966), S. 51-53

Fast, N.D. (1978), The Rise and Fall of Corporate New Venture, o. O. 1978

Ferris, G.R. und Rowland, K.M. (Hrsg.; 1990), Research in Personnel and Human Resource Management: A Research Annual, Vol. 8 (1990), Greenwich et al. 1990

Fiol, C.M. und Huff, A.S. (1992), Maps for Manager: Where Are We? Where Do We Go From Here?, in: Journal of Management Studies, Vol. 29 (1992), May, S. 267-285

Flaig, G. und Stadler, M. (1992), Success Breeds Success: The Dynamics of the Innovation Process, Beitrag Nr. 79 des Instituts für Volkswirtschaftslehre der Universität Augsburg, Oktober 1992

Florida, R. und Kenney, M. (1990), The Breakthrough Illusion - Corporate America's Failure to Move from Innovation to Mass Production

Ford, J.C. (1989), Simultaneous Engineering (Design to Manufacture), in: Auto Tech 1989, hrsg. v. Institution of Mechanical Engineers, S. 1-17

Foster, R. (1986a), Innovation: The Attacker's Advantage, New York 1986

Foster, R. (1986b), Innovation: Die technologische Offensive, Wiesbaden 1986

Franz, H. (1994), Technologiemanagement und Innovation: Eine Schlüsselaufgabe der Unternehmen, Paderborner Universitätsreden 45, Paderborn 1994

Freeman, C. (1991), Networks of Innovators: A Synthesis of Research Issues, in: Research Policy 20 (1991), S. 499-514

Freeman, C. (Hrsg.; 1984), Design, Innovation and Long Cycles in Economic Development, London 1984

Friedrichs, J. (1990), Methoden der empirischen Sozialforschung, 14. Auflage, Braunschweig 1990

Gaddis, P. (1959), The Project Manager, in: Harvard Business Review, May/June (1959), S. 85-93

Gaitanides, M. (1995), Je mehr desto besser? Zu Umfang und Intensität des Wandels bei Vorhaben des Business Reengineering, in: Technologie & Management, 44. Jg. (1995), Nr. 2, S. 69-76

Gaitanides, M. und Wicher, H. (1986), Strategien und Strukturen innovationsfähiger Organisationen, in: Zeitschrift für Betriebswirtschaft, Jg. 56 (1986), Nr. 4/5, S. 385-403

Galbraith, J. (1982), Designing the Innovative Organization, in: Organizational Dynamics (1982), Winter, S. 5-25

Ganter, R.L. (1991), Das Innovationspotential des Mittelstandes, Institut für Mittelstandsforschung der Universität Mannheim, Mannheim 1991

Gebert, D. (1979), Innovationen - Organisationsstrukturelle Bedingungen innovativen Verhaltens, in: Zeitschrift für Organisation, 5. Jg. (1979), S. 283-292

Geißler, H. (Hrsg.; 1995), Organisationslernen und Weiterbildung, Neuwied et al. 1995

George, R. und MacMillan, I.C. (1986), Corporate Venturing: Venture Management Challenges, in: Journal of Business (1986), S. 85-90

Gergen, K.J. (1992), Organization Theory in the Postmodern Era, in: Reed/Hughes (Hrsg.; 1992;), S. 207-226

Gerpott, T.J. (1990), Simultaneous-Engineering, in: Die Betriebswirtschaft, 50. Jg. (1990), Nr. 3, S. 399-400

Gerpott, T.J. (1991), Globales F&E-Management: Bausteine eines Gesamtkonzeptes zur Gestaltung eines weltweiten F&E-Standortsystems, in: Booz Allen & Hamilton (1991; Hrsg.), S. 50-73

Geschka, H. (1984), Systematische Bedarfserfassung als Grundlage für erfolgreiche F&E- und Neuproduktplanung, Frankfurt am Main 1984

Geyer, C. (1991), Zu spät am Markt hat das beste Produkt keine Chance - Mit einer konservativen Haltung nicht lebensfähig, in: Blick durch die Wirtschaft vom 13.03.1991, S. 1

Giersch, H. (1982), Wachstum durch dynamischen Wettbewerb, in: Engeleiter/Corsten (Hrsg.; 1982), S. 15-24

Gilfillan, S.C. (1935), The Sociology of Invention. An Essay in the Social Causes, Ways and Effects of Technic Innovation, Cambridge Mass. 1935

Gisser, P. (1965), Taking the "Chances" Out of Product Introduction, in: Industrial Marketing, Vol. 50 (1965), May, S. 327-341

Glaserfeld, E.v. (1985), Einführung in den radikalen Konstruktivismus, in: Watzlawick (Hrsg.; 1985), S. 16-38

Gomez, P. (1996), Ganzheitlich führen in Zeiten rasanten Technologiewandels, in: io Management Zeitschrift, 65. Jg. (1996), Nr. 1/2, S. 22-26

Goodman, L.P. und Goodman, L.P. (1976), Some Management Issues in Temporary Systems: A Study of Professional Development and Manpower-Theater Case, in: Administrative Science Quarterly (1976), S. 494-501

Gottl-Ottlilienfeld, F. (1923), Wirtschaft und Technik, 2. Auflage, Tübingen 1923

Graham, M.B.W. (1986), Corporate Research and Development - The Latest Transformation, in: Horwitch (Hrsg.; 1986), S. 86-102

Graumann, M. (1994), Grundprinzipien des betrieblichen Innovationsmanagements, in: Zeitschrift für Organisation, 6. Jg. (1994), S. 396-402

Grebenc, H., Geiger, U., Klotz, A. und Maaßen, H. (1990), Das Managementsystem der Projektplanung und -kontrolle, in: Kirsch/Maaßen (Hrsg.; 1990), S. 193-244

Gresov, C. (1984), Designing Organizations to Innovate and Implement: Using Two Dilemmas to Create a Solution, in: Columbia Journal of World Business, Vol. 19 (1984), Winter, S. 63-67

Grinyer, P. und McKiernan (1990), Generating Major Change in Stagnating Companies, in: Strategic Management Journal, Special Issue, Vol. 11 (1990), S. 131-146

Grossi, G. (1990), Promoting Innovation in a Big Business, in: Long Range Planning, Vol. 23 (1990), No. 1, S. 41-52

Günther, T. und Otterbein, S. (1996), Die Gestaltung der Investor Relations am Beispiel führender deutscher Aktiengesellschaften, in: Zeitschrift für Betriebswirtschaft, 66. Jg. (1996), Nr. 4, S. 389-418

Gupta, A., Ray, S.P. und Wileman, D. (1986), The R&D Marketing Interface in High Technology Firms, in: Journal of Product Innovation Management 1986, 2, S. 12-24

Guth, W.D. und Ginsberg, A. (1990), Guest Editor's Introduction: Corporate Entrepreneurship, in: Strategic Management Journal, Special Issue, Vol. 11 (1990), S. 5-16

Habermas, J. (1984a), Vorstudien und Ergänzungen zum Begriff des kommunikativen Handelns, Frankfurt am Main 1984

Habermas, J. (1984b), Erläuterungen zum Begriff des kommunikativen Handelns, in: Habermas (1984a), S. 571-606

Haferkamp, H. und Schmid, M. (Hrsg.; 1987), Sinn, Kommunikation und soziale Differenzierung, Frankfurt am Main 1987

Hage, J. (1977), Choosing Constraint and Constraining Choice, in: Warner (Hrsg.; 1977), S. 1-56

Hahn, D. und Taylor, B. (Hrsg.; 1992), Strategische Unternehmensplanung - Strategische Unternehmensführung, 6. Auflage, Heidelberg 1992

Hall, G., Rosenthal, J. und Wade, J. (1994), Reengineering: Es braucht kein Flop zu werden, in: Harvard Business Manager, 16. Jg. (1994), Heft 4, S. 82-93

Hall, R.H. (1961), An Empirical Study of Bureaucratic Dimensions and Their Relation to Other Organizational Characteristics, Ohio 1961

Hamel, G. und Prahalad, C.K. (1992), So spüren Unternehmen neue Märkte auf, in: Harvard Business Manager, (1992), Heft 2, S. 44-55

Hammer, M. und Champy, J. (1993), Reengineering the Cooperation - Manifesto for Business Revolution, New York 1993

Hammer, M. und Champy, J. (1994), Business Reengineering - Die Radikalkur für das Unternehmen, Frankfurt am Main 1994

Hannan, M.T. und Freeman, J. (1977), The Polulation Ecology of Organizations, in: American Journal of Sociology, Vol. 88 (1977), S. 929-964

Harrison, R. (1980), Goal Orientation of Managers and Scientists, IEEE Transactions on Engineering Management, EM-27 (1980), S. 74-78

Haspeslagh, P.C. und Jemison, D.B. (1992), Akquisitionsmanagement - Wertschöpfung durch strategische Neuausrichtung des Unternehmens, Frankfurt und New York 1992

Hauschildt, J. (1986), Das Innovationsbewußtsein, in: Staudt (Hrsg., 1986), S. 62-68

Hauschildt, J. (1993), Innovationsmanagement, München 1993

Hayek, F.A. von (1945), The Use of Knowledge in Society, in: American Economic Review, Vol. 35 (1945), S. 519-530

Hayes, R.H. (1985), Strategic Planning - Forward in Reverse?, in: Harvard Business Review, Nov.-Dec. (1985), S. 111-119

Hedberg, B.L.T., Nystrom, P.C. und Starbuck, W.H. (1976), Camping on Seesaws: Prescriptions for a Self-Designing Organization, in: Administrative Science Quarterly (1976), S. 41-65

Heine, A. (1995), Entwicklungsbegleitendes Produktkostenmanagement: Gestaltung des Führungssystems am Beispiel der Automobilindustrie, Wiesbaden 1995

Heintel, P. und Krainz, E.E. (1994), Projektmanagement - Eine Antwort auf die Hierarchiekrise?, Wiesbaden 1994

Henn, v. R. (Hrsg.; 1987), Technologie, Wachstum und Beschäftigung, Festschrift für L. Späth, Berlin et al. 1987

Henry, J. und Walker, D. (1991), Introduction, in: Henry/Walker (Hrsg.; 1991), S. 3-7

Henry, J. und Walker, D. (Hrsg.; 1991), Managing Innovation, London et al. 1991

Henzler, H. (1988; Hrsg.), Handbuch Strategische Führung, Wiesbaden 1988

Herrhausen, A. (1987), Finanzierungsaspekte von Innovation und technischem Fortschritt, in: von Henn (Hrsg.; 1987), S. 412-423

Herriot, P. und Pemberton, C. (1995), Competitve Advantages Through Diversity. Organizational Learning from Difference, London et al. 1995

Herzhoff, S. (1991), Innovations-Management: Gestaltung von Prozessen und Systemen zur Entwicklung und Verbesserung der Innovationsfähigkeit von Unternehmungen, Bergisch Gladbach et al. 1991

Herzog, R. (1995), Globale Innovation, in: Controlling Juli/August 1995, Heft 4, S. 184-189

Hickson, D.J. und McMillan, C.J. (1981; Hrsg.), Organization and Nation. The Aston Programme IV., Westmead 1981

Hill, C.T. (1988), Financial Capital Market Controls and Financial Performance in Multi-divisional Firms, in: Journal of Industrial Economics, Vol. 37 (1988), S. 67-83

Hill, C.T. und Utterback, J.M. (1980), The Dynamics of Product and Process Innovation, in: Management Review, January 1980, S. 14-20

Hill, C.W.L. und Hoskisson, R.E. (1987), Strategy and Structure in the Multiproduct Firm, in: Academy of Management Review, Vol. 12 (1987), No. 2, S. 331-341

Hinterhuber, H. (1975), Innovationsdynamik und Unternehmensführung, Wien und New York 1975

Hippel, E.v. (1978), Successful Industrial Products from Customer Ideas, in: Journal of Marketing, (1978), S. 39-49

Hippel, E.v. (1988), The Sources of Innovation, New York und Oxford 1988

Hirzel, Leder & Partner (Hrsg.; 1992), Speed-Management: Geschwindigkeit zum Wettbewerbsvorteil machen, Wiesbaden 1992

Hirzel, M. (1992), Durch Standardisierung Innovationsprojekte beschleunigen, in: Hirzel, Leder & Partner (1992; Hrsg.), S. 81-101

Hitt, M.A., Hoskisson, R.E. und Ireland, R.D. (1990), Mergers and Acquisitions and Managerial Commitment to Innovation in M-form Firms, in: Strategic Management Journal, Special Issue, Vol. 11 (1990), S. 29-47

Hitt, M.A., Hoskisson, R.E., Ireland, R.D. und Harrison, J.D. (1989), Acquisitive Growth Strategies and Relative R&D Intensity: The Effects of Leverage, Diversification and Size, in: Academy of Management, Best Paper Proceedings, (1989), S. 22-26

Hoffmann, L. (1991), Innovation durch Konspiration, in: IBM-Nachrichten, (1991), Heft 307, S. 16-23

Holt, K. (1991), What is the Best Way of Organizing Projects?, in: Henry/Walker (Hrsg.; 1991), S. 89-96

Horwitch, M. (Hrsg.; 1986), Technology in the Modern Corporation: A Strategic Perspective, Pergamon 1986

Howell, J.M. und Higgins, C.A. (1990), Champions of Technological Innovation, in: Administrative Science Quarterly, Vol. 35 (1990), S. 317-341

Hunt, D. (1993), Reengineering - Leveraging the Power of Integrated Product Development, Essex Junction 1993

Janis, I. (1982), Groupthink, 2. Auflage, Boston 1982

Jelinek, M. und Schoonhoven, C. (1990), The Innovation Marathon: Lessons From High Technology Firms, Oxford 1990

Johne, F.A. (1984), The Organization of High-Technology Product Innovation, in: European Journal of Marketing, (1984), Nr. 18, S. 55-71

Johne, F.A. (1985), Industrial Product Innovation - Organisation and Management, London et al. 1985

Johne, F.A. und Snelson, P.A. (1988), Success Factors in Product Innovation: A Selective Review of the Literature, in: Journal of Product Innovation Management, Vol. 5 (1988), S. 114-128

Johne, F.A. und Snelson, P.A. (1989), Product Development Approaches in Established Firms, in: Industrial Marketing Management, Vol. 18 (1989), S. 113-124

Josephson, M. (1959), Edison: A Biography, New York 1959

Kanter, R. (1983), The Change Masters - Innovation and Entrepreneurship in the American Corporation, New York 1983

Kanter, R. (1989), Swimming in Newstreams: Mastering Innovation Dilemmas, in: California Management Review, Vol. 31 (1989), S. 45-69

Kanter, R. (1991), Change-master Skills: What it Takes to be Creative, in: Henry/Walker (Hrsg.; 1991), S. 54-61

Kaplan, R.B. und Murdoch, L. (1991), Core Process Redesign, in: The McKinsey Quarterly, (1991), Summer, S. 27-43

Kaplaner, K. (1986), Betriebliche Voraussetzungen erfolgreicher Produktinnovationen, München 1986

Kasper, H. (1982), Innovation in Organisationen: Konzeptionelle Arbeit mit empirischen Befunden, 2. Auflage, Wien 1982

Kasper, H. (1990), Die Handhabung des Neuen in organisierten Sozialsystemen, Berlin et al. 1990

Katzenbach, J.R. und Smith, D.K. (1993a), The Wisdom of Teams: Creating the High-Performance Organization, Boston 1993

Katzenbach, J.R. und Smith, D.K. (1993b), The Discipline of Teams, in: Harvard Business Review, (1993), March-April, S. 111-120

Kawai, T. (1992), Generating Innovation Through Strategic Action Programmes, in: Long Range Planning, Vol. 25 (1992), No. 3, S. 36-42

Kern, W. und Schröder, H.H. (1977), Forschung und Entwicklung in der Unternehmung, Reinbek bei Hamburg 1977

Kieser, A. und Kubicek, H. (1992), Organisation, Berlin und New York 1992

Kilian, H. (1991), Strukturformen des Venture Managements, Ammersbek bei Hamburg 1991

Kilman, R.H., Pondy, L.R. und Slevin, D.P. (Hrsg.; 1976), The Management of Organization Design, Vol. I: Strategies and Implementation, New York und Oxford 1976

Kimball, A.W. (1957), Errors of the Third Kind in Statistical Consulting, in: Journal of the American Statistical Association, Vol. 52 (1957), No. 278, S. 133-142

Kirchner, M. (1991), Strategisches Akquisitionsmanagement im Konzern, Köln und Wiesbaden 1991

Kirsch, W. (1977), Die Betriebswirtschaftslehre als Führungslehre. Erkenntnisperspektiven, Aussagensysteme, wissenschaftlicher Standort, München 1977

Kirsch, W. (1988), Die Handhabung von Entscheidungsproblemen - Einführung in die Theorie der Entscheidungsprozesse, München 1988

Kirsch, W. (1990), Unternehmenspolitik und strategische Unternehmensführung, München 1990

Kirsch, W. (1991), Grundzüge des Strategischen Management, in: Kirsch (1991; Hrsg.), S. 3-37

Kirsch, W. (1992), Kommunikatives Handeln, Autopoiese und Rationalität - Sondierungen zu einer evolutionären Führungslehre, München 1992

Kirsch, W. (1994), Reengineering, Benchmarking, Networking, Lean.. - Paradigmawechsel im strategischen Management, überarbeitete Version eines Vortrags, 23. September 1994, München 1994

Kirsch, W. (Hrsg.; 1991), Beiträge zum Management strategischer Programme, München 1991

Kirsch, W. (Hrsg.; 1996), Wegweiser zur Konstruktion einer evolutionären Theorie der strategischen Führung - Kapitel eines Theorieprojektes, München 1996

Kirsch, W. und Kernstock, J. (1996), Die Beobachter und die Ökologie des Wissens, in: Kirsch (Hrsg.; 1996), S. 47-106

Kirsch, W. und Maaßen, H. (Hrsg.; 1990;) Managementsysteme - Planung und Kontrolle, München 1990

Kirsch, W. und Ringlstetter, M. (1995), Die Professionalisierung und Rationalisierung der Führung von Unternehmen, in: Geißler (Hrsg.; 1995), S. 220-249

Kirsch, W., Esser, W.M. und Gabele, E. (1978), Reorganisation. Theoretische Perspektiven des geplanten organisatorischen Wandels, München 1978

Kirsch, W., Esser, W.M. und Gabele, E. (1979), Das Management des geplanten Wandels, Stuttgart 1979

Kirsch, W., Kutschker, M. und Lutschewitz, H. (1980), Ansätze und Entwicklungstendenzen im Investitionsgütermarketing - Auf dem Weg zu einem Interaktionsansatz, 2. überarbeitete und erweiterte Auflage, Stuttgart 1980

Klein, J.A., Edge, G.M. und Kass, T. (1991), Skill-Based Competition, in: Journal of General Management, Vol. 16 (1991), No. 4, S. 1-15

Klingebiel, N. (1989), Prozeßinnovationen als Instrumente der Wettbewerbsstrategie, Berlin 1989

Klompmaker, J.E., Hughes, G.D. und Haley, R.I. (1976), Test Marketing in New Product Development, in: Harvard Business Review, (1976), May-June, S. 128-138

Knight, K.E. (1967), A Descriptive Model of the Intra-firm Innovation Process, in: Journal of Business, Vol. 40 (1967), S. 478-496

Knyphausen, D. zu (1988), Unternehmungen als evolutionsfähige Systeme - Überlegungen zu einem evolutionärem Konzept für die Organisationstheorie, München 1988

Knyphausen, D. zu (1992), Wertorientiertes Management, in: Zeitschrift für Planung (1992), Nr. 3, S. 331-352

Knyphausen, D. zu (o.J.), Paradoxien und Visionen. Visionen einer paradoxen Theorie der Entstehung des Neuen, unveröffentlichtes Arbeitspapier, Ludwig-Maximilians-Universität München o.J.

Knyphausen, D. zu und Ringlstetter M. (1991), Wettbewerbsumfeld, Hybride Strategien und Economies of Scope, in: Kirsch (Hrsg.; 1991), S. 539-557

Knyphausen-Aufsess, D. zu (1995), Theorie der strategischen Unternehmensführung: State of the Art und neue Perspektiven, Wiesbaden 1995

Kono, T. (1988), Factors Affecting the Creativity of Organizations - An Approach from the Analysis of New Product Development, in: Urabe, K., Child, J. und Kagono, T. (Hrsg.; 1988), S. 105-144

Kotalek, C. (1989), Das Management von Forschungs- und Entwicklungsaktivitäten in japanischen Unternehmen, in: Zeitschrift für Betriebswirtschaft - Ergänzungsheft (1989) 1, S. 177-213

Krauch, H. (1970), Die organisierte Forschung, Frankfurt 1970

Krubasik, E.G. (1982), Technologie - Strategische Waffe, in: Wirtschaftswoche vom 18.06.1982, S. 28ff.

Kubicek H. und Welter, G. (1985), Messung der Organisationsstruktur, Stuttgart 1985

Kuhn, T.B. (1970), The Structure of Scientific Revolutions, 2. Auflage, Chicago 1970

Kühner, M. (1990), Die Gestaltung des Innovationssystems, Bamberg 1990

Kumar, B.N. und Haussmann, H. (Hrsg.; 1992), Handbuch der Internationalen Unternehmenstätigkeit, München 1992

Kümper, T. (1995), Innovationsmanagement in multinationalen Unternehmen, Frankfurt am Main et al. 1995

Kuratko, D.F., Montagno, R.V. und Hornsby, J.S. (1990), Developing an Intrapreneurial Assessment Instrument for an Effective Corporate Entrepreneurial Environment, in: Strategic Management Journal, Special Issue, Vol. 11 (1990), S. 29-48

Kutschker, M. (1987), Internationalisierungsstrategien der Unternehmung - Ein situativer Ansatz, in: Thexis (1987), Heft 1, S. 22-25

Kutschker, M. (1992), Die Wahl der Eigentumsstrategie der Auslandsniederlassung in kleineren und mittleren Unternehmen, in: Kumar/Haussmann (Hrsg.; 1992), S. 497-530

Kutschker, M. (1995a), Joint Ventures, in: Tietz et al. (Hrsg.; 1995), Sp. 1079- 1090

Kutschker, M. (1995b), Re-engineering of Business Processes in Multinational Corporations, Working Paper No. 95-4, Carnegie Bosch Institute, Pittsburgh 1995

Kutschker, M. und Schmid, S. (1995), Netzwerke internationaler Unternehmungen, Wirtschaftswissenschaftliche Fakultät Ingolstadt der Katholischen Universität Eichstätt 1995

Lange, E.C. (1993), Abbruchentscheidung bei F&E-Projekten, Wiesbaden 1993

Lant, T.K. und Mezias, S.J. (1990), Managing Discontinous Change: A Simulation Study of Organizational Learning and Entrepreneurship, in: Strategic Management Journal, Special Issue, Vol. 11 (1990), S. 147-180

Larson, E.W. und Gobeli, D.H. (1988), Organizing for Product Development Projects, in: Journal of Product Innovation Management; (1988), No. 5, S. 180-190

Lawrence, P. und Lorsch, J. (1967), Organization and Environment, Boston 1967

LeBoeuf, M. (1991), Imagination, Inspiration, Innovation: Kreative Kräfte nutzen, München 1991

Leonard-Barton, D. (1992), Core Capabilities and Core Rigidities: A Paradox in Managing New Product Development, in: Strategic Management Journal, Vol. 13 (1992), S. 111-125

Liebermann, M. und Montgomery, D.B. (1988), First Mover Advantages, in: Strategic Management Journal, Vol. 9 (1988), Summer, S. 41-58

Lincoln, Y.S. (Hrsg.; 1985), Organizational Theory and Inquiry - The Paradigm Revolution, Sage et al. 1985

Link, A.N. und Tassey, G. (1987), Strategies for Technology-based Competition, Lexington 1987

Littler, D.A. und Sweeting, R.C. (1984), Developing a New Business: Its Organisation, Planning, and Control, in: Journal of General Management, Vol. 10 (1984), No. 1, S. 4-23

Loch, C., Stein, L. und Terwiesch, C. (1996), Measuring Development Performance in the Electronics Industry, in: Journal of Product Innovation Management (1996), Nr. 13, S. 3-20

Lorsch, J.W. (1982), Organization Design: A Situational Perspective, in: Tushman/Moore (Hrsg.; 1982), S. 477-488

Luhmann, N. (1967), Soziologie als Theorie sozialer Systeme, in: Kölner Zeitschrift für Soziologie und Sozialpsychologie, 19. Jg. (1967), S. 615-644

Luhmann, N. (1988), Soziale Systeme - Grundriß einer allgemeinen Theorie, Frankfurt am Main 1988

Lynn, G.S., Morone, J.G. und Paulson, A.S. (1996), Marketing and Discontinous Innovation: The Probe and Learn Process, in: California Management Review, Vol. 38 (1996), No. 3, S. 8-37

Maidique, M.A. und Zirger, B.J. (1985), The New Product Learning Cycle, in: Research Policy, Vol. 14, (1985), S. 299-313

Mansfield, E. (1963), Size of Firm, Market Structure, and Innovation, in: Journal of Political Economy, Vol. 71 (1963), No. 6, S. 556-576

Mansfield, E. (1981), How Economists see R&D, in: Harvard Business Review, Vol. 59 (1981), S. 98-106

March, J.G. (1965; Hrsg.), Handbook of Organizations, Chicago 1965

Markowitz, H.M. (1952), Porfolio Selection, in: Journal of Finance, Vol. 7 (1952), S. 55-91

Martin, J. und Meyerson, D. (1988), Organizational Cultures and the Denial, Channeling and Acknowledgement of Ambiguity, in: Pondy et al. (Hrsg.; 1988), S. 93-125

Mason, E.S. (1939), Price and Production Policies of Large-Scale Enterprise, in: American Economic Review, Vol. 29 (1939), S. 61-74

Mass, N.J. und Berkson, B. (1995), Going Slow to Go Fast, in: The McKinsey Quarterly (1995), No. 4, S. 18-29

Maturana, H. und Varela F. (1987), Der Baum der Erkenntnis. Die biologischen Wurzeln des menschlichen Erkennens, Bern et al. 1987

McGill, M.E. und Slocum, J.W. (1996), Das intelligente Unternehmen: Wettbewerbsvorteile durch schnelle Anpassung an Marktbedürfnisse, Stuttgart 1996

McLeod, T. (1988), The Management of Research, Development and Design in Industry, 2. Auflage, Worcester 1988

Meffert, H. (1976), Die Durchsetzung von Innovationen in der Unternehmung, in: Zeitschrift für Betriebswirtschaft, 46. Jg., (1976), Nr. 2, S. 77-100

Mensch, G. (1971), Zur Dynamik des technischen Fortschritts, in: Zeitschrift für Betriebswirtschaft, 41. Jg. (1971), Heft 5, S. 295-314

Mensch, G. (1975), Das technologische Patt - Innovationen überwinden die Depression, Frankfurt am Main 1975

Meyer, M.W. (Hrsg.; 1978), Environments and Organizations, San Francisco 1978

Meyer-Krahmer, F. (1982), Neuere Ergebnisse zur Messung des Innovationsoutput, Paper zum Workshop on Patent and Innovation Statistics, OECD, Paris, 28.-30. Juni 1982, ISI-Arbeitspapier Nr. A-4-82, Fraunhofer-Institut für Systemtechnik und Innovationsforschung, Karlsruhe 1982

Miller, D. (1990), The Icarus Paradox: How Exceptional Companies Bring about Their Own Downfall: New Lessons in the Dynamics of Corporate Success, Decline, and Renewal, o.O. 1990

Mintzberg, H. (1989), Mintzberg on Management. Inside Our Strange World of Organizations, New York und London 1989

Mintzberg, H. (1992), Die Mintzberg-Struktur: Organisationen effektiver gestalten, Landsberg am Lech 1992

Mintzberg, Y. und Mintzberg, H. (1988), Strategy Making as a Craft, in: Urabe et al. (Hrsg.; 1988), S. 167-195

Mohr, L.B. (1976), Determinanten der Innovation in Organisationen, in: Schmidt (1976; Hrsg.), S. 169-198

Montgomery, D.B. und Urban, G.L. (1969), Management Science in Marketing, Englewood Cliffs 1969

Morita, A. (1991), Selling to the World: The Sony Walkman Story, in: Henry/Walker (Hrsg.; 1991), S. 187-191

Morris, R. (1996), Developing a Mission for a Diversified Company, in: Long Range Planning, Vol. 29 (1996), No. 1, S. 103-115

Mowery, D. (1983), The Relationship between Intrafirm and Contractual Forms of Industrial Research in American Manufacturing, 1900-1940, in: Explorations in Economic History, Vol. 20 (1983), S. 351-374

Mullins, D.W. (1982), Does the Capital Asset Pricing Model Work?, in: Harvard Business Review, Vol. 60 (1982), S. 105-114

Nahavandi, A. und Malekzadeh, A.R. (1988), Acculturation in Mergers and Acquisitions, in: Academy of Management Review, Vol. 13 (1988), No. 1, S. 79-90

Nathusius, K. (1977), Venture Management - Ein Instrument zur innovativen Unternehmensentwicklung, Berlin 1977

Naujoks, H. (1994), Autonomie in Organisationen - Perspektive und Handlungsleitlinie des Managements, Diss., München 1994

Nevens, T.M., Summe, G.L. und Uttal, B. (1990), Wie Spitzenunternehmen Technik vermarkten, in: Harvard Business Manager (1990), Nr. 4, S. 30-35

Nier, D. und Schusser, U. (1990), Innovationsfördernde Faktoren - Ergebnisse einer explorativen Studie, in: Zeitschrift für Organisation (1990), Heft 4, S. 274-276

Nisbett, R.E. und Ross, L. (1980), Human Inference: Strategies and Shortcomings of Social Judgment, Englewood Cliffs 1980

Nonaka, I. (1988), Towards Middle-Up-Down Management: Accelerating Information Creation, in: Sloan Management Review, (1988), Spring, S. 9-18

Nonaka, I. (1990), Redundant, Overlapping Organization: A Japanese Approach to Managing the Innovation Process, in: California Management Review, (1990), Spring, S. 27-38

Nord, W. und Tucker, S. (1987), Implementing Routine and Radical Innovation, Lexington 1987

Nordsieck, F. (1934), Grundlagen der Organisationslehre, Stuttgart 1934

Obring, K. (1992), Strategische Unternehmensführung und polyzentrische Strukturen, München 1992

Offermann, A. (1985), Projekt-Controlling bei der Entwicklung neuerer Produkte, Frankfurt am Main 1985

Omta, S.W.F., Bouter, L.M. und van Engelen, J.M.L. (1994), Managing Industrial Pharmaceutical R&D. A Comparative Study of Management Control and Innovatve Effectiveness in European and Anglo-American Companies, in: R&D Management, Vol. 24 (1994), No. 4, S. 303-315

Osterloh, M. (1993), Innovation und Routine - Das organisatorische Dilemma in klassischer und neuer Sicht, in: Zeitschrift für Organisation (1993), Heft 4, S. 214-218

Ostroff, F. und Smith, D. (1992), The Horizontal Organization, in: McKinsey Quarterly (1992), No. 1, S. 148-168

Page, A.L. (1993), Assessing New Product Development Practices and Performance: Establishing Crucial Norms, in: Journal of Product Innovation Management (1993), No. 10, S. 273-290

Panzar, J.C. und Willig, R.D. (1981), Economies of Scope, in: American Economic Review, Vol. 71 (1981), No. 2, S. 268-272

Paolillo, J.G. und Brown, W.B. (1978), How Organizational Factors Affect R&D Innovation, in: Research Management, (1978), March, S. 12-15

Pearson, A.W. (1989), Promoting Entrepreneurship in Large Companies, in: Long Range Planning, Vol. 11 (1989), No. 3, S. 87-97

Pearson, A.W. (1991), Managing Innovation: An Uncertainty Reduction Process, in: Henry/Walker (Hrsg.; 1991), S. 18-27

Pedrazza, A.D. (1992), Innovation und organisationales Lernen in High-Tech-Unternehmungen der Mikroelektronik, Diss., St. Gallen 1992

Penrose, E.T. (1959), The Theory of the Growth of the Firm, 1. Auflage, Oxford 1959

Penrose, E.T. (1980), The Theory of the Growth of the Firm, 2. Auflage, Oxford 1980

Perich, R. (1989), Unternehmensorganisation im Wandel. An der Schwelle zu einem neuen Organisationsverständnis, in: Zeitschrift für Führung und Organisation, 58. Jg. (1989), Heft 1, S. 5-14

Perillieux, R. (1989), Einstieg bei technischen Innovationen früh oder spät?, in: Zeitschrift für Führung und Organisation, (1989), Nr. 1, S. 23-29

Perillieux, R. (1994), Funktionsübergreifendes Innovationsmanagement, in: Booz-Allen & Hamilton (Hrsg.; 1994), S. 215-235

Perlitz, M. und Löbler, H. (1985), Brauchen Unternehmen zum Innovieren Krisen?, in: Zeitschrift für Betriebswirtschaft, 55. Jg. (1985), Heft 5, S. 424-450

Pessemier, E.A. (1977), Product Management: Strategy and Organization, New York 1977

Peterson, R.W. (1967), New Venture Management in a large Company, in: Harvard Business Review, Vol. 44 (1967), May-June, S. 68-76

Pfeffer, J. (1978), The Micropolitics of Organizations, in: Meyer, M.W. (Hrsg.; 1978), S. 29-50

Pfeifer, B. (1989), Konflikt und Stress im Projekt - Eine organisationspsychologischpädagogische Feldstudie über Projektmanagement, Diss., München 1989

Pfeiffer, W. (1991), Strategisches Technologie-Management bei anlagenintensiven Produktionsstrukturen, überarbeitete Fassung eines Vortrags, gehalten am 17.04.1991 im Rahmen des Kongresses Anlagenwirtschaft 1991, Bericht Nr. 17, Nürnberg 1991

Pfeiffer, W. und Dögl, R. (1992), Das Technologie-Portfolio-Konzept zur Beurteilung der Schnittstelle Technik und Unternehmensstrategie, in: Hahn/Taylor (Hrsg.; 1992), S. 254-282

Picot, A. und Reichwald, R. (1994), Auflösung der Unternehmung? Vom Einfluß der IuK-Technik auf Organisationsstrukturen und Kooperationsformen, in: Zeitschrift für Betriebswirtschaft, 64. Jg. (1994), Heft 5, S. 547-570

Pinchot, G. (1988), Intrapreneuring: Mitarbeiter als Unternehmer, Wiesbaden 1988

Polanyi, M. (1967), The Tacit Dimension, New York 1967

Pondy, L.R. et al. (1983; Hrsg.), Organizational Symbolism, Greenwich et al. 1983

Pondy, L.R., Boland, R.J. und Thomas, H. (Hrsg.; 1988), Managing Ambiguity and Change, Chichester et al. 1988

Porter, M. (1987a), Diversifikation - Konzerne ohne Konzept, in: Harvard Business Manager (1987), Heft 4, S. 30-49

Porter, M. (1987b), From Competitive Advantage to Corporate Strategy, in: Harvard Business Review, Vol. 65 (1987), No. 3, S. 43-59

Porter, M. (1990), The Competitive Advantage of Nations, in: Harvard Business Review (1990), March/April, S. 73-93

Porter, M. (1992), Wettbewerbsstrategie, 7. Auflage, Frankfurt am Main 1992

Prahalad, C.K. und Hamel, G. (1990), The Core Competence of the Corporation, in: Harvard Business Review, (1990), May-June, S. 79-91

Pugh, D.S. und Hickson, D.J. (Hrsg.; 1976), Organizational Structure in Its Context. The Aston Programme I., Westmead 1976

Pugh, D.S. und Hinings, C.R. (Hrsg.; 1976) Organizational Structure. Extensions and Replications. The Aston Programme II., Westmead 1976

Pugh, D.S. und Payne, R.L. (Hrsg.; 1977), Organizational Behaviour in Its Context. The Aston Programme III. Westmead 1977

Quinn, J.B. (1980), Strategies for Change: Logical Incrementalism, Homewood 1980

Quinn, J.B. (1985), Managing Innovation: Controlled Chaos, in: Harvard Business Review, Vol. 53 (1985), S. 73-84

Quinn, J.B. (1986), Innovation and Corporate Strategy: Managed Chaos, in: Horwitch (Hrsg.; 1986), S. 167-183

Radosevich, H.R. (1976), Strategic Implications for Organizational Design, in: Ansoff et al. (Hrsg.; 1976), S. 161-177

Ramanujam, V. und Varadarajan, P. (1989), Research on Corporate Diversification: A Synthesis, in: Strategic Management Journal, Vol. 10 (1989), S. 523-552

Rammert, W. (1988), Das Innovationsdilemma - Technikentwicklung in Unternehmen, Opladen 1988

Rasche, C. (1994), Wettbewerbsvorteile durch Kernkompetenzen. Ein ressourcenorientierter Ansatz, Wiesbaden 1994

Reber, G. und Strehl, F. (1983), Zur organisatorischen Gestaltung von Produktinnovationen, in: Zeitschrift für Organisation, (1983), Heft 5-6, S. 262-266

Reed, M.I. und Hughes, M. (1992; Hrsg.), Rethinking Organization - New Directions in Organization Theory and Analysis, London et al. 1992

Reich, R.B. (1991), Entrepreneurship Reconsidered: The Team as a Hero, in: Henry/Walker (Hrsg.; 1991), S. 62-72

Reichert, L. (1994), Evolution und Innovation - Prolegomenon einer interdisziplinären Theorie betriebswirtschaftlicher Innovation, Berlin 1994

Rickards, T. (1985), Stimulating Innovation: A Systems Approach, London 1985

Riekhof, H.-C. (1987), Strategien des Innovationsmanagements - Rollenverteilung und Motivationssysteme im Innovationsprozeß, in: Zeitschrift für Organisation, (1987), Nr. 1, S. 14-19

Ringlstetter, M. (1988), Auf dem Weg zu einem evolutionären Management - Konvergierende Tendenzen in der deutschsprachigen Führungs- bzw. Managementlehre, München 1988

Ringlstetter, M. (1990), Einige Überlegungen zum Phänomen der "Konzernführung", unveröffentlichtes Arbeitspapier, Ludwig-Maximilians-Universität München 1990

Ringlstetter, M. (1992), Strategisches Konzernmanagement - Das Lavieren zwischen Einheit und Vielheit, unveröffentlichte Studie, München 1992

Ringlstetter, M. (1994), Aufgaben eines Humanressourcen-Managements in internationalen Unternehmen, in: Schuster (Hrsg.; 1994.), S. 233-252

Ringlstetter, M. (1995a), Konzernentwicklung: Rahmenkonzepte zu Strategien, Strukturen und Systemen, München 1995

Ringlstetter, M. (1995b), Strategische Allianzen, in: Corsten/Reiß (Hrsg.; 1995), S. 695-706

Ringlstetter, M. (i.V.), Unternehmen und Unternehmensverbindungen. Eine Einführung in die Gestaltung der Organisationsstruktur, München und Wien i.V.

Ringlstetter, M. und Kniehl, A. (1995), Professionalisierung als Leitidee eines Humanressourcen-Managements, in: Wächter/Metz (Hrsg.; 1995), S. 139-161

Ringlstetter, M. und Morner, M. (1995), Strategische Allianzen - Ein Ansatz zur Stärkung der internationalen Wettbewerbsfähigkeit, in: Corsten/Will (Hrsg.; 1995), S. 83-102.

Ringlstetter, M. und Obring, K. (1992), Strategisches Beteiligungscontrolling im Konzern - Ein Konzept auf der Grundlage eines praktischen Falles, in: Zeitschrift für Betriebswirtschaft, 62. Jg. (1992), Heft 12, S. 1303-1323

Ringlstetter, M. und Skrobarczyk, P. (1994), Die Entwicklung internationaler Strategien - Ein integrierter Bezugsrahmen, in: Zeitschrift für Betriebswirtschaft, 64. Jg. (1994), Heft 3, S. 333-357

Rink, D.R. und Swan, J.E. (1979), Product Life Cycle Research: A Literature Review, in: Journal of Business Research, Vol. 7 (1979), S. 219-242

Robbins, S.P. (1992), Essentials of Organizational Behavior, 3. Auflage, Englewood Cliffs 1992

Roberts, E.B. (1977), Generating Effective Corporate Innovations, in: Technology Review, October/November (1977), S. 27-33

Roberts, E.B. (1979), Stimulating Technological Innovation - Organizational Approaches, in: Research Management, (1979), November, S. 26-30

Roberts, E.B. (1988), Managing Invention and Innovation, in: Research Technology, Vol. 31 (1988), No. 1, S. 11-29

Roberts, E.B. und Berry, C.A. (1985), Entering New Businesses, in: Sloan Management Review, (1985), No. 3, S. 3-17

Rochford, L. und Rudelius, W. (1992), How Involving More Functional Areas Within a Firm Affects the New Product Process, in: Journal of Product Innovation Management (1992), No. 9, S. 278-286

Rogers, E. und Shoemaker, F. (1971), Communication of Innovation: A Cross-Cultural Approach, New York 1971

Rosenberg, N. (1976), Perspectives on Technology, Cambridge 1976

Rosenberg, N. (1995), Innovation's Uncertain Terrain, in: The McKinsey Quarterly (1995), No. 3, S. 170-185

Roski, R. und Dietz, J.-W. (1988), Innovationsmanagement und Diskontinuitäten, in: Zeitschrift für Betriebswirtschaft, 58. Jg. (1988), Nr. 9, S. 927-951

Rubenstein, A.H. (1989), Managing Technology in the Decentralized Firm, New York et al. 1989

Ruhland, J. (1990), Strategisches Management von Innovationen, unveröffentlichte Habilitationsschrift, München 1990

Rumelt, R.P. (1974), Strategy, Structure and Economic Performance, Boston 1974

Sabisch, H. (1991), Produktinnovation, Stuttgart 1991

Sahal, D. (1981), Patterns of Technological Innovation, Reading 1981

Salter, M.S. und Weinhold, W.A. (1979), Diversification through Acquisition - Strategies for Creating Economic Value, London 1979

Sands, S. (1983), Problems of Organising for Effective New-Product Development, in: European Journal of Marketing, Vol. 17 (1983), No. 4, S. 18-33

Saviotti, P.P. und Metcalfe, J.S. (1984), A Theoretical Approach to the Construction of Technological Output Indicators, in: Research Policy, Vol. 13 (1984), No. 3, S. 141-151

Saxenian, A. (1991), The Origins and Dynamics of Production Networks in Silicon Valley, in: Research Policy, Vol. 20 (1991), S. 423-437

Schendel, D. (1990), Introduction to the Special Issue on Corporate Entrepreneurship, in: Strategic Management Journal, Special Issue, Vol. 11 (1990), S. 1-4

Schmelzer, H.J. (1992), Organisation und Controlling von Produktentwicklungen - Praxis des wettbewerbsorientierten Entwicklungsmanagement, Stuttgart 1992

Schmid, M. (1986), Revitalisierung bürokratischer Unternehmen. Möglichkeiten und Grenzen eines New Venture Managements, München 1986

Schmid, S. (1994), Orthodoxer Positivismus und Symbolismus im Internationalen Management - Eine kritische Reflexion situativer und interpretativer Ansätze, Diskussionsbeitrag der Wirtschaftswissenschaftlichen Fakultät Ingolstadt, Nr. 49, April 1994

Schmidt, P. (Hrsg.; 1976), Innovation - Diffusion von Neuerungen im sozialen Bereich, Hamburg 1976

Schmidt-Tiedemann, K.J. (1982), A New Model of the Innovation Process, in: Research Management, Vol. 25 (1982), S. 18-21

Schmidt-Tiedemann, K.J. (1988), Die Tripel-Helix - Ein Paradigma modernen Innovationsmanagements, in: Albach et al. (Hrsg.; 1988), S. 17-24

Scholz, C. (1988), Trugschlüsse zur Unternehmenskultur, in: Simon (1990; Hrsg.), S. 25-40

Scholz, R. und Müffelmann, J. (1995), Reengineering als strategische Aufgabe, in: Technologie & Management, 44. Jg. (1995), Heft 2, S. 77-84

Schrader, J. (1991), Innovationsförderung als Führungsaufgabe, in: Schüler (Hrsg.; 1991), S. 15-41

Schrader, J. (1995), Innovationsmanagement, unveröffentlichtes Skript, Institut für Innovationsforschung und Technologiemanagement, München April 1995

Schreyögg, G. (1978), Umwelt, Technologie und Organisationsstruktur - Eine Analyse des kontingenztheoretischen Ansatzes, Bern und Stuttgart 1978

Schüle, F.M. (1992), Diversifikation und Unternehmenserfolg. Eine Analyse empirischer Forschungsergebnisse, Wiesbaden 1992

Schüler, W. (1991), Aspekte des Innovationsmanagements, Wiesbaden 1991

Schulte, H. (1990), Controlling für das Innovationsmanagement, in: Controlling, (1990), Heft 2, S. 76-81

Schumpeter, J.A. (1942), Capitalism, Socialism and Democracy, New York 1942

Schumpeter, J.A. (1947), The Creative Response in Economic History, in: Journal of Economic History, Vol. 7 (1947), No. 2, S. 149-168

Schumpeter, J.A. (1961), Konjunkturzyklen. Eine theoretische, historische und statistische Analyse des kapitalistischen Prozesses, Bd. I, Göttingen 1961

Schumpeter, J.A. (1964), Theorie der wirtschaftlichen Entwicklung. Eine Untersuchung über Unternehmergewinn, Kapital, Zins und den Konjunkturzyklus, 6. Auflage, Berlin 1964

Schumpeter, J.A. (1972), Kapitalismus, Sozialismus und Demokratie, 3. Auflage, München 1972

Schumpeter, J.A. (1975), Kapitalismus, Sozialismus und Demokratie, 4. Auflage, München 1975

Schuppar, H. (1991), Neue Wege der Produktentwicklung im Armaturenbau, in: Zeitschrift des Vereins Deutscher Ingenieure für Maschinenbau und Metallbearbeitung, (1991), Nr. 1, S. 30-36

Schuster, L. (Hrsg.; 1994), Die Unternehmung im internationalen Wettbewerb, Berlin 1994

Schweiger, D.M. und Walsh, J.P. (1990), Mergers and Acquisitions: An Interdisciplinary View, in Ferris/Rowland (Hrsg.; 1990), S. 41-107

Schwer, D. (1985), Zum Innovationmanagement - Betriebsgrößenbezogene Innovationsstrategien, Krefeld 1985

Scott, W.R. (1986), Grundlagen der Organisationstheorie, Frankfurt am Main und New York 1986

Seidel, E. (1978), Betriebliche Führungsformen, Stuttgart 1978

Servatius, H.-G. (1986), Erfolgreicher Technologietransfer durch Vorfeldmarketing und Venture-Management - 'Entrepreneuring' als Chance für Großunternehmen, in: Arthur D. Little (Hrsg.; 1986), S. 97-118

Servatius, H.-G. (1988), New Venture Management - Erfolgreiche Lösung von Innovationsproblemen für Technologie-Unternehmen, Wiesbaden 1988

Servatius, H.-G. (1994), Reengineering-Programme umsetzen - Von erstarrten Strukturen zu fließenden Prozessen, Stuttgart 1994

Shaw, M.E. (1932), A Comparison of Individuals and Small Groups in the rational solution of complex problems, in: American Journal of Psychology, Vol. 44 (1932), S. 491-504

Shepard, H.A. (1970), Innovation-resisting and Innovation-producing Organziations, in: Journal of Business (1970), No. 4, S. 470-477

Siemer, S. (1991), Diversifizieren mit Venture Management - Effizienz und praktische Anwendung von Venture Einheiten zur Erschließung neuer Geschäftsfelder, Berlin 1991

Simon, H. (Hrsg.; 1990), Herausforderung Unternehmenskultur, Stuttgart 1990

Singh, K. (1993), AD2000 - An Early Maturity for the East, in: Interdisciplinary Science Reviews, Vol. 18 (1993), No. 2, S. 101-102

Slappendel, C. (1996), Perspectives on Innovation in Organizations, in: Organization Studies, Vol. 17 (1996), Nr. 1, S. 107-129

Slocum, D.H. (1972), New Venture Methodology, New York 1972

Smircich, L. (1983), Organizations as Shared Meanings, in: Pondy et al. (Hrsg.; 1983), S. 55-65

Sommerlatte, T. (1986), 1000 Unternehmen antworten - Die Innovationswelle kommt, in: Arthur D. Little (Hrsg.; 1986), S. 17-25

Sommerlatte, T., Layng, B.J. und Oene, F.v. (1987), Innovationsmanagement - Schaffen einer innovativen Unternehmenskultur, in: Arthur D. Little (Hrsg.; 1987), S. 55-74

Souder, W.E. (1981), Disharmony between Research and Development and Marketing, in: Industrial Marketing Management, Vol. 10 (1981), S. 67-73

Souder, W.E. (1987), Managing New Product Innovations, Massachusetts 1987

Stalk, G. (1988), Time - The Next Source of Competitive Advantage, in: Harvard Business Review, (1988), July-August S. 41-51

Staudt, E. (1985a), Innovation, in: Die Betriebswirtschaft, 45. Jg. (1985), S. 486-487

Staudt, E. (1985b), Innovation und Unternehmensführung. Zur Situation des Innovationsmanagements: Innovationen werden verwaltet, in: Zeitschrift für Organisation, 54. Jg. (1985), S. 75-79

Staudt, E. (Hrsg., 1986), Das Management von Innovationen, Frankfurt am Main 1986

Steele, L.W. (1975), Innovation in Big Business, New York et al. 1975

Steidl, B. (1995), Synergiemanagement im Konzern - Ansatzpunkte für ein weiteres Vorgehen, unveröffentlichtes Arbeitspapier, Wirtschaftswissenschaftliche Fakultät Ingolstadt der Katholischen Universität Eichstätt, 1995

Sternhufvud, U. und Wolff, R. (1986), Strategic Product Exit - The Organizing of Product Desinvestment, in: Wolff (Hrsg.; 1986), S. 230-250

Stevenson, H.H. und Jarillo, J.C. (1990), A Pardigm of Entrepreneurship: Entrepreneurial Management, in: Strategic Management Journal, Special Issue, Vol. 11 (1990), S. 17-28

Stock, U. (1990), Das Management von Forschung und Entwicklung, München 1990

Stock, U. (1991), Ansätze zu einem strategischen FuE-Management, in: Kirsch (Hrsg.; 1991), S. 605-645

Stopford, J.M. und Wells, C.T. (1972), Managing the Multinational Enterprise, New York 1972

Strebel, H. (1983), Unternehmenskooperation bei Innovationen, in: Wirtschaftswissenschaftliches Studium, (1983), Nr. 2, S. 59-65 und 102-103

Strebel, H. (1990), Innovation und Innovationsmanagement als Gegenstand der Betriebswirtschaftslehre, in: Betriebswirtschaftliche Forschung und Planung (1990), Nr. 2, S. 161-173

Streich, R.K. und Einsiedler, H.E. (1984), Wölfe und Lemminge, in: Wirtschaftswoche vom 5.10.1984, S. 93-98

Stuckenbruck, L.C. (1983), Project Integration in the Matrix Organization, in: Cleland/King (Hrsg.; 1983), S. 37-58

Sydow, J. und Windeler, A. (Hrsg.; 1994), Management interorganisationaler Beziehungen, Opladen 1994

Szyperski, N. und Nathusius, K. (1977), Probleme der Unternehmensgründung, Stuttgart 1977

Szyperski, N. und Winand, U. (1979), Duale Organisation - Ein Konzept zur organisatorischen Integration der strategischen Geschäftsfeldplanung, in: Zeitschrift für betriebswirtschaftliche Forschung (1979), Heft 10/11, S. 195-205

Takeuchi, H. und Nonaka, I. (1986), The New New Product Development Game, in: Harvard Business Review, (1986), January-February, S. 137-146

Tebbe, K. (1990), Die Organisation von Produktinnovationsprozessen, Stuttgart 1990

Teece, D.J. (1980), Economies of Scope and the Scope of the Enterprise, in: Journal of Economic Behavior and Organization, Vol. 1 (1980), No. 1, S. 223-247

Teece, D.J. (1982), Towards an Economic Theory of the Multiproduct Firm, in: Journal of Economic Behavior and Organization (1982), No. 3, S. 39-63

Teece, D.J. (1988), Technological Change and the Nature of the Firm, in: Dosi et al. (Hrsg.; 1988), S. 256-281

Teece, D.J. (1989), Inter-organizational Requirements of the Innovation Process, in: Managerial and Decision Economics, Special Issue (1989), S. 35-42

Tellis, G.J. und Crawford, C.M. (1981), An Evolutionary Approach to Product Growth Theory, in: Journal of Marketing, Vol. 45 (1981), S. 125-132

Tellis, G.J. und Golder, P.N. (1996), First to Market, First to Fail? Real Causes of Enduring Market Leadership, in: Sloan Management Review, (1996), Winter, S. 65-75

Teubner, G. (1989), Recht als autopoietisches System, Frankfurt am Main 1989

Theuvsen, L. (1996), Business Reengineering - Möglichkeiten und Grenzen einer prozeßorientierten Organisationsgestaltung, in: Zeitschrift für betriebswirtschaftliche Forschung, 48. Jg. (1996), Heft 1, S. 65-83

Thom, N. (1980), Grundlagen des betrieblichen Innovationsmanagements, 2. Auflage, Königstein im Taunus 1980

Thom, N. (1983), Innovations-Management - Herausforderungen für den Organisator, in: Zeitschrift für Organisation (1983), Heft 1, S. 4-11

Thomas, J.M. und Bennis, W.G. (Hrsg.; 1972), The Management of Change and Conflict, Harmondsworth 1972

Thompson, J.D. (1966; Hrsg.), Approaches to Organizational Design, Pittsburgh 1966

Thompson, J.D. (1967), Organizations in Action, New York 1967

Tietz, B., Köhler, R. und Zentes, J. (Hrsg.; 1995), Handwörterbuch des Marketing, 2. Auflage, Stuttgart 1995

Toffler, A. (1970), Future Shock, New York 1970

Tornatzky et al. (1983), The Process of Technological Innovation: Reviewing the Literature, National Science Foundation, Productivity Improvement Research Section - Division of Industrial Science and Technolgical Innovation, o.O. 1983

Trommsdorff, V. (1990), Innovationsmanagement, München 1990

Trommsdorff, V. (Hrsg.; 1990), Innovationsmanagement in kleinen und mittleren Unternehmen: Grundzüge und Fälle - ein Arbeitsergebnis des Modellversuchs Innovationsmanagements, München 1990

Trommsdorff, V. und Schneider, P. (1990), Grundzüge des betrieblichen Innovationsmanagements, in: Trommsdorff (Hrsg.; 1990), S. 1-25

Trux, W., Kirsch, W., Ringlstetter, M. und Knyphausen, D. zu (1991), Die Evolution eines Strategischen Managements, in: Kirsch (Hrsg.; 1991), S. 714-763

Trux, W., Müller-Stewens, G. und Kirsch, W. (1988), Das Management Strategischer Programme, 1. Halbband: Materialien zum Stand der Forschung, 3. Auflage, München 1988

Tsifidaris, M. (1994), Management der Innovation: Pragmatische Konzepte zur Zukunftsicherung des Unternehmens, Renningen-Malmsheim 1994

Türk, K. (1978), Soziologie der Organisation, Stuttgart 1978

Tushman, M. und Moore, L.M. (1982; Hrsg.), Readings on the Management of Innovation, Boston et al. 1982

Tushman, M. und Nadler, D. (1986), Organizing for Innovation, in: California Management Review, Vol. 28 (1986), No. 3, S. 74-92

Twiss, B.C. (1986), Managing Technological Innovation, 3. Auflage, London 1986

Udy, S.H., Jr. (1965), The Comparative Analysis of Organizations, in: March (Hrsg.; 1965), S. 678-709

Uhlmann, L. (1978), Der Innovationsprozeß in westeuropäischen Industrieländern, Band 2: Der Ablauf industrieller Innovationsprozesse, Berlin 1978

Urabe, K. (1988), Innovation and the Japanese Management System, in: Urabe et al. (Hrsg.; 1988), S. 3-25

Urabe, K., Child, J. und Kagono, T. (Hrsg.; 1988), Innovation and Management, New York 1988

Utterback, J.M. (1971), The Process of Innovation: A Study of the Origination and Development of Ideas for New Scientific Instruments, in: IEEE-Transactions on Engineering Management 1971, Vol. 18, S. 124-131

Utterback, J.M. (1994), Mastering the Dynamics of Innovation, 1994

Utterback, J.M. und Abernathy, W.J. (1975), A Dynamic Model of Product and Process Innovation, in: The International Journal of Management Science, Vol. 3 (1975), No. 6, S. 639-656

Van de Ven, A.H. (1986), Central Problems in the Management of Innovation, in: Management Science May, Vol. 32 (1986), No. 5, S. 590-607

Van de Ven, A.H., Angle, H.L. und Poole, M.S. (Hrsg.; 1989), Research on the Management of Innovation: The Minnesota Studies, New York

Vidal, M. (1996), Kämpferische und wirtschaftsfriedliche Strategien im Wettbewerb zwischen Pionier und Nachzügler, in: Zeitschrift für Betriebswirtschaft, 66. Jg. (1996), Heft 2, S. 147-165

Vizjak, A. (1990), Wachstumspotentiale durch Strategische Partnerschaften, München 1990

Völker, R. (1996), F&E-Standortwahl von multinationalen Unternehmen, in: Die Unternehmung, 50. Jg. (1996) Nr. 1, S. 51-67

Voskamp, U. und Wittke, V. (1994), Von "Silicon Valley" zur "virtuellen Integration" - Neue Formen der Organisation von Innovationsprozessen am Beispiel der Halbleiterindustrie, in: Sydow/Windeler (Hrsg.; 1994), S. 212-243

Vrakking, W.J. (1990), The Innovative Organization, in: Long Range Planning, Vol. 23 (1990), No. 2, S. 94-102

Wächter, H. und Metz, T. (Hrsg.; 1995), Professionalisierte Personalarbeit, München und Mering 1995

Warner, M. (Hrsg.; 1977), Organizational Choice and Constraint, Westmead 1977

Watzlawick, P. (1985), Die erfundene Wirklichkeit. Wie wissen wir, was wir zu wissen glauben? Beiträge zum Konstruktivismus, München und Zürich 1985

Weber, M. (1963), Gesammelte Aufsätze zur Religionssoziologie, Band 1, Tübingen 1963

Weick, K.E. (1985), Sources of Orders in Underorganized Systems: Themes in Recent Organizational Theory, in: Lincoln (Hrsg.; 1985), S. 106-136

Weidermann, P. (1983), Das Management des Organizational Slack, München 1983

Weinzierl, H. (1991), Unternehmenspolitik im Lichte interorganisationaler Beziehungen: Politische Entscheidungsprozesse als multiorganisationale Entscheidungsprozesse, unveröffentlichtes Arbeitspapier, Ludwig-Maximilians-Universität München 1991

Weltz, F. und Ortmann, R.G. (1992), Das Softwareprojekt. Projektmanagement in der Praxis, Frankfurt am Main und New York 1992

Werder, A. v. (1995), Konzernmanagement, Sammelrezension, in: Die Betriebswirtschaft, 55. Jg. (1995), Heft 5, S. 641-661

Wheelwright und Clark, K. (1992), Revolutionizing Product Development - Quantum Leaps in Speed, Efficiency, and Quality, New York 1992

Whitney, D.E. (1989), Mit multifunktionalen Teams die Fertigungskosten halbieren, in: Harvard Business Manager 1989, 1, S. 106-113

Wicher, H. (1989), Innovative Unternehmensorganisation: Ansätze und Konzeptionen, Ammersbek bei Hamburg 1989

Wicher, H. (1991), Grundansatz und Strukturformen des Venture-Managements - Konzeption und empirische Befunde, in: Wicher (1991; Hrsg.), S. 161-190

Wicher, H. (1991; Hrsg.) Betriebliches Innovationsmanagement: Die Gestaltung von Innovationsprozessen. Grundlagen, Konzepte, Erfahrungen, Ammersbek bei Hamburg 1991

Wichert-Nick, D. von und Reger, G. (1994), The Implementation of a Learning Organization for R&D Management, Paper for the EUNETIC Conference on "Evolutionary Economics of Technological Change: Assessment of Results and New Frontiers, Fraunhofer Institute for Systems and Innovation Research (ISI), Karlsruhe 1994

Wildemann, H. (1992), Simultaneous Engineering als Baustein für Just-in-time in Forschung, Entwicklung und Konstruktion, in: Zeitschrift des Vereins Deutscher Ingenieure für Maschinenbau und Metallbearbeitung 134, 1992, Nr. 12, S. 18-23

Williamson, O.E. (1975), Markets and Hierarchies: Analysis and Antitrust Implications, New York 1975

Williamson, O.E. (1990), Die ökonomischen Institutionen des Kapitalismus - Unternehmen, Märkte, Kooperationen, Tübingen 1990

Willke, H. (1987), Strukturierung und Integration in Luhmanns Theorie sozialer Systeme, in: Haferkamp/Schmid (1987), S. 247-274

Wilson, J.Q. (1966), Innovation in Organization: Notes Toward a Theory, in: Thompson (1966; Hrsg.), S. 193-218

Wilson, J.Q. (1972), Innovation in Organization: Notes Toward a Theory, in: Thomas/Bennis (1972; Hrsg.), S. 239-266

Wind, Y.J. und Goldhar, J. (1977), Innovation and the R&D-Marketing Interface, Paper presented at the TIMS/ORSA Conference, 1977

Wissema, J.G. und Euser, L. (1991), Successful Innovation Through Inter-Company Networks, in: Long Range Planning 1991, Vol. 24, No. 6, S. 33-39

Witte, E. (1973a), Innovationsfähige Organisationen, in: Zeitschrift für Organisation 1973, S. 17-24

Witte, E. (1973b), Organisation für Innovationsentscheidungen. Das Promotorenmodell, Göttingen 1973

Wolff, R. (1986; Hrsg.), Organizing Industrial Development, Berlin und New York 1986

Wolfrum, B. (1992), Technologiestrategien im strategischen Management, in: Marketing, Nr. 1, 1992, S. 23-36

Wolfrum, B. (1994), Strategisches Technologiemanagement, 2. überarbeitete Auflage, Wiesbaden 1994

Wolfrum, U. (1993), Erfolgspotentiale - Kritische Würdigung eines zentralen Konzeptes der strategischen Unternehmensführung, München 1993

Woodward, J. (1958), Management and Technology, London 1958

Zaheer, A. und Venkatraman, N. (1995), Relational Governance as an Interorganizational Strategy: An Empirical Test of the Role of Trust in Economic Exchange, in: Strategic Management Journal 1995, Vol. 16, No. 5, S. 373-392

Zaltman, G., Duncan, R. und Holbek, J. (1973), Innovations and Organizations, New York 1973

Zand, D.E. (1974), Collateral Organization: A New Change Strategy, in: Journal of Applied Behavioral Science, 10 (1974), 1, S. 63-89

Zangl, H. (1990), Just-in-Time im Büro. Prozeßorganisation als Gestaltungsform moderner Unternehmen, in: Office Management 1990, Nr. 1-2, S. 6-13

Zetsche, D. (1996), Innovation Leadership, in: io Management Zeitschrift, 65. Jg. (1996), Nr. 1/2, S. 32-35

Zimbardo, P.G. (1992), Psychologie, 5. Auflage, Berlin et al. 1992

Zink, K.J. und Thul, M.J. (1995), Kleingruppenunterstütztes Projektmanagement, in: Zeitschrift für Führung und Organisation 1995, Nr. 4, S. 221-226

MIX
Papier aus verantwortungsvollen Quellen
Paper from responsible sources
FSC® C105338

If you have any concerns about our products,
you can contact us on
ProductSafety@springernature.com

In case Publisher is established outside the EU,
the EU authorized representative is:
**Springer Nature Customer Service Center GmbH
Europaplatz 3, 69115 Heidelberg, Germany**

Printed by Libri Plureos GmbH
in Hamburg, Germany